幼儿游戏化教学活动的设计与实施

主 编 ◉ 韩美 逄博 王玉玲 金宏洋 崔玥

湘潭大学出版社
XIANGTAN UNIVERSITY PRESS

《幼儿游戏化教学活动的设计与实施》编委会

主　审： 柴清林

主　编： 韩　美　逄　博　王玉玲　金宏洋　崔　玥

副主编： 任蕾润　张　丽　朱　珣　杨　宽　刘　悦　林礼川

前　言

游戏是促进幼儿各项能力提升的关键，也是幼儿教育实施的重要路径。近年来，我国学前教育事业快速发展，“课程游戏化”理念被提出，要求教师正确看待游戏的教育价值，并将其视为实施教育工作的关键路径，为幼儿打造寓教于乐的教学模式。纵观幼儿在幼儿园内的活动，可将教育教学工作划分为自主游戏、领域教学、主题活动等版块，教师可基于各个教育教学版块的特点，将游戏融入不同的教育环节之中，用游戏促进幼儿发展。

《3—6岁儿童学习与发展指南》（以下简称《指南》）中指出：“幼儿的学习是以直接经验为基础，在游戏和日常生活中进行的。”由此可见，游戏在幼儿学习与成长过程中具有重要价值。首先，从幼儿的认知水平出发，3—6岁的幼儿具有好奇心重、探究欲强的年龄特点，科学选择游戏并实施教育，能帮助幼儿理解不同的学习内容，对幼儿智力的发展起着积极的促进作用。其次，从幼儿的天性出发，游戏是幼儿喜闻乐见的活动，在教育教学中运用游戏，可成功调动幼儿对学习活动的主动性与积极性，进而在游戏中潜移默化地增强幼儿的学习意识、探究能力。最后，从学前教育的特点出发，基于幼儿能力、思维、认知等多个因素，游戏教学能帮助幼儿理解复杂、晦涩难懂的知识，有效降低幼儿的理解难度，同时满足幼儿的发展需求及教育要求，具有极高的教育价值。

学前教育是基础教育的基石，也是幼儿进入集体生活、社会生活的第一步。游戏是幼儿与生俱来的天性，教师应加强对游戏教学的重视程度，将游戏融入不同的教育教学环节中，为幼儿打造“学中有玩、玩中有学”的学习模式，用游戏活动达成教学目标，进而促进幼儿身心的全面发展，打造“玩中有学，快乐教学”的幼教模式。

目　录

第一章　幼儿教育与发展

第一节　幼儿教育概述

一、幼儿教育的定义

什么是幼儿教育？对于这一概念的认识可谓是仁者见仁，智者见智。国内外至今仍没有统一的认识。有人认为，幼儿教育就是对3—6岁年龄阶段的幼儿所实施的教育。

其实，要理解幼儿教育的含义，首先必须明确人的年龄特点和教育对象的阶段划分。人的一生按年龄可划分为若干阶段，如婴儿期（0—3岁）、幼儿期（3—6岁）、儿童期（6—12岁）、青少年期（12—18岁）、青年期（18—25岁）、成年期（25—60岁）、老年期（60岁以上）等。不同年龄阶段有着不同的年龄特征和不同的需求，教育必须根据不同年龄阶段的特点分阶段进行。

幼儿教育也有广义和狭义之分。从广义上说，凡是能够影响和促进幼儿身体成长和认知、情感、意志、性格、行为等方面发展的活动，如幼儿在成人的指导下看电视、做家务、参加社会活动等，都可以说是幼儿教育。狭义的幼儿教育则特指幼儿园和其他专门开设的幼儿教育机构对幼儿施以有目的、有计划、系统性的教育。幼儿园教育在我国属于学校教育系统，具有家庭教育和社会教育所没有的优点，如计划性、系统性等。

幼儿教育还可以细分为婴儿期教育（0—3岁）和幼儿期教育（3—6

岁)，两者既相互联系，又各具特点。婴儿期教育主要由教育工作者指导家长在家庭中实施，同时还可以在各类早教机构、托幼机构中进行。幼儿期教育主要是在幼儿园中实施，同时与家庭教育密切合作。

二、幼儿教育的价值

作为国民教育体系之基础的幼儿教育正受到广泛的重视，幼儿教育有着极其重要的意义，主要体现在以下方面。

(一) 幼儿教育价值的生理基础——关于脑科学的研究

脑的发展是个体心理发展的自然物质基础。幼儿期是人一生中脑的形态、结构和机能发展最为迅速的时期，主要体现在脑重的增长、大脑皮质发展、大脑单侧化等方面，这些直接决定着大脑功能的发展。借助基于计算机的成像技术，人们比以往任何时候都更详尽地了解大脑的结构。人们可以看到大脑在不同发展阶段的形状与功能，以及出生前数月的大脑发育情况。

1. 脑重的增长

出生之际，婴儿的大脑处于极度未发展状态。人脑有140多亿个细胞，这是个体终生思考、交流、学习和发展的基础。有研究表明，出生后3个月内脑细胞第一次迅速增殖，70%~80%的脑细胞是在3岁前形成的，脑的发育速度在7岁前是最快的。新生儿脑重约400g，只相当于成人脑重的30%；9个月时脑重达660g，接近于成人脑重的50%，这一时期脑重平均每天增长约1g；3岁左右幼儿的脑重达950g，相当于成人脑重的70%；6岁时脑重达1280g，相当于成人脑重的90%。这些脑形态的发展变化在一定程度上反映了大脑内部结构发育和成熟的情况。

2. 大脑皮质发展

婴儿出生后5个月是脑电活动发展的重要阶段，脑电逐渐皮质化，伴随产生皮质下的抑制；1—3岁期间，婴儿脑电活动逐渐成熟，主要表现为安静觉醒状态下脑电图上主要节律的频率有较大的提高，脑电图也复杂化；在4—20岁这个年龄段中，脑功能发展存在两个明显的加速期，第一次是在5—6岁，第二次是在13—14岁，个体脑的功能在一定程度上呈现出一个“飞跃”。随着新经验的到来，婴儿的大脑通过在神经元之间形成和强化数以兆计的神经结或神经键来做出反应。

3. 大脑单侧化

大脑单侧化，即在大脑某个半球建立特定功能的过程，是大脑机能发展的另一个重要方面。新生儿具有大脑单侧化的倾向，但这种倾向只表明大脑两半球在功能上存在着量的差异。随着幼儿期大脑逐步发育成熟，单侧化倾向逐渐发展，两半球在功能上出现质的差异。脑的结构和机能在幼儿期的发展并非处于一种纯粹自然的状态，而是在很大程度上受到环境和教育的影响与制约。作用于儿童身体或神经系统上的早期经验影响着大脑相应区域细胞的生长。丰富多彩的适宜环境因素的刺激是促进儿童脑细胞迅速生长的重要条件，而适宜的早期教育是促进脑发育充分和完善的最有效的环境刺激因素。

儿童大脑的“工作细胞”已经形成，大脑的主要机能已趋完善，具备了接受外界大量刺激的可能性。如果抓紧时机进行充分、最适合、最有效的刺激，可以使儿童在大脑中留下极为深刻的印象，有助于儿童大脑及早建立复杂交错的神经网络，为儿童今后大脑的健康发展奠定良好的基础，使其日臻完善和成熟。可见，脑是个体心理发展所必需的“硬件”，其质量直接影响人的发展，而幼儿期是脑的形态、结构和机能发展最为迅速的时期，同时这一时期的发展又在很大程度上受制于早期环境和教育质量，这就直接为幼儿教育对人的全面发展和国民素质的提高产生长远、深刻的影响提供了生理基础和依据。

（二）幼儿教育价值的心理基础——关于关键期的研究

关键期是发展神经生物学领域中的重要概念，起源于奥地利生态学家、诺贝尔奖获得者劳伦兹对印刻现象的研究。之后，研究者开始把主要精力集中在人类行为上，这些研究成果为教育领域研究早期儿童的发展所借鉴，尤其在对儿童的各种早期发展行为（包括心理、技能、知识的掌握等行为）的研究中，提出了儿童心理发展关键期理论，并且对儿童早期教育和儿童学习产生了巨大的影响。脑科学对关键期的研究进展主要包括关键期内某些功能的补偿性，关键期与突触发生，突触修剪的关联性，以及人脑有发育顺序和成熟的关键期等方面。

研究发现，关键期内的某些能力和学习能力与突触发生有密切的关联，即学习的机制在于神经细胞突触能力的改变。一个人从出生起就不断地学习和记忆各种东西，在脑系统中相继形成一个个有序状态，相应地也引起突触的生长。从婴儿出生开始一直持续到儿童期，这是大脑神经突触显著增长的时期。人脑中突触的密度是随着不同的脑区而变化的，在幼儿成长过程中，存在着一系列的关键发展期或敏感阶段，不同发展方面的关键期也不尽相同。

人类突触生长的时间周期与儿童的发展和教育密切相关，表现为神经发展方面的改变与幼儿行为和认知能力变化的联系。环境刺激维持和强化经常加工信息的突触，经常使用的突触得到经验的强化和保持。错过了学习关键期，相关的学习就会变得非常困难，呈现递减状态，甚至不可能进行相关的学习。因此，科学家称之为一个可开可关的"机会之窗"。

所有这些研究都在坚定一个信念：幼儿早期是大脑对新经验最开放的时期。脑的发展在最早期是独特的。经验在一定的时间段里能起到非常重要的作用，会深深地影响日后的发展。幼儿期是人生的关键阶段，人的学习能力、对事物的敏感程度、行为习惯以及智力等都是在这一时期发展而来的。这段时期对幼儿具有重要的作用，因此，应该抓住机会对幼儿开展适宜性的教育，提升幼儿早期发育所处环境和所接触信息的质量。

国内外对幼儿教育在幼儿智力发展中的作用进行了诸多研究，如美国著名心理学家布鲁姆对近千人的智力发展，从幼儿一直追踪到成年。提出了个体智力发展的科学假设：5 岁以前幼儿的智力与 17 岁普通人智力水平相比较，在 4 岁时获得了 50%的智力，30%的智力是在 4—8 岁形成的，最后的 20%是在 8—17 岁形成的，即人的智力在 17 岁时就已确定，并且婴幼儿阶段决定了一个人大部分的智力，幼儿阶段是人智力形成的关键期。

随着以脑生理、心理研究为主要内容的儿童早期心理和教育研究的深入，人们对幼儿教育重要性和价值的认识不断地提高和深化。加强早期幼儿教育，为每一个幼儿创造高质量的幼儿教育的机会，正成为世界各国教育改革与发展的一项重要内容。

（三）幼儿教育对人的发展的意义

1. 促进儿童的身体素质发展

幼儿阶段是儿童身体生长发育的关键时期，是为人的健康体魄奠定基础的重要时期。儿童身体的发展状况不仅影响到儿童身体的发育，还会影响儿童的心理发展，甚至影响人的一生。正如陈鹤琴所说：“健全的身体是一个人做人、做事、做学问的基础。”

幼儿教育根据儿童生长发育的特点，着眼于儿童身体素质的提高，有计划、有目的地为儿童创设良好的环境，合理安排营养保健和一日生活，科学组织体育锻炼，能促进儿童身体的正常发育，增强儿童的体质，帮助儿童获得基本的健康知识，培养良好的生活习惯，增强其对疾病的抵抗能力、对环境的适应能力，以及自我保护的能力，帮助儿童健康成长，为将来成为体格健壮的社会成员打下基础。

2. 促进儿童认知能力的发展

幼儿期是人的认知发展最为迅速、最为重要的时期，在人一生认识能力的发展中具有十分重要的奠基性作用。研究表明，婴幼儿具有巨大的学习潜力，婴儿 2—3 个月开始，可以发出“啊”“咦”的音；3 个月时便能进行多种学习活动；1 岁能学会辨认物体的数量、大小、形状、颜色和方位。幼儿具有很强的模仿力、想象力和创造力。幼儿期是个体心理多方面发展的关键期。研究发现，2—3 岁是个体口头语言发展的关键期；4—6 岁是对图像的视觉辨认、形状知觉形成的最佳期；5—5.5 岁是掌握数字概念的最佳年龄；5—6 岁是掌握词汇能力发展最快的时期。同时，幼儿期还是人的好奇心、求知欲、学习习惯等重要的非智力品质形成的关键时期。

因此，在幼儿阶段为儿童提供丰富的感性经验并给予积极的引导、帮助和教育，能够促进儿童各种能力的发展。在这一时期施以适宜的教育，儿童对某些知识经验的学习或行为的形成比较容易，从而对儿童的认知发展和终身学习产生重大影响；而如果错过了这一时期，在较晚的阶段再来弥补则是很困难的，有时甚至是不可能的。幼儿教育状况在很大程度上可以预测儿童将来的认知、语言和智力发展水平。教育者对儿童恰当的关爱、支持、鼓励和引导，能够在很大程度上促进其日后认知与智力的发展。

3. 促进儿童社会性、人格品质的形成

社会性、人格品质是个体素质的核心组成部分。幼儿期是个体社会化的起始阶段和关键时期，在后天环境与教育的影响下，在与周围人的相互作用的过程中，儿童逐渐形成和发展着最初，也是最基本的对人、事、物的情感、态度，奠定着行为、性格、人格的基础。并且，这一时期儿童的发展状况具有持续性作用，影响并决定着儿童日后社会性与人格的发展方向、性质和水平。

儿童在幼儿期形成良好的社会性、人格品质有助于儿童积极地适应环境、顺利地适应社会生活，从而有助于他们的健康成长、成才。幼儿教育提供良好、适宜的教育环境，营造温暖、关爱、平等的家庭、集体生活氛围，建立良好的亲子关系、师生关系和同伴关系，使儿童在积极、健康的人际关系中获得安全感和信任感；幼儿教育帮助儿童在生活与活动中，在与成人和同伴的交往中，学习和人相处，学习看待自己、对待他人，能有力地促进儿童的社会交往能力，培养儿童养成礼貌、友爱、帮助、分享、谦让、责任感、自控力、自信心、慷慨大方、活泼开朗和合作精神等良好的社会性行为和人格品质。

（四）幼儿教育对教育事业、家庭和社会的价值

幼儿教育不仅对个体的身心发展意义重大，而且对教育事业的发展、家庭的幸福和社会的稳定与进步也具有重要的作用。

1. 有利于教育事业的发展

幼儿教育作为我国学制的第一阶段，基础教育的有机组成部分，必然对我国教育事业的整体发展，尤其是对基础教育的发展具有重要的作用与影响。幼儿教育通过帮助儿童做好上小学的准备，包括学习适应方面的准备（如培养儿童小学学习所需要的抽象思维能力、观察能力、对语言的理解能力和读、写、算所需要的基本技能等）、社会适应方面的准备（如培养儿童任务意识与完成任务的能力、规则意识与遵守规则的能力、独立意识与独立完成任务的能力，以及主动性、人际交往能力等）、身体素质的准备等，能够使儿童进入小学后在身体、情感、社会性适应和学习适应等

方面都有良好的发展，从而顺利地实现由幼儿园向小学的过渡。由此可见，幼儿教育对基础教育，乃至教育事业的整体发展具有重大影响。普及九年义务教育，是我国教育发展的重要目标，幼儿教育则可为有效提高义务教育的质量与效益，促进这一目标的实现作出积极的贡献。

2. 促进家庭生活幸福，带来长远的社会效益

家庭是社会的组成细胞，每一个儿童的健康成长都是家长关注的焦点，也是家庭生活幸福的重要影响因素之一，进而牵动着整个社会。幼儿教育为儿童成长提供良好环境，促进儿童健康成长。幼儿教育机构可以在观念和方法上影响年轻的父母，分担父母的教育责任，承担着从时间上为家长参加工作和学习提供便利的任务，让家长能放心地工作、安心地学习。因此，幼儿教育的顺利开展有助于提高家庭生活的质量，促进家庭生活幸福。

幼儿教育还能产生长远的社会效益。幼儿教育的收益要大于其花费，在幼儿教育上的投入可以为国家日后节省庞大的社会教育费和社会福利费。美国佩里方案研究表明，儿童教育投资是一种省钱、回报率大的公共投资，在儿童到 27 岁时，投资回报率为 1 ∶ 7. 16，即对幼儿教育每投入 1 美元，日后能够获得 7. 16 美元的收益。因此，从长远看，幼儿教育对国民经济发展和社会秩序的稳定具有重要作用。

总之，幼儿教育是人的个体发展的重要阶段，幼儿教育担负着保护儿童、教育儿童，促进他们身心全面协调发展的任务，科学、有计划、高水平的幼儿教育必将对受教育者产生积极深远的影响，为受教育者的人生发展奠定终生受用的基础。

三、幼儿教育的性质与特点

（一）幼儿教育的性质

幼儿教育在不同的时期、不同的地区，有不同的表现形式和要求，为了准确认识幼儿教育，保障幼儿教育事业的健康发展，我们必须全面、科学地认识幼儿教育的性质。

1. 幼儿教育的基础性

幼儿教育是人的成长历程中最初、最早的教育，对人的发展具有持久而深刻的影响。“百年教育，始于幼学”，幼儿期是人生历程的巨大变化时期，是人一生发展的关键时期。幼儿具有非常强的可塑性，人的智力、体力和语言等诸多方面发展迅速，此时适宜的幼儿教育显得尤为重要和迫切。幼儿教育强调保育、教育一体，在做好对幼儿看护、照料的基础上，通过游戏等多种形式的活动，让幼儿获得行为习惯、探索环境等方面的初步经验。幼儿教育的基础性是由其教育任务所决定的。

幼儿教育是整个教育体系的重要组成部分。教育为人的发展服务，从胎儿、婴儿、幼儿、儿童、少年、成人到老年，形成一个完整的终身教育体系。在这一体系中，幼儿教育位于教育链条的起点，是整个教育体系的基础，幼儿教育的质量必然影响着高一级学校教育的质量，影响着高素质人才的培养。可见，幼儿教育一直是被纳入国民教育体系的，发展幼儿教育事业是关系到人口素质的提高和民族未来兴衰的大问题。

2. 幼儿教育的公益性

所谓“公益”，顾名思义是私利的反义，是“公共利益”。幼儿教育的公益性就是指幼儿教育具有造福公众、让社会获益的性质。幼儿教育发展到今天，其福利性已不再仅仅是解除家长的后顾之忧、减免学费的问题，还包括维护幼儿的权益，使其幸福地成长。

幼儿教育的公益性是由其社会功能所决定的。近年来，多学科的研究成果都证实了幼儿教育具有正外部性，其效果不仅使幼儿及其家庭受益，而且还可以外溢给社会，在提高人民素质，减少贫困、犯罪等社会问题方面，起到了早期预防的作用，并为国家未来人力资源的开发奠定了基础。正因如此，国际社会，包括许多发展中国家都切实地把对幼儿教育的投入看作为国家积累财富而将其放在优先发展的位置上，更多地承担着发展幼儿教育的责任，并坚定不移地履行职责。有些国家将幼儿教育作为完全公益性公共事业，完全具有非竞争性和非排他性；有些国家将幼儿教育作为准公益性公共事业，虽具有一定的一般私人物品的性质，但公益性是幼儿教育的基本前提。大部分欧洲国家都是通过公共财政来支持幼儿教育的发展。在有些国家，不论父母的就业状况或收入如何，幼儿教育都是免费的，如在法国，所有2—6岁幼儿的教育都是免费的。也有一些国家的幼儿教育是采取由国家财政支持和根据父母收入水平交费并行的方式，如德国和意大利，为所有3—6岁幼儿提供免费的幼儿教育，3岁以下幼儿的保育则由社会福利加以保障，并由其父母支付不多于20%的费用。

中华人民共和国成立之初的幼儿教育以福利性质起源。当时为了支援国家建设，方便职工的工作，解除他们的后顾之忧，各单位纷纷创办福利性质的幼儿园，幼儿入园完全免费或只交少量的伙食费。幼儿教育事业获得了迅猛的发展。尽管从1992年国有企事业单位体制改革时起，绝大部分幼儿园逐渐从原有的企事业单位中剥离出来，或自负盈亏，或改为民办，原有的福利性质逐渐减退或消失，但幼儿教育的福利性和公益性以及不以营利为目的，一直是国家规定的办园指导性思想。

（二）幼儿教育的特点

幼儿教育是整个教育体系的有机组成部分，是人生教育的起始阶段。与教育体系中其他阶段的教育相比，其教育工作有如下特点。

1. 幼儿教育的非义务性

幼儿接受教育是自愿的而非强迫的，家长完全可以根据孩子和自己各方面的情况，综合考虑是否送孩子进幼儿园或托儿所，以及送孩子进哪所幼儿园或托儿所。幼儿在幼儿教育机构的学习是自主和自由的，如有因故未到幼儿教育机构学习的，事后家长和教师不得强迫幼儿进行课程补习。目前，世界上一些国家实施了免费的幼儿教育，拥有了与义务教育相媲美的“入园率”，但免费的幼儿教育不能等同于义务教育。

2. 幼儿教育的保教结合性

幼儿期是儿童生长发育十分迅速而旺盛的阶段，也是身体各种器官、各个系统的功能还没有发育成熟和完善的时期。在生理上，他们的骨化没有完成，骨骼坚固性差，容易受损变形，且肌肉柔嫩，力量弱，耐力性差，容易疲劳；在心理上，由于他们的年龄小，生活经验少，活动能力、自我控制能力、生活自理能力都比较差，对成人的依赖性很强，需要和别人交往，建立起关系，需要成人或年长的儿童带领他们进入社会，获取经验；在法律上，他们虽然具有同成人一样的权利，但他们无相应行为能力和责任能力。《中华人民共和国民法典》规定，不满八周的未成年人为无民事行为能力人。当然，他们亦不对自己的行为承担相应的责任。因此，对幼儿的教育要特别强调保育与教育相结合，一切教育活动都是在保育的前提下进行的。

另外，幼儿教育是基础教育的重要组成部分，与其他各级教育一样，应该使受教育者在德、智、体、美、劳诸方面都得到发展，为社会主义事业培养建设者和接班人。因此，在保育的同时，要重视教育，使幼儿的体力、智力、品德都得到发展，为他们升入小学后较快地适应正式的小学生活及未来的发展打下基础。

3. 幼儿教育的启蒙性

幼儿对客观世界的认识尚处于朦朦胧胧的阶段，还不能分门别类地接受系统科学的知识。因此，幼儿教育的启蒙性是指对幼儿的教育要与他们现实发展的需要联系起来，要启于未发、适时而教、循序渐进，不损伤“幼嫩的芽”，并且要促使其茁壮成长。

幼儿时期，是人生发展的早期。这个时候，是人的生理发育、心智发展、个性萌芽的初级阶段，幼儿开始了初步的社会化历程，面对世界，他们好奇、迷惑，并主动探索，展现自己内在的生命本质。这一时期的教育，要为幼儿今后的发展打下良好的根基，使幼儿的体力、智力、品德和情感都得到发展，为他们升入小学后较快地适应正式的学习生活打下基础，为他们一生的发展打下基础。因而，在幼儿教育阶段不以传授系统知识为主要目标。对幼儿来说，专门组织的教学活动为他们提供的教学内容是最基本的，具有启蒙性；幼儿可以自由地游戏玩耍，甚至进餐、午睡、穿衣等都是结合他们的生活在幼儿教育机构以一日活动的形式来安排的，具有生活化的特点。

4. 幼儿教育的直接经验性

在幼儿教育阶段，由于幼儿的认知水平较低、知识经验欠缺，加之他们的思维方式主要是具体形象思维，他们认识事物主要是通过感官和动作，与周围生活环境中的事物直接接触，获取直接经验，才能建构自己的知识。只有在获得丰富的感性经验的基础上，他们才能了解事物，对世界形成相对抽象概括的认识。对幼儿来说，只有在活动中的学习，才是有意义的学习；只有以直接经验为基础的学习，才是理解性的学习。因此，幼儿教育具有直接经验性。在幼儿教育中，要注意为幼儿提供丰富的实物材料和真实的生活情景，帮助他们获得直接经验。

第二节　幼儿教育的主要理论与实践

一、人类主要的幼儿教育思想

（一）幼儿教育的“人性”依据

人为什么要受教育？受教育的作用是什么？许多教育家都是从对人性的假想中寻找教育的依据。孔子的“性相近也，习相远也”，认为儿童的本性是差不多的，后天的千差万别是环境的影响和教育的不同所造成的，因此，孔子在40多岁以后，专心教育，培养能恢复“周礼”的政治人才。孟子持“性善说”，认为一个人出生时本性是善良的，皆有“恻隐之心”“羞恶之心”“恭敬之心”“是非之心”，教育的作用就是发扬这四种美德。荀子的人性观和孟子针锋相对，持“性恶说”，认为人皆有趋利避害、尔虞我诈之性，对这种恶的本性如果任其发展，就会祸害社会。因此，教育的作用就像枷锁一样，把人本性中的恶锁住，使之不对社会产生坏的影响。

洛克认为，儿童出生时的心灵犹如一块“白板”，上面没有任何记号，没有任何观念。教育的作用，就是在这块“白板”上留下美好的图画。卢梭认为儿童的天性是善良的，人生秉有自由、理性和良心，因此，在教育中要尊重儿童，把孩子当成孩子，给他们以欢乐的童年。

（二）社会本位和儿童本位的教育目的观

在教育目的上，幼儿教育领域有两种针锋相对的教育思想，即“儿童本位论”和“社会本位论”。儿童本位论认为教育的目的是顺应儿童的天性，促进儿童的和谐发展，充分发展儿童的个性。社会本位论则认为教育的目的是满足社会的需要，为统治阶级培养人才。因此，它重视儿童的社会化，忽视儿童的个性化。

（三）道德教育和习惯养成是最重要的教育内容

在幼儿教育阶段，许多教育家认为要对儿童进行认字和常识的启蒙教育，但若与行为习惯、伦理规范等教育相比较，则是居于次要的位置的。裴斯泰洛奇认为，教育的最终目的是提高人的道德性，心灵的培养是取得人世幸福真正的基础。亚里士多德指出，凡是在儿童身上可能培养的习惯，都应该及早开始，然后渐渐加强这些训练。

（四）教育心理化

裴斯泰洛齐在教育史上第一次明确提出了教育心理化的口号，开启了19世纪欧洲教育心理化运动。他认为，只有教学过程本身与儿童心理的自然化发展相一致，才能使儿童的天性及能力得到和谐的发展。他反对机械灌输式的旧式教学，他的这些思想为后世许多教育家所推崇。

（五）“感化濡染”的教育方法

在对儿童进行教育的方法上，许多教育家特别重视“感化濡染”的作用，具体表现如下：第一，重视以身示教，成人为儿童做出表率。《论语·子路》记载了孔子的教育主张“其身正，不令而行，其身不正，虽令不从”。第二，重视环境对儿童成长的影响。傅玄《太子少傅箴》中“故近朱者赤，近墨者黑；声和则响清，形正则影直”就是这一思想的最好诠释。第三，重视感情的陶冶作用。颜之推认为，慈爱是对幼儿进行教育的基础。《颜氏家训·治家》和《颜氏家训·教子》记载了他的教育名言：“父不慈则子不孝。”“骨肉之爱，不可以简。”这说明古人已经看到爱的教育在儿童成长中的作用，这种思想和体罚教育相比，应当说是先进的。

（六）游戏与活动是促进幼儿全面发展的手段

中外许多教育家都认为，爱好活动是儿童的天性，儿童最喜欢的活动是游戏，因此，活动和游戏可以促进儿童身心发展。夸美纽斯认为给儿童以活动的自由有三大好处：一是锻炼身体；二是可以运用和磨炼思想；三是可以练习四肢五官，使之趋于灵活。至于游戏的重要性，则为许多教育家所论述，成为他们幼儿教育思想的重要组成部分。

（七）早期教育的思想

柏拉图是最早提出幼儿教育思想的人。他认为教育应该从幼年开始，人在幼年时最容易接受影响，幼年所接受的影响决定他们以后行为的性质。蒙台梭利认为，婴幼儿时期是儿童教育的敏感期，及早、及时地进行教育，可以取得巨大的教育成果。

（八）优生优育的思想

柏拉图是西方教育史上最早论述优生优育问题的人。他认为婚姻的目的是生育优秀的后代，国家应只允许健康的男女结婚，男女须达到一定的婚龄才能结婚；为保证儿童的健康成长，应由国家设立专门的教育机构，派专人进行照管。亚里士多德也很重视优生问题，他反对早婚，提出已婚夫妇要学习生育的知识，孕妇要养成经常运动的习惯，摄取富于营养的饮食。

二、人类幼儿教育的实践

人类的幼儿教育是随着人类社会的产生而产生的，并随着人类社会的发展而发展。人类社会的发展是一个由低级到高级、由落后到进步、由野蛮到文明的过程，根据生产力发展的水平和生产关系的特点，人类社会发展到今天可以分为原始社会、古代社会和现代社会三个历史阶段。

（一）原始社会的幼儿教育实践

原始社会是人类社会发展的第一阶段，也是幼儿教育开始产生的阶段，世界各民族都经历了这一阶段。原始社会，人类刚刚从动物界分离出来，生产力水平极其低下，人们过着“穴居野处，茹毛饮血”的生活。与这种落后的生产力水平相适应，生产关系也极为简单，没有私有财产、没有阶级、没有国家，人们共同劳动获取生存的物质资料，共同拥有劳动成果。与之相适应的幼儿教育则呈现出以下一些特点。

1. 幼儿教育还没有成为独立的社会实践活动，教育水平极其低下

在原始社会，人们过的是群居生活，婚姻制度还没有产生，氏族是社会的细胞，儿童出生就是整个氏族社会的财富，为整个氏族社会所共有。因此，教育儿童是整个氏族社会共同的责任。由于生产力水平低下，整个社会各种实践活动融为一体，因此，不可能有独立的教育实践活动。没有学校、没有教材、没有文字，教育儿童的任务为氏族中年长者和妇女所承担，学习的内容是当时的主要实践活动，如采集、打猎和捕鱼的经验，这一阶段是人类幼儿教育的萌芽阶段。

2. 幼儿教育的目的十分明确，就是培养社会新的生活成员，维持社会的延续

原始社会，幼儿教育的目的十分明确：维护孩子的生命和健康，使孩子在恶劣的生存环境下能长大成人；教给孩子生产的经验和生活的经验，使孩子学到同自然做斗争的本领，培养集体观念；教给孩子原始的道德、礼仪，使社会得以延续发展，使之成为未来社会合格的生产劳动者和新的生活成员。

3. 幼儿教育没有阶级性，没有性别歧视，人人享有平等的受教育的权利

原始社会因为没有私有财产，所以也没有阶级的分化，人们只有共同劳动才能维持生存，在自然面前，在整个社会生活中，人人都是平等的，没有贵贱之分，没有性别歧视。这种社会关系，反映到幼儿教育领域，也就表现为人人享有平等的受教育的权利。

4. 言传身教和模仿是当时幼儿教育的主要形式

原始社会幼儿教育的原始性，还表现在教育方式上。儿童主要是通过跟长辈一起从事打猎、采集等实践活动学习生产的经验；通过模仿，学习长辈的生活方式和行为习惯；通过参加集体活动，习得生活的规则和原始的道德。

（二）古代社会的幼儿教育实践

古代社会包括奴隶社会和封建社会，这一时期，教育已经成为独立的社会实践活动，人们在幼儿教育领域进行了广泛的实践。

1. 家庭教育中的幼儿教育实践

古代社会，无论是东方还是西方，作为社会细胞的家庭承担了教育培养儿童的职能。公元前11世纪，即我国奴隶社会鼎盛期——西周时期，人们就已经能够按照婴幼儿年龄大小制订出循序渐进、有条不紊的幼儿教育计划。《礼记·内则》一文中是这样安排的：

子能食食，教以右手。能言，男唯女俞；男鞶革，女鞶丝。六年，教之数与方名。七年，男女不同席，不共食。八年，出入门户及即席饮食，必后长者，始教之让。九年，教之数日。十年，出就外傅，居宿于外。

在这个计划中，“子能食食，教以右手。能言，男唯女俞；男鞶革，女鞶丝。六年，教之数与方名”都属于幼儿教育的范畴。

古代社会，家庭教育的目的是社会本位，就是为统治者培养统治人才和安分守己的良民。中国封建社会，在家庭教育中，向幼童灌输“学而优则仕”和“光宗耀祖”的思想，学习儒家经典，为参加科举考试做准备。西欧封建社会，儿童7岁之前都是在家庭中接受教育，主要为培养“僧侣”和“骑士”打基础。这一时期，在家庭教育方面也取得了许多进步，主要表现为以下方面。

第一，幼儿教育开始注意儿童个性的自然发展问题，要求教育不违天性、顺应性情的呼声日渐增多。李贽竭力倡行“童心说”，主张教养“不必矫情，不必逆性，不必昧心，不必抑志”，要求“直心而动”。李惺在《冰言》中更是主张“教子忌姑息，亦不宜倍责苛求。倘拘束过急，仅令聪明痼弊，胸次不开。惟严而不过于严，使之从容于法度中，而不夭淤其天机，方是善教”。

第二，幼儿教育打破了循规蹈矩、主静不主动的教育模式，强调动静交替、动静结合，通过活动磨炼儿童，将牧牛、洗衣、游戏、歌舞视为启迪儿童“天机”的有效方法，更加注重儿童的兴趣。陆世仪在《思辨录辑要》中说：“人少小时，未有不好歌舞者。盖天籁之发，天机之动，歌舞即礼乐之渐也。圣人用其歌舞而教之以礼乐，所谓因其势而利导之。”在这些思想的影响下，这一时期幼儿的生活游戏日渐丰富，如骑竹马、扮家家、捉迷藏、斗虫等，极大地推动了幼儿身心的发展。

第三，教育开始注意贯彻因材施教和循序渐进的原则。封建社会在一段较长的时间内，比较重视“神童”的教育。在科举考试中，设立了童子科和童试。在幼儿教育的实践中，人们感到神童教育容易产生揠苗助长之弊。于是，神童观念日渐淡薄，开始注意根据幼儿身心发展的特点，循序渐进，因材施教，注意家庭幼教和童蒙教育的合理衔接。

2. 进行了胎教的实践活动

胎教是指胎儿在母腹中还未出生时，成人采取一系列的教育措施，对胎儿施加影响，期望胎儿正常优质发展。它是幼儿教育的组成部分。

我国胎教的历史，可以上溯到距今1000多年前的西周时期。西周文王的母亲太任，最早实施了胎教。据《列女传》记载，太任妊娠后，“目不视恶色，耳不听淫声，口不出敖言，能以胎教”。贾谊《新书·胎教》中也记载：“周妃后妊成王于身，立而不跛，坐而不差，笑而不喧，独处不倨，虽怒不骂，胎教之也。”《韩诗外传》记载，孟子母亲怀孕时，“席不正不坐，割不正不食，胎教之也”。以上都是人们在古代社会所进行的胎教实践的记载。

3. 宫廷幼教臻于完备

古代封建社会由于中央集权，皇权世袭，因此对皇子的教育，统治者十分重视，宫廷幼教在古代社会教育中占有十分重要的地位。

汉代自吕后掌权后，皇子的早期教育实施“三公三少制度”。三公即太师、太傅、太保，三少即少师、少傅、少保。应劭《汉官仪》记载：太师须承担责任者——“天子不喻于先圣之德，不知君民之道，不见礼仪之正，诗书无宗，学业不法”；太傅须承担责任者——“天子不惠于庶民，不礼于大臣，不中于折狱，无经于百官，不哀于丧，不敬于祭，不戒于斋，不信于事”；太保须承担责任者——“天子处往不端，受业不敬，言语不叙，音声不中，进退升隆不以礼，俯仰周旋无节”。三公三少既是官位，又是教职，他们共同承担教育皇子的责任。

魏晋南北朝时期的三公三少制也代承不辍。隋代设立“三师”，唐代设立内宫制度，元明清使宫廷幼教制度化，都体现了封建时代宫廷幼教事业的发展。

4. 幼儿教育教材的编著

古代社会，幼儿教育的一个重要实践活动，就是进行幼儿教育教材的编著。中国封建社会，在童蒙教育与幼儿教育教材的编撰方面取得了较好的成绩。从秦代开始，童蒙和幼儿教材已趋于定型，秦代的童幼教材有《仓颉篇》《爰历篇》《博学篇》。两汉有影响的教材有《凡将篇》《急就篇》《训篡篇》。魏晋南北朝，是各种学派兴盛的时期，因此，出现了各家各派私学并存争胜的局面，童幼读物也百花齐放，有影响的教材有《千字文》。《千字文》是梁武帝为了有效地教自己的幼子命属下周兴嗣而作，该书每句四言，共250句，内容包括天文、历史、人伦，很适合儿童诵读。隋唐时期知名的蒙幼教材有《开蒙要训》《太公家教》《兔园册府》《蒙求》。宋代是科举制度实施的鼎盛时期，蒙幼教材也很有影响力，其代表作有《百家姓》《三字经》《名物蒙求》。这些教材的一个突出特征就是服务于科举考试。元明清时期的蒙幼教材基本沿用前代，只是家训方面的著作增多，也是这一时期的一个特色。家训名篇有《颜氏家训》《郑氏规范》《幼仪杂箴》《药言》《孝友堂家训》《朱子家训》等。

5. 慈幼机构的设置

慈幼机构，是古代社会为救助、教养幼童而设立的慈善机构。中国真正意义的慈幼机构诞生于宋代。两宋时期，战事频繁，民不聊生，弃婴之风日盛。为安抚民心，杜绝溺婴弃婴现象，统治者于是专设慈幼机构收养孤儿难童。据史料记载，宋代的慈幼机构有慈幼局、举子仓、广惠仓数种。元明两代，也设有慈幼机构，但呈颓势。到了清代，慈幼机构的办理呈复兴之态。清代的慈幼机构，最多的是弃婴堂。在西方，慈幼机构主要有育婴社、幼婴堂及教会兴办的孤儿院、圣婴院、救婴院等。

（三）现代社会幼儿教育的实践

现代社会，包括资本主义社会和社会主义社会两个阶段，是幼儿教育飞跃发展的时期，也是幼儿教育的实践从非形式化到形式化、从非正规化到正规化的一个阶段。幼儿教育实践的水平上了一个新的台阶。

1. 幼儿教育机构的创设

现代社会之前，幼儿的教育主要是在家庭中进行的。尽管创办了宫廷学校等机构进行幼教，但接受教育的儿童只限于皇家子弟，无论是幼儿教育机构还是受教育的人数都是十分有限的。而到了资本主义社会，幼儿学校和幼儿园的普遍设立，成为这一时代的突出特征。发端于17世纪后半期的英国贫民婴幼儿保护和养育设施是近代欧洲幼儿教育设施的胚胎。18世纪末，在法、德、俄等国都出现过类似的设施，这些设施以挽救贫民婴幼儿生命，对其实施简单的教育为目标，受到当时贫民的欢迎。

产业革命的发展，需要大批的劳动力，女工和童工增加，父母进入工厂做工，婴幼儿的保护和教育成为亟待解决的社会问题。同时，贫穷家庭的儿童迫于谋生的压力，七八岁就开始做工，他们的父母都希望自己的孩子在入工厂做工以前学到读、写、算等方面的基本知识，为他们今后的生活和工作打下良好的基础。在这样一种历史背景下，欧文、华尔德斯等一批慈善家和教育家掀起了一场创办幼儿学校的运动。

（1）欧文创办“新性格形成所”的实践活动

罗伯特·欧文出生于北威尔士一个小手工业者家庭，自幼家境贫穷，只有初级小学的学历。10岁开始学徒，自谋生计，一边劳动，一边刻苦学习、勤于思考，尽管学历不高，但由于勤奋刻苦，终于成为一个学识渊博且富有思想的人。1791年，他成为曼彻斯特一家纺织厂的经理。他积极改善工人的工作条件和生活条件，提高工人工资，缩短劳动时间，禁用10岁以下童工。他以巨大的精力和极大的热情办教育。他认为人的个性是由天性、环境和教育决定的，要从根本上改变人的性格，必须从幼儿教育开始。

1802年，他创办了世界上第一所儿童学校，包括托儿所和幼儿园。此后，他实行了旨在改变人的性格的一系列实验。他创办了各种教育机关，这些机关被称为“新性格形成所”。其中有幼儿学校，包括托儿所（1—3岁）和幼儿园（4—6岁）。同时欧文非常重视对儿童进行劳动教育，认为儿童在学校学习期间，应该学会一些简单的劳动技能，养成劳动的习惯。欧文创办幼儿教育机关，是世界教育史上开先河的工作，推动了幼儿学校的兴办，功在当代、利在千秋。

（2）福禄贝尔和世界上第一所幼儿园

弗里德里希·威康·奥古斯特·福禄贝尔在教育史上被誉为“幼儿教育之父”和“幼儿园之父”，是当之无愧的。1837 年，福禄贝尔开始专门研究幼儿教育问题。在德国风景优美的勃兰根堡创立了一所实验学校，招收 3—7 岁的幼儿。这所学校设在山林之中，风景如画，他把它称为“儿童的花园”，而教师被誉为施肥的园丁。在这所学校，他进行了广泛的教育实验。1846 年，他正式将这个学校命名为“幼儿园”，这是世界上第一个真正意义上的幼儿园。从此之后，福禄贝尔式的幼儿园很快在世界各地建立起来。

福禄贝尔对幼儿教育作出了杰出的贡献。他创立了完整的幼儿教育理论体系，明确提出了幼儿园的教学任务和教学方法，为幼儿制造了系列玩具，培养了不少幼儿园教师，对后世幼教实践产生了广泛而深远的影响。

（3）苏联的幼儿教育机构和“捷尔任斯基公社”

苏联的幼儿教育机构有托儿所（收 2 个月—3 岁儿童）、幼儿园（收 3—7 岁儿童）以及托儿所-幼儿园（收 2 个月—7 岁儿童），由区、市、村、镇人民代表苏维埃执行委员会负责开办，也可经其批准，由当时的国营企业和国家机关、集体农社、合作社及其他社会团体开办。幼儿教育机构的任务是帮助家庭教育儿童，并为有子女的妇女积极参加生产和社会生活创造条件，使儿童受到全面的和谐发展的教育。1982 年，全国常设幼儿保育机构中有 150 多万名儿童，季节性保育机构中有 500 万名儿童。

之后苏联由于战争的原因，出现了许多流浪儿童和少年犯。为了收容和改造这些儿童，苏联政府在多地设立了工学团，著名的有高尔基工学团和捷尔任斯基公社。马卡连柯等教育专家通过集体教育、劳动教育等方法，把他们培养成为工程师、医生、劳动模范，这是对特殊儿童进行教育方面所做出的有益的探索和实践，在世界教育史上写下了光辉的一页。

（4）中国近代第一所幼儿教育机构和幼教机构创设实践活动

中国虽然没有经历资本主义社会，但公共幼儿教育机构也与世界各国一样，在近代应运而生。鸦片战争以后，一批传教士来到中国，在中国设教堂、开学校、办医院，创设孤儿院进行慈幼教育。19 世纪 80 年代，传教士在沿海口岸福州、宁波、上海等处设立了许多小孩察物学堂，即幼儿园。

中国近代第一所公立幼教机构，是1903年春夏由张之洞倡导的湖北幼稚园。该幼儿园由日本人户野美知惠担任园长，园内设有专门的教室“开诱室”“训话室”“游戏室”“图书玩具室”等，室外有游戏场、游戏山、游戏亭。花草茂盛，环境幽雅，设备齐全，师资力量雄厚，在当时的中国首屈一指。

中国共产党在新民主主义革命和社会主义革命阶段，都十分重视幼儿教育。在新民主主义革命时期，就非常重视儿童公育和公共幼教设施的创立。在当时的苏区，普遍设立了托儿所。

1938年9月24日，中国共产党在延安设立了陕甘宁边区第一保育院。分设三个班：婴孩班——收容6个月至4岁的婴幼儿；幼稚班——收容4至6岁的儿童；儿童班——收容6至15岁的儿童少年。该院的教育目标是增进孩子的身心健康和快乐，培养其优良的习惯和行为。教学的内容是儿童日常生活所接触到的或体验到的问题。在教学方法上要求多用直观教学法、比较教学法和进行故事化、游戏化、歌曲化教学。

中华人民共和国成立以后，党和政府十分重视幼儿教育事业的发展。1952年3月18日，教育部正式颁发了《幼儿园暂行规程（草案）》，1952年7月教育部又拟订颁布了《幼儿园暂行教学纲要（草案）》，这两个文件成为规范幼儿教育的重要法规。

中华人民共和国成立初期，国家采取了一系列行之有效的措施，为幼教事业的发展清障拓疆。这些措施有：保护、接管公立幼教机构。公立幼稚园的接管工作均由中国共产党建立的各地方政权负责完成；收回教会幼稚园的办学权。到1951年底，共收回接受外国津贴的幼稚园、孤儿院、育婴堂、慈幼院等机构200余所；私立幼稚园收归公办。到1954年底，全国所有的私立幼儿园均收归国有，中国内地除少数季节性、临时性的托幼机构仍属私立性质外，全日制、寄宿制的托幼机构均改为公办；兴办了一批学习苏联的实验性幼儿园。中华人民共和国成立后70多年，我国的幼儿教育机构主要为托儿所和幼儿园。有单设也有附设，附设于企事业单位和农村社队的幼儿教育机构，在解除职业妇女的后顾之忧方面起了重要作用。1986 年前，我国幼儿园招收 3—7 足岁的幼儿，1986 年后招收 3—6 足岁的幼儿。教养活动的内容初定为体育、语言、认识环境、国画与手工、音乐、计算共六项，1981 年扩充为生活卫生习惯、思想品德、基本动作发展、常识、语言、计算、手工、音乐共八项。20 世纪 80 年代以后，我国的幼儿教育机构开始与国际接轨。

2. 幼儿教育制度的确立

随着近代初等义务教育的普及，各国政府在幼儿教育事业中的作用日益加强。19 世纪 30 年代，法国率先开始了将幼儿教育纳入国民教育制度的历史进程。19 世纪 40 年代，英国也通过政府拨款形式，加强了政府对幼儿学校的控制。19 世纪后半期，法、美、日等国的公立幼儿教育机构得到了极大发展，成为整个公立学校系统的有机组成部分。

法国幼儿教育的性质发生转变是中央集权的教育管理体制不断加强这一趋势的反映，也是法国政府自上而下地建立国民教育体系的自然结果。1835 年，法国政府颁布了《关于在各县设立初等教育的特别视学官的规定》，提出视学官具有视察和监督托儿所的权力，这是法国政府正式管理托儿所的开端。

1836 年，教育大臣布雷发出传阅文件，明确指出托儿所是公共教育部领导下的学校，接受市镇村教育委员会和郡教育委员会的领导。这标志着法国托儿所性质的重大转变，即由面向贫民的慈善救济事业转为面向全体国民的国民教育事业。

1837 年，法国政府发布了最早的有关托儿所管理的监督体系的规定，把法国的托儿所纳入中央集权教育行政体制的轨道。1881 年 8 月 2 日，法国政府发布政令，统一各种幼儿教育机构的名称为“母育学校”，这一名称沿用至今。同时政令明确规定母育学校是初等教育设施，以“母性养护及早期教育为宗旨，共同接受体、德、智全面发展的教育”。母育学校按年龄发展阶段编班，招收 2—6 岁儿童，道德教育取代以往的宗教教育。该政令的颁布意味着基本确定了法国近代幼儿教育制度，对世界各地产生了深远的影响。

在中国，幼儿教育正式纳入学制系统是在清末颁布的《癸卯学制》。它是由张之洞主持制定的，于1904年1月13日颁布，是对日本学制模仿的产物。该学制规定普通教育的升学序列和学习年限为蒙养院（4年）—初等小学堂（5年）—高等小学堂（4年）—中学堂（5年）—高等学堂及大学预科（3年）—大学堂（3或4年）—通儒院（5年）。

《癸卯学制》首次确立了幼儿教育的地位，将蒙养院正式纳入国民普通教育体系。尽管在当时幼儿教育的具体实践中，蒙养院未能摆正与家庭教育的关系，未能开放女禁，模仿日本的色彩浓重，但确立了蒙养家教合一的宗旨，招收了3—7岁的男性儿童入院受教，规定保育科目为游戏、歌谣、谈话、手技四项。这在中国幼儿教育发展史上是一件大事，标志着中国正规幼儿教育的起步。

3. 注重幼儿教育教师的培养和选拔

现代社会随着幼儿教育的发展，幼儿教育教师的培养和选拔越来越引起教育家和政府的关注。19世纪英国的幼儿教育专家怀尔德斯平对幼儿学校的教师就提出了很高的要求，要求教师首先要具有“受人欢迎的风采”“生气勃勃的气质”“很大的忍耐性、温顺、坚韧、冷静、精力旺盛”，具有关心人性的知识，“尤其是虔诚——朴素的、诚实的而且实际的虔诚”。要求幼儿学校的教师具有音乐知识，不断研究幼儿的心理。1837年，法国政府颁布的一项政策规定，担任托儿所所长须持有3种证书：考试委员会发给的“能力证书”、地方自治体发给的“道德证书”、大学总长授予的“住地证书”。

1848年，法国政府把一个私人慈善团体在巴黎设立的托儿所师资培训机构“学习之家”改为国立“幼儿师范学校”，专门培养幼儿教师。现当代世界各国普遍设有幼师培训学校，学历层次有中专、大专、本科，学位层次有学士、硕士、博士。20世纪80年代，美国进行了一次调查，在28个被调查的州中，有27个州限定了幼儿园教师起码要有学士学位，只有印第安纳州许可大专学历的人充当幼儿园教师。各州幼儿园教师中有不少持有硕士学位。世界各国对幼师的学历要求越来越高。

4. 幼儿教育方法的探索和幼儿教具的研制

现代社会，许多教育家越来越重视幼儿教学方法的探索和幼儿教具的研制。在幼儿教学方法方面，“蒙台梭利教学法”影响非常广泛和持久，几乎遍及世界上每一个国家，从20世纪20年代一直持续到现在。

蒙台梭利在幼儿教育的实践中推行的教育内容包括实际生活练习、肌肉练习、自然教育和体力劳动、感觉训练，以及读、写、算练习等。而在这一体系中，尤其重视感觉训练，她用自己所设计的一套教具分别对幼儿的视觉、听觉、嗅觉、味觉、触觉等感官进行训练，以期达到发展儿童智力、养成儿童观察习惯和能力，为适应现代文明时代的工作和实际生活做准备的目标。

现代社会，幼儿教学非常注重游戏与活动，注重根据幼儿的特点和兴趣进行教学活动，注重实物与直观教学。因此，许多教育家致力于教具的研制。在教具研制方面，福禄贝尔作出了突出的贡献。他研制了一套教具“恩物”，在世界范围内产生了广泛的影响，开创了后世幼儿教具和玩具制作的先河。

第三节　幼儿教育与社会发展

幼儿教育与社会政治、经济、文化等要素有着紧密的联系，我们必须从社会这个大环境去看幼儿教育，探讨幼儿教育与社会诸要素的关系，才能全面地认识幼儿教育。脱离社会因素去看幼儿教育，就是“一叶障目，不见泰山”。

一、幼儿教育与政治

政治体系主要由两部分构成：一是指理念、意识，其中包括政治观念、政治态度、政治信念、政治标准等；二是指权力机构，其中包括政治权力、政治制度、政权机关、政党等。这些构成因素都会对幼儿教育及其发展产生不同程度的影响与制约作用。

（一）政权性质决定了幼儿教育的领导权和受教育的权利

政权的性质，其实质是哪个阶级掌管国家政权，并为谁服务。政权的性质决定了教育的领导权及受教育的权利。

（二）政治体制决定了幼儿教育的体制

政制体制指统治阶级治理国家的形式，如是中央集权还是地方分权制等。一个国家的政治体制决定它的教育体制，对于教育而言，主要表现在政治体制对教育管理体制的影响上。例如，由于美国实行的是联邦制的国家政权管理形式，因而教育采用的就是地方分权的管理体制。而实行中央集权制的法国，其教育则是由国家统一管理的。

（三）政治纲领决定了幼儿教育的方针、目的

政治纲领是一个国家政体的具体行动指南，是政治理想的具体化，它规定了教育事业的方向、目的、途径等。幼儿教育的目的集中反映了社会对幼儿发展的总的要求，其性质主要是由掌握领导权的统治阶级的政治纲领决定的。

（四）幼儿教育具有维护社会政治稳定与促进社会发展的功能

教育的政治功能首先表现在它对维护社会政治稳定所起的重要作用。任何国家、任何社会，为维护其社会统治和政局的稳定，无一不是通过教育的教化功能来实现的。社会是由人类构成的社会，幼儿教育可以促进人的发展，也必然促进社会的进步与发展。

二、幼儿教育与经济

（一）幼儿教育的产生、发展与完善都与社会经济的发展密切相关，并为社会经济发展所制约

以前，社会生产力水平很低，幼儿是在生活和劳动中接受教育。在近代资本主义大工业兴起后，才提出了建立幼儿教育机构的社会需要。就我国幼儿教育发展来看，在20世纪上半期，社会经济发展缓慢，我国幼儿园发展也较慢，而且最先也是在沿海经济较发达的工业地区建立和发展的。

中华人民共和国成立后，随着社会经济的发展，幼儿教育机构的设置才有了较快的发展。因为幼儿教育机构的设置与发展，需要以一定的财力与人力为基础，这都与社会经济发展的水平直接相关。而且社会经济发展水平还会影响社会对幼儿教育的需要、家长送托子女的需要。从我国近几十年来幼儿教育事业发展的正反两方面的经验而言，幼儿教育机构的设置与发展必须与社会经济发展水平相适应。如果不顾社会经济发展水平盲目发展，就会使幼儿教育事业遭到挫折。因此，幼儿教育机构的设置与发展只有随着社会经济的发展而稳步发展，才能促进幼儿教育事业的发展。

（二）幼儿教育的任务、手段、内容受社会经济发展的影响

在以往的历史发展过程中，幼儿教育的任务，从总的发展趋势来看，是在不断变化的。其中先后经历了四个阶段的变化：一是初创时期——主要为工作的母亲照管儿童，只负担起儿童生活与安全方面的照顾；二是19世纪下半叶至20世纪上半叶——不限于看护儿童，对儿童实施促进其身心发展的教育；三是20世纪60年代至70年代——以发展儿童智力为中心；四是20世纪80年代以后——促进儿童身体的、情绪智能的和社会性的全面发展。

在上述变化的过程中，社会经济的发展是导致这一变化的主要因素之一。由于社会经济发展的水平不同，教育的任务也不同，同时，经济的发展也为实现这些要求提供一定的物质基础。例如，英国幼儿教育的任务，在20世纪以来，随着社会经济的发展，也经历了一系列的变化。尤其是在我国经济改革与发展的今天，强调促进儿童全面和谐而富有个性的发展，注重从小培养儿童的主动性、独立性和创造性。

（三）幼儿教育的内容与手段也与社会经济发展紧密相连

经济的发展能创造更多的社会物质财富，为丰富和更新幼儿教育的内容与手段提供了条件。自100多年前福禄贝尔为幼儿园制定了教育内容、设计了玩具和教具以来，随着社会经济的发展，幼儿教育内容与手段有了很大的变化。在教育内容方面，扩大了认识社会环境和自然环境的内容与要求，注重儿童认识周围事物的兴趣和求知欲的发展，注重儿童智力的开

发与能力的培养，特别是创造力的培养，同时还注重儿童社会交往能力的培养。在教育手段方面，儿童游戏的内容与形式更为丰富多彩、多种多样，利用儿童的日常生活环节开展教育，组织各种观察、操作和实验活动，并且运用录音、幻灯片、电影、电视、录像及计算机等现代化教学手段，不断提高教育质量

（四）幼儿教育为促进社会经济发展服务

幼儿教育是整个国民教育的基础阶段。幼儿教育在提高劳动力的素质方面的作用，越来越为人们所重视。幼儿教育不仅可以从提高劳动力素质、培养人才的角度促进经济发展，而且还有自己独特的作用。幼儿教育关系到千家万户的生活和工作，减轻家长养育幼小子女的负担和后顾之忧，使他们精力充沛地投入工作和学习。这是通过保护和解放劳动力，直接为发展经济服务。

三、幼儿教育与社会文化

（一）社会文化对幼儿教育的影响

幼儿教育与社会文化有着十分密切的关系。幼儿教育是社会文化的一个组成部分，是文化大系统中的一个子系统。要考察幼儿教育的发展与规律，必须把握文化对幼儿教育的影响作用，否则难以全面认识幼儿教育及其发展规律。文化对幼儿教育的影响也是多方面的，主要体现在以下几个方面。

1. 社会文化对幼儿教育目标的影响

不同国家文化背景下的幼儿教育目标也会有其文化特色，社会文化会在一定程度上制约幼儿教育目标的制定。

2. 社会文化对幼儿教育内容的影响

教育目标不同必然导致教育内容的不同。社会文化影响各个国家幼儿教育目标的制定，与此同时也必然影响到其幼儿教育的内容。影响中国文化最为深远的是孔子的儒学，因此直至今日我国很多的幼儿教育机构仍然会带领孩子去诵读儒学经典，传承国学文化。

3. 社会文化对幼儿教育方法、手段的影响

幼儿教育方法、手段会随着社会文化的进步有很大的不同，如中世纪教堂学校中对儿童的严惩，中国古代对蒙学堂儿童进行戒尺、棍棒教育。然而在现代社会文化的指引下，教育者开始尊重儿童，认识到儿童作为教育主体的地位，更多地运用适合儿童身心特点的教育方式方法，如游戏法、直观教学法与活动法等等。

（二）幼儿教育对社会文化的促进

1. 幼儿教育是传递文化的重要手段

人类社会能从愚昧走向今天的文明开放，是文化教化的结果。而文化教化的前提是文化的传递。广义的教育无时无刻不在起着传递文化的作用。学校教育，因其具有明确的目的、周密的计划、专门的场所、集中的时间、精选的内容与适宜的方法等特点，古往今来，一直承担着传递文化的重要功能。

2. 幼儿教育能够进行文化选择，提高文明水准

教育为了有效地传递文化，还必须充分发挥其对文化的选择功能。幼儿教育对文化的选择功能体现了幼儿教育对文化发展的积极引导和自觉规范。幼儿教育的文化选择既符合特定社会政治制度的利益，也符合人的身心发展的客观规律。我国应处理好对传统文化、外来文化、未来文化的选择问题。

3. 幼儿教育是对社会文化的创造和更新

文化的生命不仅在于它的保存和积累，更在于它的更新与创造。幼儿教育通过把人类已有的精神财富内化为学生个体的精神财富，培养他们对文化的浓厚兴趣，使他们不仅能适应和参与现实社会的文化活动，而且能根据未来社会的需要创造更为美好的文化。随着社会的发展，教育通过广泛的文化交流，不断地吸引其他民族的文化精华，补充、更新和发展本民族的文化，也是文化发展的一种重要方式。

从文化与幼儿教育关系的认识中，我们不难看出，文化与幼儿教育的确是一种共生关系。文化与幼儿教育的关系是互相包含、互相作用的交融关系。文化中的部分内容构成幼儿教育的内容，每一种文化活动都具有一

定的教育影响，而幼儿教育活动又是传播文化的重要手段之一，是文化活动的构成。因此，文化与幼儿教育的关系最为直接和密切，二者是在互动中发展的。

第四节 幼儿发展与儿童观

一、幼儿发展概述

（一）幼儿发展的含义

幼儿发展是指幼儿在成长过程中生理和心理有规律地进行量变与质变的过程。生理发展是指幼儿集体的正常生长和发育，包括形态的增长和功能的成熟。生理的发展是心理发展的前提和基础。心理的发展是指婴幼儿的认识过程、情感、意志和个性的发展。对幼儿来说，其身体的发展与心理的发展是密切相关的。儿童年龄越小，其身体发展和心理发展之间的相互影响也就愈大。

（二）幼儿发展的特点

在人的不同发展阶段，由于脑的发展水平不同，生活条件和教育条件的变化，以及所参加的实践活动的差异，心理的个体发展过程表现出定向性和顺序性、连续性和阶段性、不平衡性、个体差异性以及整体性。

1. 定向性和顺序性

个体的身心发展在正常的条件下总是指向一定的方向并遵循一定的先后顺序，而且这种顺序是不可逆的，也不可逾越。个体发展都是从简单到复杂，经过由一般到特殊，由头到脚，由中间向四周，如身体发展，是从头部、躯干向四肢（首尾律），从中心部位向全身的边缘发展的（近远律）；行为的发展是先爬后行再跑；记忆的发展是从机械记忆到意义记忆；思维的发展是从具体思维到抽象思维：情感的发展是先有喜、怒、惧等一般情感，而后出现道德感、理智感等高级情感。

2. 连续性和阶段性

儿童个体的身心发展是一个逐渐由低级向高级演进的过程，高级的身心是在低级的身心发展的基础上进行的，具有连续性、积累性。儿童身心发展时刻都发生着变化，随着量的积累，到了一定程度，就会发生“质变”，从而使儿童身心发展呈现阶段性。儿童个体身心发展也有一定的阶段性，往往以年龄为标志，所以又称“年龄阶段”，它反映了质变与量变之间的统一。婴儿期这一年龄阶段主要是身体的生长发育，而幼儿期则是智力发展与个性形成的启蒙时期。个体身心发展的顺序性和阶段性的特点，要求教育工作者必须适应儿童身心发展的各个阶段的顺序，循序渐进，做到由浅入深、由易到难、由具体到抽象、由低级到高级，不能一刀切。同时，由于身心发展各阶段是相互联系的，具有连续性，前一阶段是后一阶段的准备，这就要考虑各阶段教育的衔接。

3. 不平衡性

人类个体发展不是等速的，也不是千篇一律按照一个模式进行的。关键期和危机期就是发展不平衡的表现。发展的不平衡性主要具体表现在两个方面：一是同一方面的发展在不同时期发展速度不同。例如，身高、体重在出生后 1 年发展最快，以后缓慢，到青春期又高速发展。二是不同方面发展的不平衡性，有的方面较早阶段就能达到较高水平，有些方面则要成熟得晚些。例如，感觉与直觉在青少年期之前已发展到相当的水平，而逻辑思维要到青年期才有相当程度的发展。

4. 个体差异性

由于人的发展的主客观条件不一样，即遗传、环境、教育和自身的主观能动性的不同，其发展的结果与过程也有差异。儿童的个体差异不仅表现在同一年龄阶段在不同时期的发展速度和水平，而且在相同的方面发展水平和速度也存在差异。例如，有的早慧，有的大器晚成；有人善于数理运算，有人善于空间想象；有人能说会道，有人沉默寡言。这一特征也是实行因材施教、长善救失的教学原则的基础。

5. 整体性

儿童是一个整体的人，以其整个身心来感知、体验和享受成长的过程，教育者面对的是一个活生生的整体的人，因此，不论是生活还是教学，都应该以儿童的整体发展为主。正如杜威所说："我们所需要的是儿童以整个的身心和整个的心灵来到学校，并以更圆满发展的心灵和甚至更健全的身体离开学校。"教育者要注意做到认知因素与非认知因素、意识与潜意识、科学与艺术的统一。

（三）幼儿发展理论

关于儿童发展的一系列问题，不同的心理学流派有着不同的解释，如儿童的认知和行为发展，儿童的情绪、情感发展，儿童个性与社会性发展的动力，儿童个性与社会性发展所经历的过程、阶段和影响因素等，在不同的流派中占有不同的地位。

1. 精神分析理论

精神分析理论是现代西方心理学的主要流派之一，代表人物是弗洛伊德和埃里克森。精神分析是从治疗人的心理障碍开始发展起来的。为了治疗的目的，弗洛伊德重视探索人的动机和行为根源，从而弥补了传统心理学的不足，改变了心理学研究趋向。

（1）弗洛伊德的观点

西格蒙德·弗洛伊德是19世纪末20世纪初奥地利著名的精神病学家和精神分析学派的创始人。在与精神病人的长期接触中，他发现许多人的发病与其童年早期经验有关，因此他提出重视早期经验对人格形成的作用。弗洛伊德认为梦是人们在睡眠中试图满足愿望和解决问题的产物，因而对梦的解析是了解人的无意识的一个窗口。弗洛伊德通过解析精神病患者的梦境，获得了大量关于人格异常的人的幼年生活资料，通过分析，他认为幼年的生活经验对人格发展有重要影响，并提出了一套关于人格发展的理论。

精神分析理论强调性本能、潜意识与情感在心理发展中所起到的作用。心理的发展史具有阶段性，而其在生命最初几年的发展，则具有十分重要的意义，任何成人阶段表现出来的行为都能在个体的早期经验中找到根源，因此，对儿童早期经验的关注显得非常重要。

（2）埃里克森的人格发展理论

爱利克·埃里克森是美国心理学家，是新精神分析学说的重要代表人物，他接受了弗洛伊德的人格结构理论，但他并不主张把一切活动和人格发展的动力都归结为生物学方面的原因，而强调人格发展会受特定文化背景的影响和制约。因此，他认为人格的发展包括有机体成熟、自我成长和社会关系三个不可分割的过程。

埃里克森把发展看作是一个经过一系列阶段的过程，每一阶段都有其特殊的目标、任务和冲突，各个阶段互相依存，后一阶段发展任务的完成依赖于早期冲突的解决。个体解决每一个冲突的方式对个体的自我概念以及社会观有很大的影响。早期阶段中问题的不良解决所造成的损失，可能会在后期的阶段中得到修正，但往往会对个体一生的发展造成间接影响，因此有人称他的理论为发展危机论。埃里克森把人格的发展分为八个阶段（见表 1-1）。

表 1-1　埃里克森理论的心理社会分期

期别	年龄	发展危机	发展顺利者的心理特征	发展障碍者的心理特征
1	0—1.5 岁	信任对不信任	对人信任，有安全感	面对新环境时会焦虑不安
2	1.5—3 岁	自主感对羞怯怀疑	能按社会要求表现目的性行为	畏惧退缩，缺少自我价值感
3	3—6 岁	主动感对内疚感	主动好奇，行动有方向，开始有责任感	畏惧退缩，缺少自我价值感
4	6—12 岁	勤奋进取对自贬自卑	具有求学、做事、待人的基本能力	缺乏生活基本能力，充满失败感
5	12—18 岁	自我同一性对角色混乱	有了明确的自我观念与自我追寻的方向	生活无目的、方向，时而感到彷徨迷失
6	18—25 岁	亲密感对孤独感	与人相处有亲密感	与社会疏离，时感寂寞孤独

续表

期别	年龄	发展危机	发展顺利者的心理特征	发展障碍者的心理特征
7	25—65 岁	繁殖感对停滞感	热爱家庭，关怀社会，有责任心，有义务感	不关心别人、社会，缺少生活意义
8	65 岁	自我整合对绝望感	随心所欲，安享余年	悔恨旧事，徒呼负负

埃里克森认为，在每一个心理社会发展阶段中，解决了核心问题之后所产生的人格特质，都包括了积极与消极两方面的品质，如果各个阶段都保持向积极品质发展，就算完成了这阶段的任务，逐渐实现了健全的人格，否则就会产生心理社会危机，出现情绪障碍，形成不健全的人格。每个阶段都有一对主要矛盾，还有许多次要矛盾，主要矛盾的解决可以使人在下一个阶段顺利发展，否则，下一个阶段也可能发展，但是会受到上一个阶段的影响而不顺利。

2. 行为主义的理论

行为主义学派创立于 20 世纪初期，是西方心理学的主要流派之一，华生、斯金纳、班杜拉是行为主义学派不同阶段的代表人物。其学习理论主要是联结论和刺激—反映论。这一学派的基本观点是：学习是环境刺激与学习者行为反应之间的联结过程。行为主义学派注重学习的外部条件对学习的影响，又注重学习者对环境的行为反应。

（1）华生的经典行为主义

美国心理学家约翰·华生是行为主义观的创始人。华生否认遗传在个体成长中的作用，认为一切行为都是刺激（S）—反应（R）的学习过程，通过刺激可以预测反应，通过反应可以推测刺激。认为环境和教育是行为发展的唯一条件。因此，学习本质上是刺激与反应之间的联系。

早期行为主义心理学强调客观与实证，把重点从对意识的过多关注转向行为研究，注重刺激与反应之间的可预测关系，有助于促进我们对儿童行为发展进程的了解，但由于华生排斥对中间心理过程的研究，因此早期行为主义发展观难以解释个体高级心理过程的发展机制。过分强调环境和教育的作用，虽然在行为矫治方面有独到的实际意义，但否定了儿童自身在发展中的主动性和能动性，否定了心理发展的阶段性和年龄特征。

（2）斯金纳的观点

美国心理学家伯尔赫斯·弗雷德里克·斯金纳传承了华生的行为主义基本信条。与华生不同的是，斯金纳用操作性条件作用来解释行为的获得。

斯金纳认为，人的行为大部分是操作性的，行为的习得与及时强化有关，因此，可以通过强化来塑造儿童的行为。个体偶尔发出的动作得到了强化，这个动作后来出现的概率就会大于其他动作。行为是一点一滴地塑造出来的，每一个塑造出来的行为可以组合成统一完整的反应链，从而使个体的发展越来越朝人们预期的方向接近。

强化可分为正强化和负强化。所谓正强化是由于一个刺激的加入而增强了一个操作性行为发生的概率。所谓负强化，是由于几个刺激的排除而加强了某一操作性行为发生的概率。无论是正强化还是负强化，其结果都是增强反应的概率。在20世纪的教育中，常常运用多种强化的方式，如一个不爱洗手的儿童，每次都用各种借口逃避洗手。对于这一不良行为的矫正，既要运用正强化，又要运用负强化。当儿童一旦洗手，立即予以表扬，并允许他看卡通片，这属于正强化；如果儿童坚持不洗手，就不准他看卡通片，这属于负强化。两种强化的目标都是促使儿童养成卫生的习惯。

按照斯金纳的观点，人类语言的获得就是通过操作性条件作用形成的。父母强化了孩子发音中有意义的部分，从而使孩子进一步发出这些音节，导致语言体系的最终掌握；得不到强化的行为就会逐渐消退。因此，这一理论不仅适合于儿童新行为的获得与塑造，也同样对不良行为的矫正有指导意义，最常用的途径就是对儿童的不良行为予以“忽视”，即不予强化。

（3）班杜拉的社会学习理论

阿尔伯特·班杜拉是美国著名的心理学家，他与西尔斯一起创立了社会学习理论。社会学习理论认为儿童的心理发展既依赖于儿童的内部条件，也同强化、榜样在学习过程中所起的作用有关。班杜拉着重研究人的行为学习，在他看来，儿童总是“张着眼睛和耳朵”观察和模仿那些有意的和无意的反应，因此，他强调观察学习在行为发展中的作用。他十分强调榜样的示范作用，认为观察学习是一种普遍的、有效的学习，整个观察学习过程就是通过学习者观察榜样的不同示范而进行的。

班杜拉认为强化分为直接强化、替代性强化和自我强化。

第一，直接强化是观察者因表现出观察行为而受到强化。例如，幼儿园小朋友做一件好事，教师就给她一朵小红花，激发小朋友做好事的动机。

第二，替代性强化是学习者通过观察他人行为所带来的奖励性后果而受到强化。例如，幼儿看到同伴因讲礼貌而受到表扬时，就会增强产生同样行为的倾向；当看到同伴因骂人而受到惩罚时，就会抑制骂人的冲动。

第三，自我强化是观察者根据自己设立的标准来评价自己的行为，从而对榜样示范和行为发挥自我调整的作用。儿童在发展过程中通过观察学习获得了自我评价的标准和自我评价的能力，当他认为自己的行为合乎标准时就给予肯定评价，不符合标准时则给予否定评价，这样儿童就能够对行为进行自我调节。儿童就是在这种自我调节的作用下，改变着自己的行为，形成自己的观念和个性。

3. 皮亚杰认知发展理论

让·皮亚杰是瑞士杰出的生物学家、哲学家和心理学家，认识发生论的创始人，也是20世纪最有影响的认知发展理论家。皮亚杰的认知发展理论与前两种理论不同，它把注意力的中心放在智力发展、认知过程、个人完成某种逻辑运算的能力上。皮亚杰对制约儿童发展的各种因素进行了分析，他认为影响心理发展的因素主要有四种：成熟、自然经验、社会经验和平衡。

皮亚杰将儿童发展分为四个阶段。

（1）感知运动阶段（0—2岁）

此阶段儿童的认知发展主要是感觉和动作的分化，其认知活动主要是通过探索感、知觉与运动之间的关系获得动作经验，形成图示。手的抓取和嘴的吸吮是他们探索周围世界的主要手段。这一时期，幼儿语言和思维逐渐形成了客体永久性。客体永久性，即当某一物体从儿童视野中消失时，儿童知道该物体仍然存在。儿童大约9—12个月获得客体永久性。

（2）前运算阶段（2—7岁）

儿童在感知运动阶段获得的感知运动图示在这一阶段开始内化为表象或形象图示。由于语言的发展，儿童的表象日益丰富，认知活动不局限于感知活动，但此阶段思维仍受具体知觉表象的束缚，难以从知觉中解放出来。此阶段儿童的思维具有不可逆性、相对具体性和以自我为中心性。

（3）具体运算阶段（7—11岁）

这个阶段的标志是守恒概念的形成，儿童思维具有可逆性，开始独立组织各种方法进行正确的逻辑运算（如分类等），但还离不开具体事物或形象的支持。

（4）形式运算阶段（11岁以后）

这时儿童根据假设对各种命题进行逻辑推理的能力不断发展，思维具有可逆性、补偿性和灵活性。

4. 维果茨基心理发展的理论

维果茨基是苏联心理学家，他认为心理发展实质是一个人的心理在环境与教育的影响下，在低级的心理机能的基础上逐渐向高级的心理机能转化的过程。因此，维果茨基同皮亚杰的观点有很大的不同，维果茨基更关注儿童所处的社会文化历史环境，并且强调心理机能的改变过程是一个不断内化的过程，即将社会文化的外部活动形式转化为内在的心理结构。

5. 格赛尔的成熟势力说

格赛尔是美国的心理学家和儿科医生，主张遗传决定论。他用“双生子爬楼梯实验”证明儿童学习取决于生理的成熟，支配儿童心理发展的因素有二：成熟与学习。其中更着重于成熟，认为成熟与内环境有关，而学习则与外环境有关。他认为成熟是发展的重要条件，决定机体发展的方向和模式，因此成熟是推动儿童发展的主要动力。成熟势力说认为个体的心理发展具有方向性，如动作的发展遵循由上而下、由中心向边缘的发展规律。发展取决于成熟，而成熟的顺序取决于基因决定的时间表，因此，年龄便成为心理发展的主要参照物。

格赛尔的成熟势力说帮助研究儿童和从事幼儿教育的人树立重视儿童长远发展的观点，重视儿童成长的特点。成人的粗心使儿童的童年太过匆忙，过于急功近利，使儿童无法享受童年的快乐，这应该引起整个社会的重视。

二、影响幼儿发展的因素

（一）生物因素

遗传因素与生理成熟是影响儿童心理发展的生物因素。

1. 遗传因素

遗传因素是指从上代继承下来的生理解剖特点，主要包括机体的构造、形态、感官和神经系统的特征等通过遗传基因传递的生物特征，遗传对儿童公信力发展的作用体现在以下两个方面。

（1）遗传因素是心理发展必要的物质前提，为个体的身心发展提供了可能性

无脑畸形儿生来不具有正常脑髓，因而就不能产生思维，最多只能有一些最低级的感觉，如关于饥饿、渴的内脏感觉等。一个生来就是全色盲的孩子，就无法辨别颜色，更无法变成画家。

（2）遗传奠定儿童身心发展个体差异的最初基础

遗传素质的不同是造成个体差异的重要基础，它规定了每个儿童心理发展的不同可能性，这也是进行因材施教的重要心理学依据。遗传素质的差异决定着心理活动所依据的物质基础——大脑及其活动的差异，从而影响着心理机能的差异。例如，一个是父母近亲结婚而生下来的婴儿，另一个是白种人和黑种人结婚生下来的婴儿，给他们提供同样的生长环境，20多年后他们会怎么样呢？结果相信大家都非常清楚，遗传素质是人发展的物质前提，但对人的发展不起决定作用，它不能预定或决定儿童的发展。例如，一个儿童生来听觉器官是健全的，但如果没有适当的音乐环境或音乐教育，就不可能成为音乐家。

2. 生理成熟

生理成熟又叫心理发展，是指身体结构和机能生长发育的程度和水平。生理成熟对儿童心理发展的作用表现在以下几方面。

（1）生理成熟的程序制约着儿童心理发展的顺序

幼儿的生理发育和成熟是有一定顺序和规律的，影响或制约着儿童心理发展的顺序。幼儿生长发育的顺序是：从头到脚，从中轴到边缘，即所谓的“首尾原则”和“近远原则”

（2）生理成熟为儿童公信力发展提供物质前提

生理成熟对儿童心理发展的具体作用是，使心理活动的出现或发展处于准备状态。如果在某种生理结构和机能达到一定成熟时，适时地给予适当的刺激和训练，也难以取得预期成果。

（3）生理成熟的个体差异是儿童心理发展个体差异的生理基础

儿童生理成熟的时间、速度等方面存在个体差异，这些差异影响并制约着儿童心理发展的个体差异。例如，女孩的语言发展比男孩早，这是和女孩的相应部分的生理成熟较早有关。

（二）教育与环境

遗传在儿童发展中起着一定的社会作用，但是儿童往什么方向发展取决于环境和教育，其中教育条件起主导作用。

1. 环境使遗传所提供的心理发展的可能性变为现实

人类的后代如果不生活在社会环境里，那么遗传提供的心理发展的可能性就不会变为现实。心理发展是一个学习的过程，这个过程是主动的。通过对外界环境的观察而进行学习，环境通过对人的榜样的塑造，从而塑造出与这个榜样有一定一致性的人来。如此一来，我们可以看到，环境提供什么样的榜样或范式给人学习，那么人的心理发展将向着这个范式的方向发展。遗传只能提高发展以自然前提和可能性，但绝不能预定或决定心理的发展。谁都知道，一个语言器官生来很健全的孩子，如果出生以后不与人类社会接触，就不可能学会说话，甚至不可能形成人的心理，所谓“狼孩”就是一个很好的例子。

2. 社会生活条件和教育制约儿童心理发展水平与方向

社会和文化环境是个体心理发展必须依赖的外部条件，除了家庭和学校外，儿童心理行为发展还与其置身的社会环境、自然环境和文化环境密切相关。社会自然环境和文化环境是指由一定的社会生活方式所决定的生活条件和文化因素，如儿童经常接触的邻居、亲戚、朋友以及社会风气、社会信息等。社会文化环境在个体的心理行为发展过程中起着重要作用，它在遗传和成熟的基础上决定了个体心理发展的现实性。社会文化环境制约儿童心理行为发展的主要表现为，它制约着儿童心理发展的水平和速度，是儿童个性差异产生的重要条件。①

在良好的社会环境中，儿童心理行为发展可以达到发展范围的上限；而在不良的社会环境中，儿童心理发展只能达到发展范围的下限。一个正常健康的儿童，心理行为发展的可能性是十分广阔的。优越的文化教育条件可以使儿童的心理行为发展速率维持在一个较高的水平。左梦兰在一项对云南不同地区、不同民族儿童进行的认知发展的跨文化研究中发现，认知发展水平的差异并不存在于不同民族的儿童之间，而是存在于文化和教育条件有差别的各地区儿童之间。国外的一些研究也指出，在对儿童进行的运算测验中，农村儿童的水平普遍落后城市儿童 2—3 年。

儿童的个性差异主要表现在价值观体系上。第一，社会环境（尤其是文化和教育）将一定的价值观外化为一定的行为规范，形成一定的社会导向。第二，承载一定价值观的社会群体，如家庭、班集体、同伴群体等，通过舆论和其他社会强制力使个体接受这种价值观并内化为个体需要，由于个体之间所处社会环境的不同，其价值观也就出现一定的差异。

综上所述，我们可以看出遗传与环境在个体心理发展中的作用是相辅相成的，先天遗传为心理的发展提供了可能性，后天环境将这种可能性变成了现实，所以发展心理学的研究应重视遗传与环境的交互作用。

---

① 关青，仝玲．学前儿童发展心理学［M］．北京：北京理工大学出版社，2021：19.

三、科学儿童观

（一）儿童观的含义

儿童观是人们对儿童的看法和态度。这主要涉及两个问题：一是儿童在人类社会中应享有的地位与权利；二是儿童期的意义、特点，以及儿童成长发展的形式与原因等。儿童是教育的对象，成人对儿童的不同看法与态度直接影响着教育立法、教育内容、教育方法、教育过程中师生关系的性质等有关教育民主化、科学化的问题。儿童观的形成受到社会政治、经济、文化、科技发展水平以及人类自身认识水平等多种因素的影响和制约。对儿童的看法态度不同，会导致对教育过程其他要素认识的差异，导致不同的教育行为。因此，儿童观问题是幼儿教育理论中的一个十分重要的课题。树立科学的儿童观是做好教育工作的前提。

（二）儿童观的演变

特定的儿童观是特定时代与社会的产物，在人类不同的发展时期，成人具有不同的儿童观。随着历史的演进，儿童观的内容也相应地演进着。

1. 人类早期儿童观

（1）成人主义儿童观

早在原始社会时期，人们就积攒了一些育人的经验，它建立在人们对儿童和教育的初步认识的基础上。直至13世纪以前，儿童通常被看成成人的雏形，即成人主义儿童观。其基本特点是，把儿童看作成人（小大人），认为成人能学什么，儿童就能学什么，与成人没有根本区别；儿童没有自己独特或特殊的身心特点或发展规律，其身心特点与规律和成人无异，充其量就是比较小、比较柔弱、比较笨拙的成人而已。在这种儿童发展观的主导下，针对儿童所进行的各种教育活动，也就变成了成人式的任务训练，从教育目的、课程设置、教学方法和评价标准等方面看都是如此。

（2）中世纪的原罪说

中世纪的原罪说认为人生而有罪，故儿童自然是有罪的，是需要加以鞭笞和惩戒的，这种儿童观中暗含的逻辑是把“儿童”和“上帝”相对，只有上帝是善的，除此之外皆是恶的。在中世纪基督教学校中，儿童与成人的差别被忽视了，学校严格地要求学生按照刻板的作息、方法进行学习，完全不给他们游戏和自由活动的时间。学生被迫重复着枯燥的读书、劳动、唱赞美诗等活动，若有违规行为，还要受到体罚。这种儿童发展观，扼杀了儿童活泼的天性、灿烂的童年。

（3）柏拉图的人性等级论

这种儿童发展观认为，儿童发展的目标及个性的差别，早已由人性的自然素质决定了。上帝造人采用了金、银和铁或铜几种材料。金质者最为高贵，他们的发展目标是治学和管理国家，因而他们需要并有能力接受最高等级的教育；银质者也属于统治阶级，但其能力有限，其发展目标是武士，只需接受初等教育，训练其勇敢的品性就足够了；铁或铜质者的天资最差，没有什么发展前途，无须接受什么教育，只需接受安排好了的社会生活中的教育，只需掌握某种劳动的技能，养成服从的品性就足够了。柏拉图关于儿童天生素质等级的观点，为教育实践中的阶级差别提供了理论依据，但对后世教育考虑儿童发展的不同身心特点具有很大的启发性。

（4）中国古代的儿童观

中国古代的儿童观是围绕着对人性性善论、性恶论的认识展开的，主要形成了三种有代表性的观点。以孟子为代表的性善论、以荀子为代表的性恶论和董仲舒、韩愈提出的人性分上中下三等的观点。

以孟子为代表的性善论认为，人具有基本道德的萌芽，即善端，包括恻隐、羞恶、辞让、是非之心。儿童的发展就是让这些本来存在的萌芽能够生长。孟子主张注重教育内容对儿童的影响，其目的是引发儿童固有的良知、良能。三字经中也有“人之初，性本善”这样的字句。以荀子为代表的性恶论认为，人对物的欲求是人性的，而人性是恶的。荀子认为人性本恶，所以他注重教育对儿童的改造和外塑功能。鉴于上述观点对善恶的肯定与否定过于绝对化，难以解释现实中人的发展复杂多样的事实，董仲舒、韩愈等又提出了人性三等论。韩愈认为，“学面愈明”为上等，“可导而上下”的为中等，而只有用刑罚来控制下等品性的人的行为。

早期成人主义的思想家们的教育主张是其政治理想的一部分，有阶级偏见。他们没有注意到儿童与成人的生理与心理差异，因而其教育理念自然就不会考虑儿童的生理和心理特征，采取适合儿童身心特征的教育内容与教育方式、方法或措施。正因为如此，其教育效果可能会受到很大影响。

2. 自然教育儿童观

中世纪的西方，人们信仰"原罪说"，儿童的精神备受压迫，学校教育也受到教会的桎梏，长期处于停滞的状态。14 世纪下半叶西欧兴起文艺复兴运动。文艺复兴反对宗教对人的禁锢，他们提倡理性和对人的尊重，要求热爱儿童、相信儿童，要求改革教学方法，反对经院哲学的教学方式，主张启发儿童智慧和兴趣、激发学生主动性和积极性的生动活泼的新式教学方法等，有力地打击了中世纪以来的"原罪说"，使儿童发展历程回到了正轨。17 世纪以后，随着人性的解放、科学知识的增长和科学技术的进步，自然主义思潮逐渐兴起，也带来了教育理论的发展。教育学理论终于从哲学、政治学等学科中分化出来，成为一门独立的学科，并且幼儿教育思想也有了一定程度的提高。人们开始关注儿童，各国的思想家纷纷提出尊重保护儿童权利并逐步确定了儿童观的社会主观形态。

（1）夸美纽斯的儿童观

捷克著名教育家夸美纽斯在《大教学论》中的第十二章"母育学校"中阐述了自己的幼儿教育思想。他认为，每个家庭都是一所母育学校。儿童有自己的天性或心灵（年龄特征），不能把儿童看作成人。他指出，就自然本性讲，人的心灵具有极大的可塑性。他曾根据儿童的心智发展历程将其划分为婴儿期、儿童期、少年期和青年期等四个时期，并根据其天性思想，提出了班级授课制主张。同时，夸美纽斯又认为，儿童的天性或心理又是有差异的，不能把所有的儿童都看作是相同的。他指出，知识如果不适合这个或那个学生的心灵，它就是不合适的，因为人心的不同和植物、树木或动物之各不相同一样大。这个必须这样去对付，那个又必须那样去对付，同样的方法是不能够用在所有人的身上的。

（2）卢梭的儿童观

法国著名思想家卢梭在《爱弥儿——论教育》一书中，以爱弥儿从小在自然环境中生活，接受自然教育，不断增长知识才能并形成良好的道德品质这一过程，阐明了他的整套教育理论观点并对封建教育进行了猛烈的抨击。他认为，儿童有自己的内在的自然、原始倾向或天性，人的身心发展有自己的自然发展历程，不同的年龄阶段应有不同的教育原则、内容和方法，不可太操之过急，不能延误时机，应适时而行。他还首次论述了“发现法”，主张对孩子进行直观教学，让儿童在自然的教育中成长。

综合各种自然主义儿童观可以看出，以自然主义儿童观为基础的教育理念对以成人主义儿童观为基础的教育理念进行了根本性变革，其核心思想是：教育要适应儿童的自然本性即身心发展水平或特征，依据儿童的身心发展特点设计教育。

3. 人本主义儿童观

1945 年后，西方发达国家的科学技术和国民经济得以迅猛发展，这些发展要求对教育进行变革，以适应新的社会发展需要。特别是 20 世纪 50 年代末苏联的人造地球卫星上天，更使得以美国为首的西方国家注意到本国教育问题，强烈要求教育改革，改变过去那种不重视学生的理解性、创造性和学生人格发展，不尊重人性和学生的尊严，为学生考虑欠缺的教育现状。由此逐渐导致由自然主义儿童观向人本主义儿童观的转变。

人本主义儿童观是 20 世纪 70 年代以来形成和发展起来的儿童观，它在当今教育中发挥着重要作用。人本主义儿童观是伴随着人本主义心理学和认知心理学的兴起而产生的一种儿童观，这一教育思潮的核心是“以人为本”，强调发展人的潜能和树立自我实现观念。主张教育是为了培养心理健康、具有创造性的人，并使每个学习者达到具有满足感与成就感的最佳状态。在人本主义心理学和认知建构主义心理学为其理论基础的影响下，人们开始关注儿童在教育中的地位、儿童的动机以及儿童的主观能动性，促进了对儿童的动机、创造性、理解或建构等的研究。

（1）马斯洛的儿童观

马斯洛的思想以人性本善为前提，强调教育的功能、教育的目的、人的目的、人本主义的目的，追根究底就是人的自我实现，是人所能达到的最高度的发展，即帮助人达到他能够达到的最佳状态。其心理学理论核心是人通过“自我实现”，满足多层次的需要系统。在马斯洛看来，人具有一种与生俱来的潜能，环境具有促使潜能得以实现的作用。然而，并非所有的环境条件都有助于潜能的实现，只有在一种和睦的气氛下，在一种真诚、信任和理解的关系中，潜能才能像得到了充足阳光和水分的植物一样蓬勃而出。为了使儿童健康成长，应当充分信任他们和信赖成长的自然过程，即不过多干扰、不揠苗助长或强迫其完成预期设计，不以专制的方式，而是以道家的方式让他们自然成长和帮助他们成长。

（2）罗杰斯的儿童观

罗杰斯的“非指导性教育”思想是在否定传统教育思想的背景下提出的。按照罗杰斯的设想，教育活动应把受教育者放在居中的位置，把他们的“自我”看作教育的根本要求，社会所有的教育活动不仅服从“自我”的需要，而且也围绕着“自我”进行。罗杰斯认为，学习促进者（教师）不是把大量时间放在组织教案和讲解上，而是放在为学生提供学习所需要的各种资源上，把精力集中在简化学生在利用资源时必须经历的实际步骤上。

罗杰斯认为，要发挥促进者，即教师的作用，关键不在课程设置，不在教师知识水平及视听教具，而在“促进者和学习者之间的人际关系的某些态度品质”，这些态度品质包括真诚、接受和理解三个方面。罗杰斯还提出了意义学习的学习观。儿童对当前材料的学习程度，取决于这一材料对学习者当时的个人意义以及学习者是否能意识到这种意义。他强调人类生来就有学习的潜能，教育应以学习者为中心，充分发挥他们的潜在能力。人生来就对世界充满着好奇心，具有发展的潜能，只要具备了合适的条件，每个人所具有的学习、发现、丰富知识与经验的潜能和愿望是能够释放出来的。教师应构建真实的问题情境，提倡从做中学，鼓励学生自由探索，让他们经历将来会成为他们真正问题的情境。强调学习过程中学生的主体地位，教师是学生学习的促进者。

人本主义儿童观突破了自然主义儿童观对儿童本性（包括年龄特征和个别差异）的适应，要求在教育中尊重学生，促进学生发展，变“要我学”为“我要学”，强调知识对于学生的意义，确立了学生在教育中的主体与中心地位，重视过程学习和从做中学等，实现了儿童与教育研究的方向转变，提升了教育目标的科学性，确定了新型的积极的师生关系和教师对待学生的态度与方式，有助于更好地实施快乐教育、快乐学习，变（负担性或功利性）学习为乐趣。所有这些对于教育来说是一大进步。但是，它过分突出学生的作用而轻视教师的作用，过分强调知识对学生的有用性以及对学生个性发展的意义而忽视人和知识的社会性，过分强调学生的快乐而低估教育的作用等都会对教育产生消极影响。

4. 进步教育儿童观

美国进步主义教育运动是 19 世纪 80 年代至 20 世纪 50 年代在美国乃至世界具有巨大影响的教育思潮。它批判了传统教育的主智主义，遵从儿童的心理发展规律，以儿童为中心强调教育与社会、教育与生活、教育与实践的联系，采用以经验、活动为核心的课程设置和教学方式，成为适应工业化、城市化、民主化的现代教育的重要开端和基础。在文化哲学的思维方式儿童观的滋润下，产生了全新的儿童发展观。

（1）帕克的儿童观

帕克是美国进步主义教育运动的先驱者，他的教育革新措施以“昆西教学法”或“昆西制度”著称。其主要特征是：强调儿童应处于学校教育的中心。帕克受卢梭等人浪漫自然主义的影响，认为儿童具有内在的能力，能自发地从事学习和工作。教师必须了解儿童和其本性，提供相应的条件，满足其要求和需要；重视学校的社会功能，强调学校应成为理想的家庭、完善的社区和雏形的民主政治，在促进民主制度的发展方面发挥巨大作用；主张学校课程应尽可能与实践活动相联系。认为这样做不仅可以唤起儿童学习的意愿，使他专心致志，而且能摒弃以往抽象的、无意义的形式训练，并把各门学科统一起来，使学生获得知识的整体。因此，他将学习的内容与儿童的日常生活相联系，并围绕一个核心安排相互联系的科目；强调培养儿童自我探索和创造的精神。他认为学校应该组成一种理想的家庭，从而有助于儿童的社会化教育。

（2）杜威的儿童观

杜威是进步主义教育运动的精神领袖。他的理论在很大程度上影响了进步主义教育思潮，对现代教育思想作出了巨大贡献。杜威认为，教育的本质是经验的不断改造和重组，因此教育即生长、教育即生活、学校即社会，教育没有外在的目的。杜威的幼儿教育思想可以归于三句话："教育即生长""教育即生活""教育即经验的不断改造"。在杜威看来，教育绝不是强迫儿童去吸收外面的东西，而是要使人类与生俱来的能力得以生长。出于强调教育在儿童本能生长发展的本质作用的认识，杜威提出了"儿童中心主义"的教育原则，反对把教育变成一种外在的压力和忽视儿童内部机能的倾向。主张儿童是中心，教育的措施要围绕儿童组织起来。

纵观教育领域儿童观的演进历史，展现在我们面前的是一幅多彩的、曲折伸展的画面。从确立儿童主体地位以来，对于儿童的研究进入了一个轰轰烈烈的时代。从研究领域、研究方法以及研究成果上看，整个历史积淀的思想理论对儿童心理学产生巨大而深刻的影响，使儿童发展理论得到迅速发展。对于儿童的研究还在继续发展，正确把握儿童观理论对于未来发展趋势是非常重要的。[①]

（三）科学的儿童观

科学的儿童观就是人们对儿童的正确看法、观念和态度的总和，在幼儿教育中转化为幼儿教师科学的教育教学方法，主要包括以下几个方面的含义。

1. 儿童具有独立的人格和尊严

儿童和成人一样，应当得到尊重，享有生存、生活和学习的权利。世界学前教育组织颁布的《童年宪章》中指出："所有的儿童都有权享受一个安全，快乐和健康的童年；所有的儿童需要在家庭里成长，在那里有特别亲密的成人，让他们体验爱和关怀；所有的儿童有权在安全并有激励性的环境里游玩、成长和学习，不受伤害和烦恼；所有的儿童需要得到机会和支持，逐渐形成对自己和别人宽容、谅解的态度……"教师只有尊重儿

① 叶存洪．新世纪以来中国儿童教育观的五大变化［J］．南昌师范学院学报，2022，43（03）：118-122.

童的人格和尊严，维护儿童的地位和权利，才能让儿童感到他们存在的独特价值和意义。

2. 儿童期具有独特的价值

儿童期是个体生命发展的重要时期，是人的身心成长的关键阶段，它奠定了人后期发展的基础。德国诗人诺瓦利斯指出："在儿童的身上，我们看到了身心的纯洁和道德的纯粹，看到了他们特有的生命特质：纯洁、乐观、富有生命力，拥有未来。"因此，教育应成就孩子一个幸福而有意义的童年，并以此为基础，成就他们一个幸福而美好的人生。

3. 儿童具有个体差异性和独特性

每个儿童都是一个独立的、完整的生命个体，他和其他儿童在各个方面存在着差异。美国著名心理学家加德纳教授提出多元智能理论，并提出，这些智能在相当程度上彼此独立存在。这种独立性，意味着即使一个人有很高的某一种智能，却不一定有着同样程度的其他智能。意大利的马拉古奇在他的诗歌《其实真的有一百》中指出："孩子是由一百组成的，孩子有一百种语言，一百只手，一百个念头，一百种思考方式、游戏方式以及说话方式；还有一百种聆听的方式，惊讶和爱慕的方式；一百种欢乐，去歌唱去理解。一百个世界，去探索去发现。一百个世界，去发明。一百个世界，去梦想。"作为幼儿教师应当认识儿童的个体差异，尊重儿童的个体差异，这样才能做到因材施教，保证每一个儿童个性的充分发展。

4. 儿童具有好奇心和求知欲

儿童天生对事物具有强烈的好奇心和旺盛的求知欲，正是这一特性成为儿童探索世间万事万物的强大动力，儿童在探索过程中才能有所发现、有所发明，这也是儿童创新思维、创造能力、探究能力发展的潜质。因此，幼儿教师要认真呵护儿童的好奇心和求知欲，并给予正确的引导，使儿童的学习兴趣得到很好的培养，促进儿童的健康成长。

从本质上讲，幼儿的学习就是做事，做适合他们自己需要的事、感兴趣的事、力所能及的事、做事的核心就是获得有益的经验，需要教师理解幼儿发展特点，理解幼儿兴趣需要，理解幼儿的学习过程，形成科学的儿童观，随时为幼儿提供学习的材料、时间和空间，注重保教结合，将教育灵活渗透到幼儿的日常活动中，充分利用日常活动的各种教育契机，对幼儿进行随机教育，将保教结合原则落到实处。

第二章　幼儿课程与教育活动

第一节　幼儿课程概述

在西方，“课程”一词最早出现在英国教育家斯宾塞的《什么知识最有价值》一文中，从拉丁语“currere”一词派生而来，原意为“跑道”。不同学者对课程的理解各不相同。

一、幼儿课程的概念

我国关于幼儿课程的定义有以下几种观点。

（一）幼儿课程即学习的科目

这种观点将幼儿课程看作教学或学习的科目，也就是我们通常说的学科课程，如语文、数学、英语等。20世纪50至80年代，我国采用的便是这种观点，认为幼儿课程的实质就是幼儿园所设的科目，如体育、语言、常识、计算等，这些科目及其进程安排就构成了幼儿课程的总体。

（二）幼儿课程即教育活动

这种观点认为幼儿课程不仅是学习的科目，还包括学习活动及其进程和安排。该观点实际上认为幼儿园的课程包括了幼儿园的一切活动。我国著名幼儿教育专家张宗麟指出：“幼稚园课程者，由广义的说之，乃幼稚生在幼稚园一切活动也。”这是一种宏观的幼儿课程定义。

（三）幼儿课程即学习经验

这种观点认为课程就是学生在教师的指导下所获得的经验和体验。幼儿课程中所获得的经验不是随便的，是为了实现教育目标，教师有目的、有计划、有组织地帮助幼儿获得的。幼儿所获得的经验是具有教育意义的，幼儿课程应该尊重幼儿的兴趣需要，为幼儿提供的是有价值、有意义的经验。①

对于幼儿课程的理解众说纷纭，总的来说可以将幼儿课程定义为："幼儿课程是实现幼儿教育目的的手段，是帮助幼儿获得有益的学习经验，促进身心全面和谐发展的各种活动的总和。"

二、幼儿课程的特点

幼儿课程不同于中小学，主要是由幼儿身心发展特点及幼儿教育的性质决定的。幼儿课程是幼儿教育的核心，同时也是实现幼儿教育目标的手段，所以幼儿课程应该体现幼儿教育的特点，适合幼儿的身心发展特点，真正促进幼儿的发展。

（一）基础性

幼儿课程的基础性主要体现在两方面：一方面是教育对象的基础性。幼儿园的教育对象为3—6岁的幼儿，这种教育对象的基础性就直接决定了幼儿课程的基础性。幼儿期是人生发展的起始阶段，这一时期，幼儿的身心发展迅速，个性开始萌芽，受社会文化影响较大。这阶段所习得的知识经验对幼儿当时的发展，甚至一生的发展都有巨大的影响。因此，幼儿课程的基础性不言而喻。另一方面是教育阶段的基础性。幼儿教育是基础教育的重要组成部分，也是整个教育体系中的起始阶段。幼儿教育在整个教育体系中的位置，也就决定了幼儿课程在整个课程体系中的位置，它是整个基础教育乃至学校教育课程体系的基石。

（二）启蒙性

幼儿课程的启蒙性与基础性，与其在人生发展中所奠定的地位密不可分。幼儿教育的对象为3—6岁的幼儿，他们身心发展迅速，好奇心强，有很强的求知欲和探索欲，但因为年龄小，能力有限，需要积极、正确地引

① 秦元东，王春燕．幼儿课程概论［M］．北京：高等教育出版社，2022：12.

导。幼儿课程担负起启蒙的任务，启迪幼儿心智，引导幼儿科学地认识世界。

（三）融合于一日生活中

幼儿教育的基本原则是保教结合。所以幼儿园的教育内容不仅是一些知识的学习，还需要培养幼儿养成良好的生活习惯，掌握基本的生活能力。幼儿园的课程需贯穿于一日生活当中，也就是说，幼儿在园的一切活动包含着课程的目标和内容，幼儿课程融于一日生活的各个活动和环节之中，包括集体活动、小组活动、进餐、盥洗、午睡以及入（离）园等。

（四）以游戏为基本形式

《幼儿教育指导纲要（试行）》（以下简称《纲要》）中指出："幼儿教育应尊重幼儿的人格和权利，尊重幼儿身心发展的规律和学习特点，以游戏为基本活动，保教并重，关注个别差异，促进每个幼儿富有个性地发展。"游戏是幼儿喜欢的活动，也是符合幼儿年龄特点和身心需要的活动，游戏对幼儿具有重要的价值。因此，在游戏中学习对幼儿来说是必要的，幼儿课程也应以游戏为基本形式，促进幼儿全面发展。

（五）以幼儿直接经验为基础

幼儿的思维发展特点以直觉行动思维和具体形象思维为主。幼儿主要通过各种感官来认识世界，只有在获得丰富的感性经验基础上，幼儿才能理解事物。所以幼儿园的课程应以幼儿的直接经验为基础，让幼儿以获得直接经验为主。而且对幼儿来讲，只有在活动中的学习才是有意义的学习，只有在直接经验基础上的学习才是理解性的学习。

三、幼儿课程的目标与内容

（一）幼儿课程的目标

幼儿课程的基本结构，包括课程目标、课程内容、课程组织与实施以及课程评价等。课程目标是形成课程内容、课程组织与实施以及课程评价的依据和标准，对整个教育过程起着导向作用。幼儿课程目标一般包括行为目标、生成性目标和表现性目标。

1. 行为目标

行为目标是以幼儿具体的、可被观察的行为作为表述的课程目标，它指向的是实施课程以后在幼儿身上所发生的行为变化。行为目标的基本特点是目标的客观性、具体性和可操作性等。在陈述行为目标时，行为动词应该是可观察、可测量的具体行为。以幼儿园艺术领域为例，其中行为目标表述的具体内容有：①能够说出其周围环境中东西的颜色、形状、大小和样式；②能够指出他（她）所画或所做的东西中他（她）认为重要的特征；③能够对某些自己所画或所做的东西表达喜爱之情；④能够对观看和谈论他们所认识的艺术家创作的作品表现出兴趣；⑤能够评价自己的绘画和手工作品；⑥能够认识和比较不同艺术家的风格。①

2. 生成性目标

生成性目标是在教育情境中随着教育过程的展开而自然生成的课程目标，强调在幼儿、教师与情景的交互过程中产生课程目标。如果说行为目标关注的是结果，那么生成性目标关注的则是过程，关注的是教育过程中幼儿的兴趣和需要，其根本特点就是过程性。生成性目标关注过程，具有动态性、开放性，有利于促进幼儿有意义的学习和教师主动性的发挥。但是这种目标取向太过于理想化，在实践过程中应用起来对教师的要求很高，需要教师具有相当的教学研究能力，而且还需要教师花费大量时间去设计和实施，很难保证在实践过程中的高效性。

3. 表现性目标

表现性目标不规定幼儿在完成学习活动后应该获得的行为，而是指向每一个幼儿在具体教育情景中所产生的个性化表现。所以，表现性目标多被运用于艺术领域中，它强调的是个性化，目标指向是培养幼儿的创造性，意在达到幼儿多样化的反应效果，而不是反应的一致性。

（二）幼儿课程的内容

幼儿课程内容是指依照幼儿课程目标选定的通过一定形式表现和组织

① 王路，辛均庚．核心素养视野下幼儿课程建设的研究综述［J］．教育观察，2021，10（08）：68-71.

的基本知识、基本态度和基本行为。幼儿课程的内容是由幼儿课程的目标所决定的，是实现幼儿课程目标的手段。对于教师和幼儿而言，主要解决的分别是“教什么”和“学什么”的问题。以下为制定幼儿课程内容需遵循的原则。

1. 综合各领域课程的内容，促进幼儿全面发展

幼儿课程内容必须符合并有助于实现课程目标，而幼儿课程内容的选择从最终的目的来看是要促进幼儿的全面发展，满足幼儿身心发展的需要。所以在制定课程内容时需要考虑幼儿发展的整体性特点，综合各领域课程的内容，才能有利于促进幼儿身心全面发展。

2. 选择符合幼儿年龄特点的学习内容

幼儿期是人生发展过程中的特殊时期，有着特殊的学习需要和学习对象。幼儿期学习的内容具有基础性和启蒙性，切忌将不适合幼儿学习的知识强加于幼儿；尤其针对超前教育，很多幼儿园将小学的知识内容教给幼儿，这样不仅会降低幼儿对知识学习的兴趣和信心，对幼儿的身心发展也是一种摧残。为幼儿选择的学习内容应该是符合幼儿年龄特点的，既不能太难，也不能太过于简单，这样的学习内容才是有意义的，才能促进幼儿不断发展。

3. 内容要联系幼儿的生活实际经验与兴趣

幼儿园的课程内容应紧密联系幼儿的实际生活，只有与幼儿生活息息相关的内容才是幼儿感兴趣的，才能有助于幼儿的学习与理解。《纲要》中明确提出：“贴近幼儿的生活来选择幼儿感兴趣的事物和问题，有助于拓展幼儿的经验和视野。”因此在设计课程的时候，内容的选择应联系幼儿的实际生活经验和兴趣。

4. 内容的设计要在幼儿的最近发展区中

最近发展区理论是由苏联教育家维果茨基提出的，其基本含义是指儿童现有的发展水平和在成人的帮助下可能达到的水平之间的距离。课程内容的选择和安排应既能满足幼儿当前发展的需要，又能促进幼儿能力的提高，对幼儿的进一步学习具有挑战性，为后面的学习打下基础。

第二节　幼儿课程的实施与评价

幼儿课程实施是指把一项课程计划付诸实践的过程，它是达到预期课程目标的基本途径。幼儿课程实施过程中有三种不同的取向，包括忠实取向、相互适应取向和创生取向。

一、幼儿课程实施的取向

（一）忠实取向

课程实施的忠实取向认为，课程的实施过程即忠实地执行课程计划的过程。衡量课程实施成功与否的基本标准是课程实施过程实现预定的课程计划的程度。实现程度高，则课程实施成功；实现程度低，则课程实施失败。该取向强调课程实施的过程完全遵照课程设计方案，当然这类课程教师较容易完成。

（二）相互适应取向

课程实施的相互适应取向认为，课程实施过程是课程计划与班级或学校实践情境在课程目标、内容、方法、组织模式等诸方面相互调整、改变与适应的过程，也是一种融合课程实施方向，强调在课程方案设计与实际情况中找到一种折中的方式。

（三）创生取向

课程的创生取向认为，真正的课程是教师与学生联合创造的教育经验。课程实施本质上是在具体的教育情境中创生新的教育经验的过程，既有的课程计划只是供这个经验创生过程选择的工具而已。这种取向更强调教师依据幼儿的表现以及幼儿课程的环境而调整课程的实施。

二、幼儿课程实施的原则

（一）目标定向原则

幼儿课程实施要注意目标的导向性作用。教师在实施课程的时候要增强目标意识，目标是整个活动的重要导向环节。整个课程实施的过程中要紧紧地围绕教育目标，要选择有利于目标实现的活动实施方式；没有一定的目标指向性，课程的实施过程就会缺乏规划性和目的性。

（二）生活化原则

幼儿课程实施要具有生活化的色彩。加强生活与课程的联系，努力寻找和创造课程与生活相一致的教育情境，使得幼儿学习轻松有效。生活化的课程实施符合幼儿生命存在、学习发展的实施，教师要创设生活化的环境，使幼儿在园中有“家”的感觉。此外，在课程实施中，教师要善于“寓教育于生活”，使幼儿园的生活教育化。

（三）综合化原则

幼儿课程实施的综合化原则是指用有机整合的方式，将课程实施的各个要素进行多样化、多层次的有机联合，统整活动目标、教育教学活动方式，发挥活动的综合作用。具体来说，综合化表现在活动目标的综合化和教育方式的综合化。

三、幼儿课程实施的途径

（一）教学活动

教学活动是教师依据课程的目标和内容，有计划、有组织地设计和安排的活动，以引导幼儿获得有益的学习经验。课程实施的主要教学活动形式是集体教学，这类活动主要是帮助幼儿获得新知识、新技能，并能整理、扩展、提升幼儿原有的经验。其最大的优点是效率高，能在较短的时间内帮助幼儿获得新知识和新技能。但是由于班级幼儿人数多，而幼儿之间存在着个体差异，很难关注到全体幼儿的兴趣和需要，因此，集体教学活动不能作为课程实施的唯一途径。

（二）游戏

游戏是幼儿最喜爱、最适合其年龄特点的活动，游戏对幼儿来说具有重要的发展价值。幼儿以游戏为主要的生活形式，由此，以游戏作为实施课程的途径能够最大限度吸引幼儿的注意力，促进幼儿在认知、情感、社会性等维度的发展。教师在游戏的过程中，要充分尊重幼儿游戏的愿望和需要，保护幼儿游戏的权利。①

（三）日常生活活动

一日生活皆教育，在日常的生活活动中，如进餐、盥洗、睡眠等，都蕴含着丰富的教育价值。幼儿园的教育目标和内容很多都是通过日常生活活动完成的，尤其是幼儿良好生活习惯的养成、社会性行为规范的养成等。然而日常生活活动经常被忽视其教育作用，生活活动作为重要的教育资源，应作为课程实施的重要途径。

（四）环境创设

幼儿园的环境既包括物质环境也包括精神环境。环境实际上是一种潜在的课程，对幼儿的影响是巨大的。儿童发展理论认为，儿童的发展是在与环境相互作用的过程中获得的。因此，教师应该创设良好的环境以影响幼儿。

三、幼儿课程的评价

（一）幼儿课程评价的目的与作用

1. 评价的目的

（1）了解幼儿的实际发展状况，使教师能够针对幼儿的需要、特点及个体差异，决定教育活动的目标、内容及活动形式、指导方式等。

（2）了解课程的目标、内容、实施过程以及幼儿整体的发展状况，从而评价课程是否符合教育目的，是否适合幼儿的发展，为课程的进一步调整和改进提供充分的依据。

2. 评价的作用

评价的作用主要有两个方面：（1）可以满足教师、课程专业人员、幼儿园行政管理人员以及其他负责课程编制人员的需要，通过课程评价，检验或完善原有的幼儿课程，或者开发和发展新的幼儿课程。（2）可以满足

---

① 高丽萍．幼儿课程生活化、游戏化的实施路径［J］．齐齐哈尔师范高等专科学校学报，2020，（04）：107-108.

幼儿教育政策制定者、幼儿园行政管理人员以及社会其他成员获得教育方面信息的需要，以便管理课程，做出影响课程的各种决策。①

（二）幼儿课程评价的内容

1. 课程评价的范围

课程评价的范围有四点：（1）对照教育目标，检查和评估教育教学计划在目标、内容、实施方法等方面是否合适。（2）在课程实施中及时记录幼儿在教育过程中的行为反应，并以此定期对照教育教学计划中的预定目标，检查和评估该目标本身以及所实施的教育内容、方法、手段等是否合适。（3）在课程实施的过程中，定期对照《幼儿园工作规程》及各项要求，检查评估教师的行为、态度，教师与幼儿的关系和互动方式是否有利于课程教学目标的实现。（4）对照课程教学目标，检查和评估幼儿身心诸方面发展的整体性与均衡性，包括身体认知、语言、情感与社会性等几个方面。

2. 教育活动的评价

对于幼儿来说，评价不只是评价他们掌握的与课程有关的具体知识情况，更重要的是评价他们在学习活动过程中的态度、方法、行为方式等。

对于教育活动来说，其重点在于：是否为幼儿提供与目标相一致的学习经验；所提供的经验是否与幼儿的生活经验及已有的经验相联系，使幼儿可以有效地进行学习；是否既适合大多数幼儿的发展与需要，又体现对个体差异的尊重。

对于教师来说，主要着眼于评价教师从设计、准备直到实施每一个阶段所进行的各项教育教学工作，包括工作的技巧和态度。

（三）幼儿课程评价的原则

1. 评价应有利于改进与发展课程

幼儿课程评价的目的在于发现课程中的问题，找出原因，提出改进的建议和措施，解决问题，调整、改进和完善课程，不断提高教育质量，因

① 王芳. 多元智能理论视角下幼儿园课程评价改革策略［J］. 阜阳职业技术学院学报，2022，33（03）：106-108.

此要发挥其诊断和改进课程的作用。如果把评价仅仅作为鉴定的手段，而忽略它的诊断和改进作用，处理不好就会使被评价者产生消极抵触情绪和应付行为，产生不良效果。

2. 评价的重点在于发挥教师的主体性

在评价的过程中，要尊重教师的主体地位，因为任何评价所提出的改进措施或建议都要通过教师的活动才能得到落实。应该用“在发展过程中”的眼光看待教师，所有的问题都是“发展中的问题”，因为发展了，所以过去认为“好”的，在今天可能就不合适了，从而需要改进。外部评价者要充分与教师沟通，尊重他们的意见与说明，并把这个过程作为一个研讨的过程，共同商讨解决的方法和今后发展的方向，并把评价的结果作为发展中的一个新起点。

3. 评价要有利于促进幼儿的发展

教师与课程评价者在对幼儿的学习和发展进行评价时，需要注意符合幼儿的身心发展特点，评价的最终目的是促进幼儿全面和谐发展。

4. 评价应该科学有效

幼儿课程评价要有正确的指导思想和评价标准，评价的指标要与《幼儿园工作规程》的精神和原则相一致。课程的评价要讲求实效性，为改善和提高教育质量提供有用的信息，并且评价结果的解释和运用是最重要的，这需要教师、园长、教研员及有关人员的合作，才能达到改进课程及帮助幼儿有效学习的目的。

第三节　幼儿的教育活动

一、幼儿教育活动的含义

《纲要》指出：“幼儿园的教育活动，是教师以多种形式有目的、有计划地引导幼儿生动、活泼、主动活动的教育过程。”主要包括两个方面的内容：一方面，《纲要》使作为概念的“幼儿园的教育活动”具有了确定的内涵和规定性，也具有了特质和实质；另一方面，《纲要》使作为一种实践的幼儿教育活动具有了方向和方针，也具有了标准和范例。这里的“教育过程”包括了幼儿在园的一切活动，是广义的幼儿教育活动，而狭义的幼儿教育活动则是指教师在一定时间内专门组织的教育活动。

对幼儿教育活动的含义的理解：第一，幼儿教育活动是“有目的、有计划”的教育活动。第二，幼儿教育活动是以教师为主导，以幼儿为主体的教育活动过程。第三，幼儿教育活动是“多种形式”的教育活动。因此，幼儿教育活动既是实现幼儿教育目标、落实幼儿教育任务的手段，也是教师创造性地开展工作的过程。

二、幼儿教育活动的特点

（一）广泛性和启蒙性

幼儿教育活动的内容是广泛的、丰富的、初步的、简单的，要注重激发幼儿对事物的认知兴趣，使其形成良好的学习态度和习惯，为幼儿进一步的学习打下坚实的基础。

（二）趣味性和游戏化

游戏是对幼儿进行全面发展教育的重要形式。趣味性是幼儿参加活动的重要原因。因此，无论是教育活动的形式、内容，还是教育环境，都应体现趣味性。

（三）综合性和整合性

教育活动内容的选择要考虑幼儿感兴趣的事物和问题，各领域的内容要有机联系，相互渗透，注重综合性、趣味性、活动性，从不同的角度促进幼儿情感、态度、能力、知识、技能等方面的发展。

（四）随机性和潜在性

教师要善于发现幼儿感兴趣的事物、游戏和偶发事件中所隐含的教育价值，把握时机，积极引导。

三、幼儿教育活动的设计

（一）幼儿教育活动设计的含义

幼儿教育活动设计是教师在尊重幼儿身心发展的规律和学习特点，了解和掌握幼儿的现有水平和发展需求的基础上，对教育活动的目标、内容、实施步骤的预期；或是追随幼儿的兴趣，依据一定的教育目标，选择一定的教育内容和方法，对幼儿实施教育影响的方案。不同类型的教育活动设计体现了不同的教育理念和课程设计思想，但首要的和贯穿始终的设计原则是以幼儿为本，使他们在快乐的童年生活中获得有益于身心发展的经验。

（二）幼儿教育活动设计的原则

幼儿教育活动设计的原则就是教师指导幼儿活动的一般原理及设计教育活动方案必须遵循的基本要求和指导思想。它是以幼儿教育的目标为核心、以促进幼儿全面发展为前提、以幼儿的年龄特点为依据制订的，是建立在选择教育活动的内容与形式、创设教育活动的环境、调动多方面因素的基础之上的，是幼儿园教师长期教育实践经验的概括和总结，同时也是评价幼儿教育活动的依据之一。在进行幼儿教育活动设计时一般遵循以下原则。

1. 思想教育性原则

思想教育性原则是指教师在组织幼儿活动过程中要发挥各种因素的教育功能、作用及影响，培养幼儿形成对待周围事物的正确态度。这就要求教师选择的内容必须是积极的、正面的、能使幼儿产生愉快情绪的内容，使幼儿在获得知识的同时，培养自身良好的道德情感和审美情感，形成对待周围事物的正确态度。在各种教育活动中，教师还要注意培养幼儿形成良好的学习习惯和学习态度，以及勇于和善于克服困难的意志品质。

2. 科学发展性原则

科学发展性原则是指教师向幼儿传授的知识、观点、技能等应该是正确的、准确的，要符合幼儿的认知规律，能够促进幼儿个性的全面发展，使幼儿发展从现有的水平向“最近发展区”发展。

3. 趣味直观性原则

趣味直观性原则是指教师在组织活动时要利用幼儿的各种感官和已有经验，根据幼儿思维具有形象性的特点，充分运用各种直观教学手段或游戏的方式调动幼儿学习的主动性、积极性，培养幼儿学习的兴趣，吸引幼儿的注意力，形成愉快的学习气氛。教师应根据教育活动的具体内容和幼儿的实际情况，恰当地运用直观手段、生动形象的语言等，增加活动的趣味性。常用的直观手段有观察实物和模具、电化教学、语言描述、动作示范等。

4. 启发探索性原则

启发探索性原则是指在教育教学活动中，教师必须善于启发和诱导，充分调动幼儿学习的主动性和积极性，激发幼儿的求知欲望和探索精神，引导幼儿积极思考，提高幼儿主动获取知识和运用知识的能力。

教师应多采用启发式的教学方法，如提问、比较、观察、游戏、示范、讲解、创造问题情境和联想等，让幼儿多看、多听、多想、多说、多做，积极进行富于想象、思维性和创造性的智力活动，从而获取知识和技能。特别是在语言技能上，教师要善于运用通俗、准确、简练、有趣的语言讲解知识和设计问题。

5. 主体活动性原则

主体活动性原则是指在教师的组织、启发和引导下，幼儿通过自身的实践活动、探索活动来学习并主动构建自己的知识体系。

6. 全面渗透性原则

全面渗透性原则是指教师要善于利用各种有教育价值的因素对幼儿进行教育，将各项教育任务和内容渗透到幼儿一日的生活活动之中，做到幼儿事事、时时、处处皆能接受生动而规范的教育，这样才能高质量地实现幼儿教育的目标。

7. 艺术创造性原则

艺术创造性原则是指教师能够艺术性地、创造性地运用各种方法、手段、形式等，组织各类教育活动。

（三）幼儿教育活动设计的程序

幼儿教育活动设计是有一定程序和规律的，可以简化为一个公式：目标+兴趣、需要和经验+环境和材料=活动。

其中，“目标”是指幼儿教育的目标：“兴趣、需要和经验”是指幼儿感兴趣的、需要的或者已经具备的经验和技能及年龄特点；“环境和材料”是指可利用的具体的环境因素、材料等；“活动”是指活动的具体内容和形式等。教育活动的设计虽然有较大的灵活性和可变换性，但可以灵活变通的只是设计的程序，而不是其中的要素。

1. 以“目标”为起点设计的活动程序

每一个教育阶段都有比较具体的教育目标。一般从目标出发设计的活动主要是针对全班幼儿的。

2. 以“兴趣、需要和经验”为起点设计的活动程序

幼儿的兴趣和需要常常是一个新活动的起点，关键在于教师要敏感地抓住幼儿感兴趣的事物所具有的内在价值，帮助幼儿积累经验，这类活动可以是针对全班的，也可以是针对某个幼儿的。

3. 以“环境和材料”为起点设计的活动程序

年中的季节和节日、一项生活中的偶发事件、一件唾手可得的材料等都可作为教育活动设计的起点。

4. 以“活动方案”为起点设计的活动程序

以“活动方案”为起点设计的活动是选择他人已经设计好的活动，或参照自己以往组织的较成功的案例，并在此基础上进行重新设计。

第四节　幼儿教育活动的分类

一、游戏活动

游戏是幼儿的基本活动，是幼儿喜爱、自愿、主动参与的富有娱乐性的活动，是幼儿通过亲身体验而获得生命活动意义的活动。

（一）游戏活动的含义及意义

1. 游戏的含义

长期以来，游戏是各国教育家和心理学家一直研究和关注的问题。关于游戏的含义，不同学者持不同的观点，德国心理学家格鲁斯认为，游戏是对未来生活的准备，是本能的练习；德国思想家席勒和英国心理学家斯宾塞将游戏视为剩余精力的无目的消耗；美国心理学家霍尔指出，游戏是种族过去活动习惯的延续和再现；奥地利精神分析学家弗洛伊德认为，游戏是一种宣泄情感和情绪的活动；德国教育家福禄贝尔认为，游戏是儿童内部存在的自我活动的表现，是一种本能性的活动；苏联心理学家维果茨基认为，游戏是儿童社会性的实践活动。

这些对于"游戏"持有的不同观点，形成了不同的游戏理论学派。这些学派之间并不存在根本的冲突，而是共同丰富和补充着游戏的概念。

"游戏"一词早在我国战国时期的历史文献中就已出现，其意义的渊源是从古汉语中的"游""嬉""遨"等词发展而来，与现代汉语中"玩""玩耍""嬉戏"等极为相似。

《教育大辞典》这样界定：游戏是幼儿的基本活动，是适合幼儿年龄特点的一种有目的、有意识，通过模仿和想象，反映周围现实生活的一种独特的社会活动。

2. 游戏的意义

对幼儿而言，生活就是游戏，教育活动也理所当然以游戏作为基本活动形式。寓教育于游戏之中是幼儿教育的一大特征。游戏从本质上说是指一类由幼儿自主控制的，能带来愉快情绪体验的，有操作材料的活动，其中自主控制是游戏的最内在本质。

（1）游戏促进幼儿体能和动作技能的发展

幼儿在游戏过程中的跑、跳、走等动作对于幼儿的动作技能、身体平衡性都有好处。因此，游戏能使幼儿身体得到很好的锻炼。幼儿园一些安静的游戏活动，如玩积木、画画、剪纸等，能促使幼儿听觉、视觉及小肌肉的发展。幼儿园的游戏为幼儿提供了大量锻炼身体的机会，幼儿的身体更加结实，对于外界的刺激更加敏感，适应生活的能力得到提高。

（2）游戏促进幼儿语言的发展

幼儿阶段是语言发展的重要阶段，而语言的学习则以生活情境中的自然交谈最为有效。在游戏中，幼儿与成人、幼儿与幼儿之间双向互动过程中的交往语言学习随处可见。在自发的游戏状态下，幼儿通过与别的幼儿及成人的交往，可以丰富并扩展他们的词汇，提高他们的接受和表达的能力。例如，在游戏“娃娃家”中，扮演母亲的孩子对同伴态度不好，同伴就提出抗议：“妈妈说话不是这样的，妈妈说话是轻轻的，很温柔的。”扮演母亲的孩子清楚地知道自己不是“妈妈”，但是她又必须改变自己的语言输出方式，尽力去模仿“妈妈”说话的口气，操持“家务”，照料“孩子”，分派家里人的“工作”，并与周围人交往，这样她就能比较自然地学会交往语言。

（3）游戏促进幼儿智力的发展

游戏总是与发现问题、解决问题融为一体的，对幼儿的智力发展具有十分重要的作用。游戏能丰富幼儿的生活经验和知识经验。幼儿在游戏中，通过使用多种多样不同的玩具与材料，从而认识和掌握各种物体的性能和用途，了解事物之间的相互作用和因果关系，也就获得了关于周围世界的基本知识和主要概念。例如，幼儿玩积木时，经过不断地尝试，知道了小的积木应放在大的积木上面，这样才能保证所搭的积木的平稳性。

游戏可以促进幼儿想象和创造能力发展。例如，幼儿玩过家家时，必须把自己想象成“爸爸”或“妈妈”，而把娃娃想象成“宝宝”，小纸片想象成小碗，小棍子想象成小勺子，来喂宝宝吃饭，这种以物代物，以人代人的象征性活动是幼儿想象力发展的重要标志。又如，一个 3 岁的幼儿在游戏中把玻璃杯拿在手里当话筒，煞有介事地唱歌的时候，就充分表现出他的创造力。

游戏也能促进幼儿思维能力发展。在游戏中，幼儿要对自己的行为做决定：玩什么、怎么玩、和谁一起玩、用什么材料和玩具玩，使得幼儿有机会进行分析、判断、推理、概括与总结，发展其抽象思维的能力。例如，孩子玩的“棋类”玩具时，必须运用智慧去进行各种分析、判断、推理等来打败对手，这类游戏往往很能促进幼儿的智力的发展。

（4）游戏促进幼儿社会性的发展

游戏为幼儿提供了大量交往的机会，幼儿在游戏中逐步学会并能正确地处理自己和同伴之间的关系，社会交往能力得到提高。这有助于克服幼儿的自我中心，培养幼儿的合群行为和遵守规则的能力。

（5）游戏能够促进幼儿情感的发展

游戏是幼儿表现情感的一种重要方法，与别人一起表演游戏和艺术活动使他们的情感得到表现。孩子们在游戏的时候往往全神贯注，无拘无束，显露自己的真正本性。游戏好似幼儿的晴雨表，教师可以从游戏中观察、了解到幼儿的喜怒哀乐。例如，一个小女孩抱着她心爱的布娃娃，温柔地抚摸、亲热，说悄悄话，充分表现了孩子愉悦美好的心理感受。

游戏也是幼儿克服紧张情绪的一种手段。例如，孩子本来很害怕打针，但通过玩“医院”的游戏，给娃娃打针，宣泄负面情绪，从而减轻了心理压力，使幼儿的心理处于健康的状态。“游戏治疗”的理论与实践已经证明了游戏是幼儿发泄自己不良情绪的一种重要形式，通过游戏，他们对那些引起自己愤怒的思想有了较好的理解和认识后，就能心平气和地接纳这些思想。

在游戏中，幼儿还能丰富和发展其成功感、审美感、理智感和道德感等高级情感。例如，幼儿通过扮演自己感兴趣的各种各样的角色（特别是游戏中的主要角色），在模仿、表演等过程中体验并养成礼貌、勇敢、善良等良好品质。

（二）游戏活动的特点

游戏是幼儿的基本活动，其本质是幼儿的主体性活动，现实直观地表现为人的主动性、独立性和创造性的活动。幼儿游戏具有主动性、虚构性、愉悦性、非功利性的特点。

1. 主动性

幼儿的主动性是游戏的主要特点。游戏是适应幼儿内部的需要而生产的。幼儿正处在身心迅速发展时期，3 岁后的幼儿的体质日趋强健，基本动作有一定发展，能进行手的操作活动；思维和想象力有一定发展，并能使用语言进行交往；独立活动的能力增强，具有参加活动的需要。

游戏符合幼儿生理和心理的发展水平。幼儿高级神经活动的过程，兴奋强于抑制，整个身体系统仍不健全，易于疲劳；认识过程带有具体形象性、不随意性和情绪性特点。游戏有动作、有活动、有玩具和游戏材料，其内容和形式丰富多彩、灵活多变，所以幼儿乐于进行游戏，在游戏时常常是兴奋和快乐的。

从游戏的过程分析，幼儿在游戏中可以根据自己的意愿确定游戏内容、布置场景，选择游戏伙伴、游戏材料，决定对待和使用活动材料的方式方法，也可以根据自己的想法或通过与伙伴协商，改变原有游戏的操作程序，制定新的游戏规则，根据自己的兴趣和愿望控制游戏过程与进程。也就是说，怎么玩、和谁玩、玩什么，都是由幼儿自行决定的，幼儿是游戏的真正主人。

此外，在游戏中，自由选择也是一项很重要的因素。教师分派幼儿去玩积木与幼儿自己选择去玩积木，在幼儿看来，前者是任务，后者是游戏。因此，游戏是幼儿自己选择、自愿参加的活动。

2. 虚构性

幼儿游戏是一种假想的活动。游戏的假想性是指幼儿的游戏是想象与现实的结合，是幼儿在假想的情境中对生活经验的创造性反应。它表现为幼儿在游戏中，不受现实环境的条件的限制，通过想象实现人物的活动。幼儿的游戏是周围生活的反映。但是幼儿在游戏中反映的不是周围生活的翻版，他们不是机械模仿，而是通过想象，将日常生活中的表象，形成新的形象，用新的动作方式去重演别人的活动。例如，幼儿可以根据情节的需要，扮演警察、医生、教师等；可以把活动室的一角当作医院、商店或动物园；可以把木棍当作筷子、橡皮泥当作面团等。可见，幼儿游戏是以生活经验为基础通过想象进行的一种假想的活动。

幼儿在游戏中，以真诚的情感，体验在游戏中的活动，相信虚构的真实性。同时，他们也懂得什么是假装的。幼儿游戏虽然是一种假想活动，但这种假想却来自幼儿的生活经验，是对真实生活的模仿和再造。因此，丰富幼儿的生活经验和培养幼儿具有丰富的想象力是促进幼儿游戏发展所必需的。

3. 愉悦性

游戏是幼儿快乐的源泉。在游戏中，幼儿能控制所处的环境，表现自己的能力和实现自己的愿望，因而能使幼儿获得愉悦感、胜任感和满足感。幼儿的游戏活动没有强制的目标，因而也降低了为达到目标而产生的紧张感，耗费精力小，使幼儿感到轻松、愉快。事实上，幼儿总是在情绪积极时才做游戏，游戏又给幼儿带来更积极的情绪。例如，在“娃娃家”游戏中，扮演父母的幼儿体验着父母对孩子的关心与爱护，给孩子做饭、喂饭，尽心尽力。

另外，幼儿在进行游戏时是非常投入的，能够反映出他们的真实情感、对人对事的态度、与人相处的原则等。对于健康的内容，如在“医院”游戏中，幼儿会像医生一样给“病人”听诊、开药，嘱咐“病人”按时吃药，热情周到，教师的肯定、客人的感谢使他们得到满足，行为得到强化。面对游戏中流露出不健康的内容，如霸道、不礼貌、不关心别人等，教师的否定、批评会抑制不良情感的发展。

游戏使幼儿体验各种情绪情感，而且丰富的情绪情感体验，也对幼儿产生潜移默化的影响，发展他们的友好、同情、责任、爱憎分明等积极情感。随着游戏主题和构思的发展和复杂化，幼儿的情绪情感体验更丰富、更深刻。游戏适应幼儿的需要和身心发展水平，使幼儿得到满足和愉快。在游戏中，幼儿能控制所处的环境，表现自己的能力和实现愿望，从成功和创造中获得愉快。

正如苏联心理学家柳布斯卡娅所说：“正是这种把以前获得的印象组合成新的创造物的可能性，明确对自身力量的考验，是游戏使儿童产生巨大愉快的源泉。”在游戏中由于能积极活动，所以给幼儿带来了极大快乐。

4. 非功利性

幼儿游戏没有任何功利的目的，既没有外部目标，也没有内在约定。幼儿参加游戏就是为了享受游戏的过程，而非追求游戏的结果。一旦幼儿的游戏活动被设定为达到某个目标，就会给幼儿带来无形的压力，幼儿就难以无拘无束地享受游戏的过程。当然，成人在设计、指导幼儿游戏时，仍然可以给游戏外加一定的目的，如通过在游戏中扮演警察，培养幼儿遵守规则的意识；扮演医生，培养幼儿关心他人等。但这些不需要幼儿在游戏中明确或追求实现这个目的，幼儿的兴趣仍然在于游戏的过程。事实上，幼儿游戏活动所实现的目的不是靠人为的设定和要求达到的，而是随着游戏活动过程的展开自然而然实现的。

（三）游戏的分类

幼儿游戏的分类长期以来都未达成定论，不同的研究者依据不同的理论各自从不同的角度对游戏进行了分类，因而出现了各种各样的游戏分类。主要有：按照幼儿心理的发展，如按认知的发展和社会性发展来分类；按游戏的性质来分类；按游戏的教育作用来分类。

1. 游戏的认知分类

从幼儿认知能力发展水平的角度对游戏进行分类，皮亚杰是首创者之一。他将幼儿游戏划分为感觉运动游戏、象征游戏、结构游戏和规则游戏四大类。

（1）感觉运动游戏

感觉运动游戏也叫练习性游戏，主要发生在幼儿0—2岁阶段，即还不会说话的婴儿时期。这种游戏方式主要以肌肉活动为主，主要特征是重复动作、操作物体和自我模仿。其产生的原因是幼儿喜欢得到感官刺激，他们能在感觉和运动器官的使用过程中得到快感，并通过重复自己的行为来获得乐趣和表现自己的能力。例如，婴幼儿在洗澡时反复拍打盆子里的水，不停地晃动玩具铃铛，或者持续发出“嗯、嗯”的声音引起父母的注意等。

（2）象征性游戏

象征性游戏也被称为符号游戏，主要发生在幼儿2—7岁阶段，它是幼儿最典型的游戏方式。象征是指用一种事物代替另一种事物，或者将某种事物赋予特殊的意义，它带有“好像”和“假装”的特点。

象征有两种表现形式，即“以物代物”和“以人代人”。例如，幼儿用冰糕棍当作注射器给娃娃打针，把小椅子当作马来骑，这是“以物代物”；幼儿假扮医生给娃娃看病，或者想象自己是大将军带领千军万马驰骋沙场，这是“以人代人”。可见，象征性游戏是幼儿模仿和想象周围现实生活的一种游戏形式。它可以使幼儿在游戏过程中脱离对当前实物的知觉，让幼儿在虚拟的情景中满足自身在现实生活中不能实现的愿望和要求。因此，它对诊断和治疗幼儿的心理疾病具有重要的意义。

（3）结构游戏

结构游戏是指幼儿利用各种结构材料或玩具来建构新物体的活动，如搭积木、插积木、插积塑、捏橡皮泥、折纸、堆雪人和垒沙堡等。这种游戏对幼儿训练动手能力和发展思维能力有十分积极的作用。例如，通过搭积木、插积塑，幼儿既可以锻炼拆分和组合的动手能力，又可以获得分解与合成各种形体的经验，并在游戏的过程中学会了高低、长短、上下、左右、宽窄、厚薄、对称等概念，同时还增强了艺术鉴赏力。

此外，结构游戏也可以被看作是游戏活动向非游戏活动转变的桥梁。游戏前期，我们往往注重幼儿游戏的过程，看重他们的游戏体验；而后期逐渐变成了一种智力开发活动，我们对游戏的结果更为注重，如七巧板游戏、拼图游戏等。

（4）规则游戏

规则游戏是指两个以上儿童按照一定规则开展的活动，它往往带有竞赛的性质，如打牌、下棋、赛跑、拔河等。它以规则为游戏中心，摆脱了具体情节，用规则来组织游戏。真正的规则游戏，如球类比赛、田径赛等，到小学后才能进行。皮亚杰对儿童游戏发展的分类，在幼儿园实践工作中可以明显看到。但简单的规则游戏，在四五岁时就可以进行。

2. 游戏的社会性分类

美国教育家帕顿通过对儿童游戏的社会发展进行研究发现，儿童之间的社会性互动会随着年龄的增长而增加，于是他将2—6岁的儿童游戏划分为下面六种类型。（1）偶然的行为：注视碰巧引起兴趣的事，玩弄身体，在椅子上爬上爬下，东游西荡，这些都不是正式的游戏。（2）游戏的旁观者：注视同伴的游戏，听他们的话，向他们提问题，明确地观察某几组儿童，耳闻目睹所发生的一切。（3）单独的游戏：所使用的玩具与其他的儿童不同，专心自己的游戏，不注意同伴做什么。（4）平行的游戏：仍是单独做游戏，但他的玩具和同伴相近，在同伴旁边玩，而不是和他们一起游戏。（5）联合的游戏：和同伴一起游戏，谈论共同的活动，但没有分工，也没有围绕具体目标进行组织，每个儿童根据自己的愿望来做游戏。（6）合作的游戏：儿童在游戏中有共同的目的，有达到目的的方法，活动有组织，小组有分工、有实施游戏的方法，还常常会选出游戏的组织者或领导者。例如，搭建一个城堡或者比赛谁跑得最快等。

实际上在这六种游戏行为中，只有后四种属于真正的游戏行为。所以，后来的研究者在按照这种方法对游戏进行分类时，只将游戏分为单独游戏、平行游戏、联合游戏与合作游戏四种。其中，由于前两种较少表现出游戏社会性的特点，故被称为非社会性游戏，而后者被统称为社会性游戏。通过这种游戏分类方法，可以明显看出儿童游戏行为中的社会性发展水平的差异。

3. 游戏的教育作用分类

长期以来，我国常采用按照游戏的教育作用对游戏进行分类的方法。幼儿园游戏分为创造性游戏和规则游戏（教育游戏）两大类，其中创造性游戏包括角色游戏、结构游戏和表演游戏；规则游戏包括体育游戏、智力游戏、音乐游戏、美术游戏和娱乐游戏等。这种分类方法十分有利于幼儿园教师开展幼儿的教育工作。

（1）创造性游戏

创造性游戏主要以培养幼儿的创造性为目标，它是幼儿根据自己的兴趣、爱好、经验和能力自主地、创造性地去反映现实生活的活动。

角色游戏：角色游戏是象征性游戏中最有代表性的游戏，它指幼儿运用自己的想象力，通过扮演角色来创造性地反映周围生活的游戏活动。例如，有的家长周末带孩子去超市购物，孩子来上幼儿园时，向教师提出要玩“买东西”的游戏，于是这个孩子当“售货员”，其他小朋友当“顾客”，这种“超市购物”的游戏就是角色游戏。

结构游戏：这里的结构游戏与按认知分类中的结构游戏含义相同，都是指幼儿利用各种不同的结构材料，如积木、积塑、橡皮泥、沙、水、雪等，通过手的创作来反映现实生活的游戏活动。

表演游戏：表演游戏是指幼儿按照故事或童话的内容与情节分配角

色，通过语言、动作、表情、姿势等来进行创造性表演的活动。例如，孩子们根据《白雪公主》这一童话故事，设定了“白雪公主”“小矮人”“王后”“王子”等角色，然后再按照故事的发展，将情节一一表演出来。

（2）规则游戏

规则游戏是幼儿园教师为了教学需要而编创的适合幼儿发展水平的游戏活动，因此也被称为教学游戏。这类游戏一般分为目的、玩法、规则和结果四个部分。其中，游戏目的是指在游戏中要完成的具体任务和要达到的具体目标；游戏玩法是为了要实现游戏目的而对幼儿提出的具体要求；游戏规则是幼儿在活动中必须遵守的规定，以确保游戏有序进行；游戏结果是幼儿完成游戏之后得到的结果。这里，规则是游戏的核心，如果规则没有设置清楚或者幼儿不遵守规则，都会导致游戏无法顺利进行。

体育游戏：体育游戏是幼儿园日常教学计划中一项十分重要的内容，它以发展幼儿基本动作为主要内容，目的是促进幼儿身体发展和增强幼儿体质，如走、跑、跳、投掷、钻爬、攀登等。体育游戏并不是单调、枯燥地反复训练幼儿的运动技能，而是通过游戏给予幼儿练习的机会，让幼儿在快乐的氛围中得到锻炼。

智力游戏：智力游戏是幼儿园教师根据智育任务而设计的游戏活动。它通过生动、新颖、有趣的游戏形式，使幼儿在轻松愉快的活动氛围中增长知识、培养技能，如猜谜语、连线、填数字等。

音乐游戏：音乐游戏是幼儿园教师为培养幼儿音乐素养而编制的游戏活动。通过在音乐和歌曲伴唱背景下开展游戏活动，使幼儿在听、唱、玩当中既掌握了一定的乐理知识和音乐技能，又在不知不觉中渗透进了品德和审美教育。同时，在轻松愉快的游戏氛围中，幼儿还获得了愉悦的情绪体验。

娱乐游戏：娱乐游戏是指幼儿园教师专门为幼儿娱乐身心而编排的游戏活动。这类游戏并没有明确的教学要求去培养幼儿的某种技能，只是为舒缓幼儿心情与情绪而设立的。例如，让孩子玩布娃娃、不倒翁等。

语言游戏：语言游戏是幼儿园教师用游戏方式组织的语言教学活动，它不是幼儿自发产生的，而是为了培养和提高幼儿语言应用能力专门设置的半活动、半游戏的教育活动形式。语言游戏有明确的游戏目标和教育要求，通过教师组织和指导幼儿进行充分的练习，以达到理解、掌握和运用语言的效果。

数学游戏：数学游戏是幼儿园教师为完成一定的数学教学任务而创设的游戏活动。它有自己的独特的规则，游戏目标是使幼儿掌握一定的数学知识、技能和形成数学观念，如数数、比较大小、抽象概括、分析结果等，并能初步运用数学思维去思考和解决现实生活中的问题。

美术游戏：美术游戏是幼儿园教师根据美术教学要求而为幼儿编制的游戏活动，如手工、剪纸、画画等。对幼儿进行美术教育并不是培养未来的艺术家，而是为了对幼儿进行德智体美劳全方位的素质培养。通过美术游戏，可以提高幼儿的观察力、记忆力、想象力和创造力，在写写、画画、描描、涂涂、剪剪、捏捏、贴贴的活动中，使幼儿的性情得到陶冶，阅历得到丰富。

二、区域活动

区域活动以其独特的“自由、自主、宽松、愉快”的活动形式深受幼儿的欢迎，为幼儿提供充分的自主活动和表现机会，最适合让幼儿进行个性化的学习，从中凸显其智力优势。

（一）区域活动概述

1. 区域活动的概念

区域活动也叫区角活动，是指在一定的教育思想指导下，由教师为幼儿提供合适的活动场地、材料、玩具和学具等，让幼儿自由选择活动内容，通过操作、发现、讨论等活动来获得知识、发展能力的一种活动形式。

2. 区域活动的特点

（1）自由性

区域活动让幼儿依靠自身的能力，通过对各种材料的摆弄、操作去感知、思考，寻找问题的答案。幼儿可根据自己的兴趣、意愿、能力自行选择活动，自由结伴、自由选择、自由活动，促进其在不同的水平上获得相应的发展。

（2）自主性

区域活动中，幼儿自主决定游戏的材料、方式、内容及玩伴，按自己的方式和意愿进行活动。区域活动是自我学习、自我探索、自我发现、自我完善的活动，可以充分发挥幼儿的主体作用，让幼儿成为自己真正的主人。①

（3）个性化

教师通过设置各类活动区域，安排各种活动内容，满足不同发展水平幼儿的需要。教师根据幼儿的实际水平进行针对性的指导与帮助，使幼儿在不同的水平上获得不同的经验，让每个幼儿在原有水平上实现自己富有特色的发展。

（4）指导的间接性

区域活动中教师退至幼儿的后面，幼儿成为活动的主体。教师的任务是观察幼儿的活动情况，分析指导的内容和决定指导的方法，以游戏伙伴的身份做隐性的指导，培养幼儿的积极性、主动性和创造性。

3. 区域活动的意义

区域活动充分体现了幼儿身心发展的特点，可以满足幼儿活动和游戏的需要，更好地促进幼儿自然、自由、快乐、健康地成长，实现“玩中学、做中学”。

（1）区域活动的开展为幼儿的交往提供了良好的心理环境

区域活动的设置是自由的、开放的，幼儿可以根据自己的喜好选择相应的区域进行活动，丰富的环境为幼儿提供了探索、求知的空间，使幼儿的欲望得到满足。

（2）区域活动为幼儿提供了协商、合作的机会

现在的幼儿多是以自我为中心，在幼儿园的集体教育中，教师虽然比较注重对幼儿协商、合作能力的培养，但针对性不强，而区域活动的特殊

---

① 关润，王玲．幼儿园区域活动指导策略研究［J］．齐齐哈尔师范高等专科学校学报，2022，（06）：13-14.

性恰恰弥补了集体教育的不足。

（3）区域活动为幼儿的发展提供了广泛的空间

区域是幼儿自己的天地，幼儿在属于自己的空间里感受、发现和创新，自由自在地交往。幼儿的双手和头脑始终处于积极的状态，在自己的小天地里探索、操作，获得了更宽广的发展天地。

（二）区域活动环境的创设

区域活动的教育价值主要是附设在区域内的操作材料、情境及相应的活动中。区域活动开展的前提是有一个特定的“有准备的环境”。《纲要》明确指出：“幼儿的空间、设施、活动材料和常规要求等应有利于引发、支持幼儿的游戏和各种探索活动，有利于引发、支持幼儿与周围环境之间积极的相互作用。”

1. 活动区域的设置

在现阶段幼儿园室内环境设计中，有多种多样的区域，大致有以下三种类型：

（1）常规区域

目前，幼儿园常规区域一般包括建构区、美工区、表演区、角色游戏区、阅读区、益智区、语言区、科学区、感官操作区、沙水区、运动区等。

（2）特色区域

特色区域主要是体现与其他幼儿园不同的、比较独特的区域。这种特色可以是地域特色，也可以是园本、班本特色的体现。

（3）主题区域

主题环境的建构越来越引起教师的重视，主题环境可以体现在墙饰上，也可以体现在区域环境上。将某一主题活动内容物化在区域材料当中，引导幼儿在区域活动中实现主题目标。

2. 活动区域的布局要求

活动区域根据教室空间（面积、格局、形状）、幼儿人数（男女比例）、编班方式（年龄段、混龄、同龄）、幼儿园总体安排及课程设置等总体考虑，必须使地面、墙面、桌面得以充分利用，环境布置、材料设备等蕴含的教育因素能充分发挥作用，让幼儿在充分的活动中获得多方面发展。

（1）活动区域的界限性

在划分界限时，除了考虑美观、漂亮之外，更要从教育的角度出发。可通过地面不同的颜色、图案或质地来划分不同的区域，也可划分立体界限，运用架子、柜子或其他物体隔离划分出不同的区域，形成封闭或开放的空间。还可以用写有相关活动区的文字、图片或装饰物帮助幼儿认识、区别各个区域。各个区域之间还要留出足够的、便于幼儿进出的通道，保证活动的顺利开展。

（2）活动区域的相容性

在布置活动区时要考虑各个区域的性质，尽量把性质相类似的活动区放在相邻的位置。例如，把以安静的阅读活动为主的图书区和以动脑为主的数学区放在一起，把操作活动为主的积木区和娃娃家放在一起等。同时还要考虑，需要用水的活动区应当靠近盥洗间或取水处，自然区和图书区等需要明亮光线的区域应靠近窗户等。

（3）活动区域的转换性

在考虑划分各个区域的同时，也要考虑幼儿可能出现将一个活动区内的活动延伸转换至其他活动区的需要。例如，在表演区的角色游戏活动可能会延伸至积木区；在自然区的活动可能会延伸至美工区。应该预见幼儿可能出现的延伸活动，在活动区的设置上满足幼儿的这一需求。同时密切观察幼儿在各个活动区的活动，细心了解幼儿的兴趣和需要，并及时调整活动区的种类和数量。

（三）区域活动材料的投放

区域材料作为幼儿活动的操作对象，是幼儿建构、学习、发展的媒介，材料的投放影响着幼儿活动的开展。教师在投放区域材料的时候，要根据幼儿的年龄特点、幼儿的实际发展水平、近期的教育目标进行投放。

1. 材料要有趣味性、新颖性

有趣的材料能够引起幼儿主动参与操作及激发幼儿探索的欲望，从而提高目标的达成度。科学区中有趣的凹凸镜、奇妙的磁铁、会变的三原色、沙漏、转盘、拼图等，生活区中的夹弹子、动物喂食、小猫钓鱼等，计算区中的图形、数字宝宝、七巧板、多变的几何体等对幼儿充满了诱惑，幼儿参与的兴趣就很浓。材料的提供不能一成不变，而要根据教育目标和幼儿的发展需求，分期分批地投放与依计划不断地更新材料，不断地吸引幼儿主动参与的兴趣与逐步深化地探究。在完成某个教育目标时，所设计、提供的材料力求做到角度不同、充分多样，以满足幼儿反复操作的需要，使其积极性一直保持在最佳状态。

2. 材料要有目标性、主题性

区域活动的材料要考虑幼儿的年龄特点、发展水平及最近发展区，使材料蕴含或物化着教育目标与内容。当幼儿操作这些材料时，能揭示有关的现象和事物之间的关系，而这些现象和关系，正是教师期望幼儿获得的，也是这个年龄阶段的幼儿能够获得的。例如，小班生活区提供纽扣、穿木珠、穿线板等材料，目的是锻炼幼儿手指、手腕和手眼的协调能力；而中班教师在美工区投放的三原色，是希望幼儿通过颜色游戏感受与发现三原色的变化，通过自己的积极思维去建构颜色变化的规律。

教师有针对性地选择、投放与主题相关的操作材料，并且充分挖掘材料在不同区域内的多种教育作用，一个目标可以通过若干材料的共同作用来实现，一种材料也能为达到多项目标服务。例如，在积木区中，幼儿进行的不仅仅是“建构”活动，也可以进行艺术、语言、数学、社会等多领域的学习活动，关键是教师要有研究、发掘各活动区教育潜能的思想意识，时刻注意活动材料的多领域经验的指向性、材料的低结构性，注重隐性环境的暗示作用。

3. 材料要有层次性、系统性

区域活动是幼儿个性化学习的最佳途径之一，教师根据幼儿的能力提供操作难易程度不同的活动材料。某些材料从加工程度来说，可为同一个活动区提供原材料、半成品和成品，由浅入深、从易到难分解出操作层次，并构成系统性，以满足幼儿学习的不同需要。一位教师在图书区为不同层次的幼儿提供不同材料，并提出不同的要求：为能力较弱的幼儿提供音像设备，让他们仔细认真地听故事，激发幼儿阅读的兴趣；为能力中等的幼儿提供图书，锻炼幼儿看图阅读的能力及习惯；为能力强的幼儿提供故事的部分情节，让幼儿依据情节自己想象故事的发展并进行表达与表现。幼儿根据自己的能力自主选择，这样使区域活动不仅适应了不同水平幼儿的学习，更重要的是它能使幼儿体会到学习的成功与快乐，更多地体验到自信。

4. 材料要有操作性、探究性

所投放的材料必须引导幼儿对客观事物进行动手操作和动脑思考，保证动脑思考和动手操作交织进行。当前很多教师往往将探索等同于一般意义上的动手操作，造成了幼儿在区域活动中简单机械地重复训练，没有对幼儿的心智提出积极的挑战，使区域活动不能最大限度地支持幼儿与材料之间的相互作用，不能引发幼儿的探究活动。例如，有的教师给幼儿投放一个用硬卡纸做成的时钟，让幼儿根据要求拨出不同的时间，这就仅仅是一个机械的动手操作活动，不具有探索性。而给幼儿提供钟面、时针、分针、数字等材料，让幼儿自己拼装出时钟，这就是充分具有探索性的活动。因为在组装时钟时，幼儿要不断地思考如何拼装各个部件、数字怎么安排、时针与分针如何协调、如何让各个部件活动起来等问题，幼儿在动手操作的过程中，即可不断地进行积极的探究。

（四）区域活动的流程

1. 开始部分

教师可以介绍新的材料及玩法，让幼儿知道该怎么玩；也可以介绍被冷落的材料，以激发幼儿进一步的兴趣；还可以谈谈活动中的注意点，如选择区域时人数的控制问题、材料的取放问题等。时间不宜太长，应控制在 5 分钟以内。

2. 中间部分

教师组织幼儿进入各区活动，让幼儿拥有真正的自主，让他们自主地决定、主动地探索学习，这是区域活动的核心部分。教师是环境创设者、条件提供者、观察指导者。教师主要是通过改变环境或投放不同的材料来影响幼儿学习。教师要注意不断地在各个区域间来回观察和参与游戏，要留意观察每个幼儿的操作情况和交往能力，针对出现的问题，选择恰当的时机参与到幼儿的活动中，与幼儿一起探索、操作、发现、讨论、解决问题，真正体现幼儿的主导地位。教师通过观察和分析，看看幼儿对材料是否感兴趣，是否会玩；哪些材料适合怎样能力的幼儿；思考可以提供哪些不同层次的材料；幼儿游戏时是否需要帮助，并思考以何种形式帮助。

3. 结束部分

教师评价活动的情况一般是：小班幼儿以教师评价为主，中大班的可以教师评价，也可以幼儿自我评价和同伴评价。无论采用何种评价方式，都不能只注重结果，更要注重过程的评价。目的在于引导幼儿自发、自愿地进行交流、讨论，积极表达情感，共享快乐、共解难题、提升经验，同时激发再次活动的愿望。评价的结果往往影响到幼儿今后的活动情况，评价对幼儿的发展也有一定的导向作用。教师的评价应该是全面的，根据幼儿的活动情况，抓住幼儿的闪光点加以鼓励，针对幼儿出现的问题提出不足，鼓励幼儿大胆地发表自己的意见，根据自己的意见加以总结。

活动的结束可以设置一定的信号，如一段优美的音乐，让幼儿听到音乐时知道要收拾玩具并放到原来的地方。

（五）区域活动的指导模式

根据区域活动的性质特点，把区域活动的指导模式分为以听说表现为主、以动手操作为主、以探索发现为主的三种类型。

1. 以听说表现为主的区域活动指导模式

该模式一般适用于阅读、音乐、美术等区域活动，具体环节包括以下几方面。

（1）创设情境，激发兴趣

该环节是引起幼儿的内在动机，使幼儿积极地投入多种形式的活动。教师的任务是为幼儿创设特定的环境，包括安静、舒适的活动空间，丰富有趣的活动材料（如图书、画报、幻灯片、录音故事、音乐等），以此激发幼儿参加活动的兴趣和愿望。

（2）引导感知，观察援助

该环节是让幼儿自由地选择区域内容、自主活动，教师的任务是引导幼儿感知理解听、说、表达的有关内容，指导幼儿学会粗浅的知识和技能。

（3）展现交流，分享成果

该环节是通过作品展示、互动交流，分享成功的快乐，增强幼儿的自信心和成功感。可采用故事表演、美术作品的介绍等方法来实现。

2. 以动手操作为主的区域活动指导模式

该模式适用于建构、手工制作等区域活动，具体环节包括以下几方面。

（1）创设情境，激发兴趣

该环节的目的同前一模式，但教师的任务是为幼儿提供能满足需要的材料，并设置有关的问题情境，供幼儿观察感知之用。该模式主要是让幼儿自己去观察感知，发现操作的步骤和方法，进而自己进行操作探索。

（2）观察引导，鼓励探索

该环节是引导幼儿观察发现相关物体的制作方法和步骤。当幼儿操作时发生困难，教师应及时给予启发或援助，帮助鼓励幼儿获得成功。

（3）展示作品，交流分享

该环节中，教师让幼儿介绍自己探索操作时碰到的困难、作品制作方法的演示等，培养幼儿的自信心、坚持性及探索精神。

3. 以探索发现为主的区域活动指导模式

该模式适用于科学区、益智区等区域活动，具体环节包括以下几方面。

（1）感知讨论，激发兴趣

该环节的目的是让幼儿在感知或讨论的过程中，主动地获得知识。教师的任务是让幼儿明确感知目的和任务，提高他们参与的积极性，同时要提出一些引起幼儿思考的问题，组织幼儿开展讨论，激发幼儿内在的学习动机，引起幼儿思考的兴趣。

（2）引导探索，尝试发现

该环节是教师鼓励幼儿自由探索，对于幼儿的探索尝试不要多加干涉。因为受能力和知识经验水平的限制，幼儿的尝试、发现需要一个过程，所以教师要善于等待，要注意幼儿的个别差异，对有困难的幼儿给予帮助和鼓励。

（3）验证交流，迁移应用

该环节是让幼儿将探索尝试的结果进行当众验证演示，也可以启发幼儿把探索发现获得的知识经验迁移应用到新的探索活动中去。通过这样的活动，即使幼儿自信心和成功感得到增强，又使幼儿的探索尝试、迁移应用的能力得到进一步的提高。

幼儿园区域活动是幼儿园“生活、学习、做人”教育活动的一个操作平台，也是幼儿最快乐的活动之一。幼儿园必须创造一个幼儿主动探索发展的环境，进一步调动幼儿的主动性和积极性，更好地发挥区域活动的实效性，为幼儿的终身发展奠定基础。

三、小组活动

小组活动在促进幼儿主体性学习、照顾幼儿个体差异、支持幼儿同伴间合作方面独具价值，能较好地体现新课程所倡导的自主、合作、交流等理念，在教育改革中逐步成为幼儿园教师关注和探索的热点。

（一）小组活动概述

小组活动是以合作学习小组为基本形式，系统利用活动中动态因素之间的互动促进幼儿的学习，共同达成发展目标的教育活动。小组活动具有四个基本特征：以异质小组为基本形式；以小组明确的目标达成为标准；以小组成员相互依赖的合作性活动为主体；以小组总体成绩作为评价和奖励的依据。

（二）小组活动的价值

1. 唤醒主体意识，提高幼儿的参与度

小组活动为幼儿提供了宽松的心理环境，使他们有机会大胆地提出自己的想法，质疑他人的观点，使批判性学习成为可能。组员的表现机会增多，对他人信息的接收更加丰富，在经过组员间不同想法的碰撞后，使幼儿进一步激发创造力、拓展思维、培养创新意识和思维能力，同时促进幼儿自身知识经验体系的建构，获得可持续发展的动力。

2. 改善师幼关系，提高教育的和谐度

师幼关系从传统的管理型、集权型转变为交流型、伙伴型。幼儿可以走到教师的身边，教师也可以随意地触摸到每个幼儿，距离的拉近、言语交流频率的递增、动作交流的增加可以让师幼关系变得更加亲密。教师有更多的时间和精力来观察幼儿，更能了解幼儿的参与情况、活动水平以及活动兴趣需要，可以采用个别化的方式以促进幼儿的个性化发展。

3. 创建交流平台，提高社会化发展水平

小组活动中，幼儿的学习方式以及角色作用都发生了改变。幼儿主动提问、自主交流、敢于尝试、学会倾听和反思，在与同伴的互动中发展合作能力，为获得终身学习的能力奠定坚实的基础。由于小组活动是以小组明确的目标达成为标准，小组与个体的价值就融为一体。幼儿通过共同努力完成小组任务的同时，个体的价值也随之得以实现，自尊、自信等社会性基本素质也得到发展。

（三）教师在小组活动中的管理技术

教师的小组活动管理是一种微观管理，教师在活动价值导向下的行为安排能够体现小组活动管理的目的性和策略性。教师管理小组活动的技术内涵主要包括冷静观察与分析的技术、设计与反思的技术、反馈与回应的技术（语言与非语言的方式）、引导幼儿的技术、与幼儿沟通交往的技术、用评价与期望激励幼儿的技术，运用资源与创设环境的技术等方面。

1. 成立合作小组，引导幼儿体验合作活动

成立合作小组是开展小组活动的首要工作。教师遵循“组间同质、组内异质”的原则，教师应考虑幼儿的性别、兴趣、水平能力和性格特征等因素，小组成员要做到“强弱搭配、优势互补”。小组成员要相对固定，使同组的幼儿有尽可能多的时间共处和交流，彼此之间尽快了解和熟悉，对同伴的行为方式和性格特征有更加深入的了解。

2. 充分发挥“小组共同体”的教育作用

小组成员之间是以共同的任务目标连接而成的“共同体”。由于小组活动包含了讨论协商、统一意见、分工合作、交流分享等合作学习的必需环节和策略。教师在活动初期应致力于协助幼儿熟悉小组活动的具体步

骤，即“商量—分工—操作—交流”环节，幼儿在反复进行这些环节的过程中，乐于合作并善于合作。例如，科学活动中可设计分组操作环节，让小组成员分工协作，有组长、有记录员、有操作者、有发言者，每个成员各有职责；在实验中，小组成员要积极合作，分工操作，共同努力开展实验，以验证教师提出的假设；在实验结束后，小组成员要整理实验材料，帮助教师收拾活动场地。同时注意小组中的角色还要定期轮换，保证幼儿的多角色体验。

3. 适时指导，让幼儿习得更多合作技巧

教师应关注小组活动整个过程并在不同阶段给予有效的指导。教师对幼儿的引导主要体现在幼儿合作小组的分组、幼儿合作过程中冷场、幼儿讨论脱离主题这三个方面。若幼儿在分组方面出现矛盾，教师应根据幼儿性格、爱好、能力等方面，并结合具体的情况进行适当的变动；若幼儿在合作过程中冷场，出现“作而不合、合而不均、合而无技”等情况，教师要根据原因进行指导，保证小组活动体现合作与交往；若幼儿讨论偏离主题，教师应及时地以提问者的身份去提问，使话题围绕主题展开，保证合作学习的顺利进行。

教师应提升幼儿的理解与交流能力，在合作中不但要让幼儿学会与他人交流自己的见解，而且要让幼儿学会倾听他人的建议与想法，并且与他人积极友好地相处；在活动中学会商量、谦让、共同使用等技能，同时应引导幼儿积极寻求帮助和主动帮助他人。教师要把握机会甚至创造机会帮助被排斥或游离在小组活动外的幼儿参与到小组活动中来，并帮助幼儿协商解决矛盾冲突与问题。从渗透、支持到自主阶段，教师的支持和指导贯穿合作学习的始末，教师的角色由台前向幕后逐步淡化。

4. 充分利用新问题资源，引导幼儿自己解决矛盾冲突

小组活动中出现的问题正是教师实施教育的最佳时机，将活动中的问题管理转化为服务于幼儿活动的、能有序地引导幼儿控制活动资源和活动进程的主动行为，调适动静结合的活动节奏，引导小组活动走向更深入的层次。

小组活动形式上的多人合作性、活动内容的生成探究性、幼儿反应的

个体差异性以及活动过程的不可预见性等，都可导致活动过程中不可控因素的增多，出现一些超出教师预设的新问题、新现象。教师要将这些新的问题和现象转化为一种新的教育资源进行利用，为幼儿提供更多探究的内容，以及更多思考的空间和释疑机会，这就使活动内容更能适应幼儿不断变化的实际需求，从而提升活动效能，促使幼儿的自主探究学习兴趣随着新的探究情境的出现而更加浓厚，也使新的活动目标和探究内容不断生成，探究空间亦不断拓宽。

5. 评价主体多元化，全面详细

教师对活动的评价应全面详细，过程性评价与结果性评价相结合。对活动过程的评价要从小组合作过程的合作性和小组中每个成员的状态进行分析；对于活动的结果主要是通过小组是否完成任务和所用时间来进行评价。评价主体应由教师和幼儿共同担任。教师为主体的评价能够为幼儿提供更好的指导方法；而幼儿为主体的评价更真实、内容更丰富，幼儿通过评价与反思得到锻炼。无论评价标准如何变换，均应坚持把握“淡化个体、强化小组”的原则，强调“合作学习、荣辱与共”的关系，培养合作精神、团队意识和集体观念。

幼儿园的教育目标是促进每位幼儿的身心健康发展，小组活动符合幼儿个性化发展的需要，理应成为今后幼儿园活动的重要形式。

四、主题活动

主题活动是围绕主题确定内容、具有综合性的、一系列的教育活动的统称。主题活动能够充分调动幼儿的多种感官，并形成多种体验方式，在促进幼儿全面发展教育方面具有十分重要的意义。

（一）主题活动概述

主题活动是指在一定的时间里，围绕一个中心内容（主题）组织开展的教育活动。主题活动打破了学科之间的界限，将各种学习内容围绕一个“中心”有机地连接起来，从儿童的兴趣和需要出发，紧密跟随现实生活发生的新变化和新形势，围绕主题展开一系列的活动，使幼儿通过探索和学习，获得与该主题相关的比较完整的经验。

1. 主题活动的优点

以“主题”的形式构建每一阶段的生活经验，使幼儿园生活成为有利于促进幼儿持续发展的连续教育。

（1）主题活动更具生活性、开放性

幼儿园的主题一般选择季节性、节日性以及幼儿的兴趣点为主题，这样的主题贴近生活，幼儿非常感兴趣，当幼儿运用自己所学的知识解决生活中的问题后，学习的兴趣会更浓。主题活动具有丰富的教育资源，幼儿活动的地点不再局限于教室，幼儿园、家庭及社区为幼儿提供广阔的活动空间。

（2）主题活动更具系统性、综合性

主题活动是以一个主题为中心进行延伸的活动，这些活动紧紧围绕这个主题而进行，这个主题始终贯穿于活动的始终，小的活动构成一个小主题，几个小主题构成最后的大主题。主题活动是一种跨学科的综合性教学形式，能够使各学科的教学内容互相联系、彼此渗透，有助于幼儿获得整体性、连贯性的知识，同时也有利于开发幼儿的多元智力。

（3）主题活动更具探究性、生成性

主题教育的最大价值在于师幼之间共同有深度地探讨一个主题，通过自主探究等多样化的研究性学习活动形式，发挥幼儿的主动性，促进幼儿的主动探索与学习，引导幼儿在愉快的体验中获得成功与发展，从而丰富幼儿的学习生活经验。这种伴随着活动过程而具有丰富的内心体验是形成认知和转化行为的基础，为幼儿的终身学习打下良好的基础。

2. 主题活动的各个阶段

（1）起始阶段

教师引导幼儿围绕自己感兴趣的主题提出问题，初步编制主题网络。

（2）发展阶段

幼儿在教师指导下，开展多种活动对主题进行深入探索。教师重视幼儿的发展与社会的密切关联，尽量提供机会让幼儿从多个视角来观察和看待事物，为幼儿介绍一些活动方法与技能，帮助幼儿制定解决问题的方案，做好观察记录、收集作品、自我反思以及叙述性的学习体验各方面的记录。①

（3）结束阶段

教师组织汇报、表演等活动，让幼儿向全班幼儿、家长及全园甚至更大范围的人们进行成果展示。通过成果的展示，幼儿的自我得以充分体现，获得一定的“高峰体验”，这种体验与满足激励幼儿继续进行新的探究活动，成为其学习过程的内在动力。教师关注幼儿提出的新问题，并为其继续探究提供支持。

3. 主题活动的实质

（1）主题活动是一种探究活动

探究是幼儿学习的一种重要方式，探究的过程是问题解决和创造的过程。幼儿通过探究可以获得对知识的理解。幼儿天生具有探究的本能，正是这种本能促使幼儿去探寻事物的本质和解决问题的办法。随着年龄的增长，幼儿探究的欲望更加强烈，探究的范围也更加广阔，主题活动给幼儿提供了一个进一步探究科学世界的平台。

（2）主题活动是知识整合的过程

在主题活动中，需要以学科知识的整体性作为有用的和必要的基础，比较系统的学科知识是进行主题活动的基础与前提。主题活动注重学科领域内知识结构的重组以及在统一原理的基础上重新建构教学形态。主题活动灵活处理好学科知识之间自然的、相对的和灵活的关联关系，进而配合主题情境、相关的探索活动以及幼儿的学习需求。通过适当的安排，让学科知识进入生活，使学习内容与幼儿的学习之间呈现一种有机关联的状态。

（3）主题活动是幼儿认知结构建立的过程

只有幼儿自己具体地和自发地参与各种活动，才能获得真实的知识，才能形成他们自己的假设。在主题活动过程中，幼儿通过观察、操作等方

① 施晓梅．幼儿园主题探究活动中协同教学的组织与实践［J］．学前教育研究，2022，(05)：87-90.

式来表达对主题的理解和体验。幼儿不仅对事物进行探究，而且在探究中主动地建构起自己的认知结构，获得对事物的理解。主题活动的过程是一个操作、体验、理解的过程，也是幼儿建构自己的知识和经验的过程。通过主题活动，幼儿的认知、情绪情感和社会交往等多方面能力得到了全面、协调的发展。

（二）主题活动的有效开展

主题活动是一个系统的设计过程。无论主题活动有多么大的灵活性，每一个活动的设计、开发和实施都应当是有计划的。教师综合各方面来选择主题、编制主题活动网络、科学组织主题活动等。

1. 选择主题

一个主题所要表达的是幼儿在这一时间段内所要参与的一系列活动，还有幼儿从中所要获得的主要经验。主题是教师选择组织学习内容、开展教育教学过程、创设教育环境的方向标。

（1）以幼儿的发展为中心进行主题设计

以幼儿某一阶段的发展为中心整合学习内容，如“我上中班了”。围绕幼儿发展的四个方面——身体与动作、社会性、认知、情感组织活动，每一方面的发展都可以有几个次级主题，每一个次级主题都可以组织幼儿分小组从多方面开展活动。因不同阶段孩子的发展特征不一样，这类主题在课程目标设置上也容易体现出层次性和渐进性。

（2）以幼儿的心理逻辑顺序为中心进行主题设计

从幼儿在日常生活中认识事物的心理出发，把与某事物相关的其他事物整合在一起。例如，“街心花园”活动中，按照幼儿进入街心花园时的所见、所闻、所想来设计主题网络，使各项活动成为幼儿经验的连续体。

（3）以幼儿的生活为中心进行主题设计

幼儿以自然的方式去发现生活中事物间自然的和真实的内在联系。据此，幼儿生活中的自然环境与社会环境都可以成为幼儿课程的主要内容，如动物、植物、四季变化、节令、纪念日、家庭、店铺、公共机关、风俗、疾病、游戏等都可纳入活动内容的范围。

主题活动既可各班独立开展，也可整体规划全年级共同进行。由于教师自身有着较高的认知水平，为幼儿选择的主题也必然存在一定的可行性。同时可以把活动主题选择的权利交给幼儿，鼓励幼儿自主进行活动主题的选择。他们选择的主题不一定比教师的科学，但是往往正是他们内心所需要的，能够最为有效地促进幼儿的成长。

2. 编制主题活动网络

教师根据活动主题的教育价值明确主题要素的内容性质，根据幼儿生活经验和知识背景组织与拓展主题材料，构成各层次要素之间彼此关联的主题网。每个主题都通过网络的方式表现主题开展的基本线索。通过对主题目标、内容的确定和主题展开线索的呈现，进一步设计主题的环境、教学活动、家园联系工作及游戏等，同时提供主题涉及的主要资源。主题活动网络大致包括以下四种。

（1）主题概念网

主题概念网是将主题概念进行分解延伸，检索与主题相关的知识经验，引发出与这个概念相关的一系列次级概念，进行层层分解，如图 2-1 和图 2-2 所示。

图 2-1　主题概念网概要图

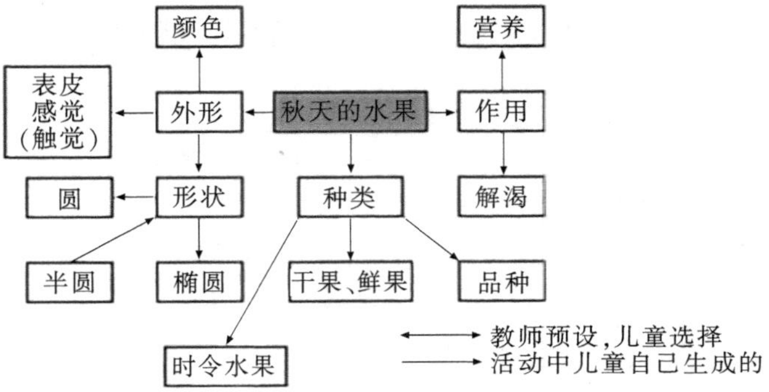

图 2-2　主题概念网例图

（2）主题活动网

主题活动网是分析主题所涵盖的学科或领域倾向，设想儿童可以从这些学科或领域中获得哪些具体的知识和技能，将主题要素网络转变成活动网络。各种活动一般不存在先后顺序和逻辑顺序，可以独立进行，如图 2-3 和图 2-4 所示。

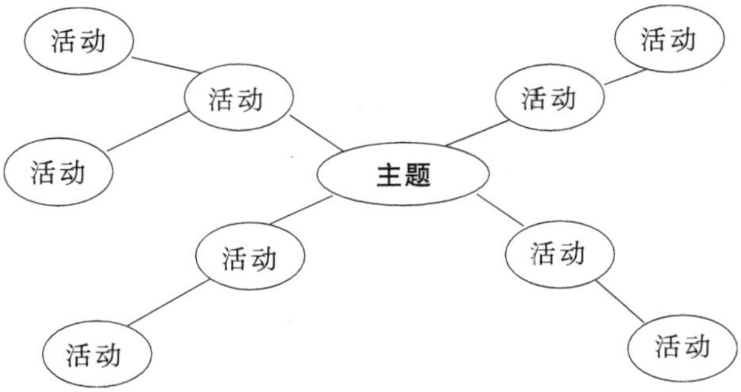

图 2-3　主题活动网概要图

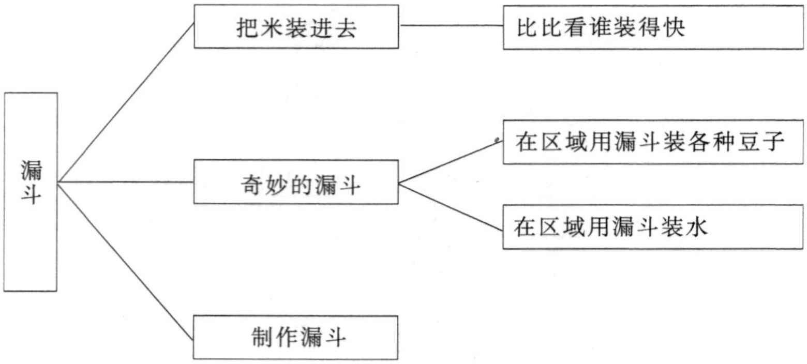

图 2-4　主题活动网例图

（3）主题概念活动网

主题概念活动网是上述两种主题网络的结合，关注活动的广度与横向衔接的问题，同时考虑活动的深度以及活动内容的系统性与逻辑顺序等问题，保证主题活动的递进与衔接进行设计，如图 2-5 和图 2-6 所示。

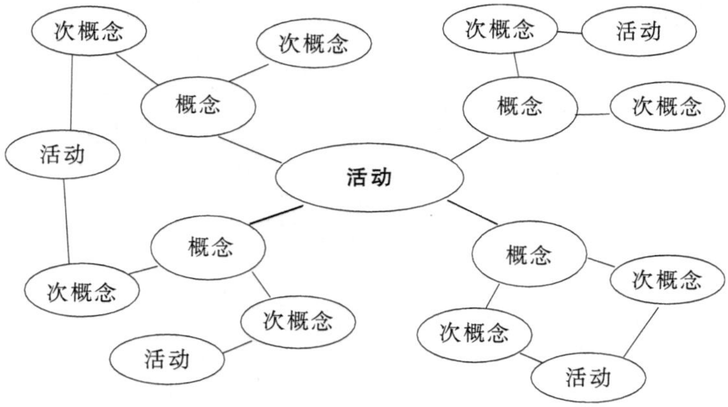

图 2-5　主题概念活动网概要图

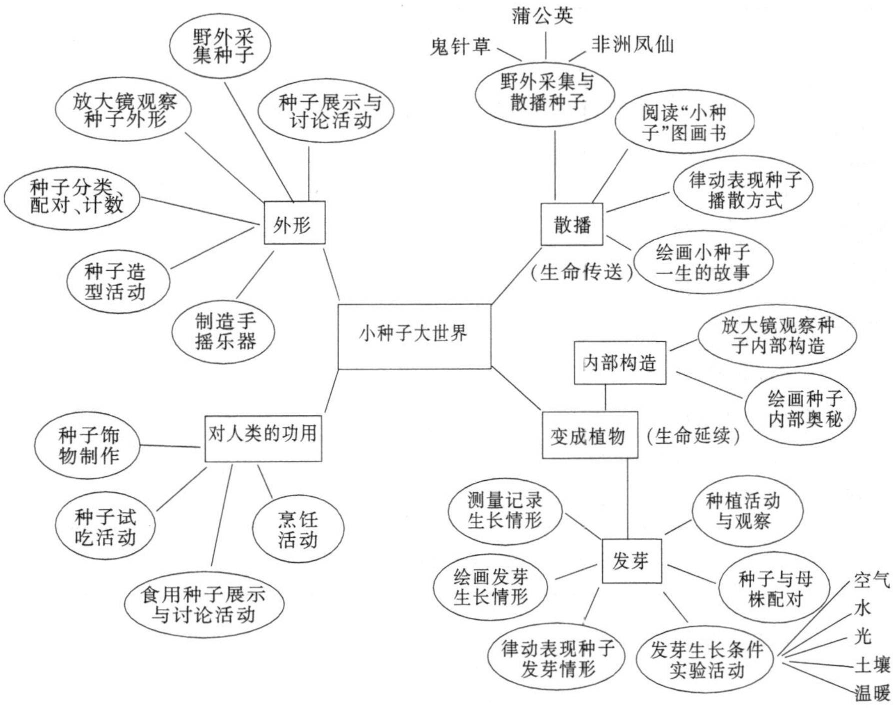

图 2-6 主题概念活动网例图

（4）多元智力主题网

根据多元智力内容，寻找与主题相关的活动素材，能够直观地体现主题的各个活动和所涉及的领域，如图 2-7 和图 2-8 所示。

此外，如果大、中、小班有共同的活动主题，则应在不同年龄班组织不同层次的主题内容，而且使这些内容能够有机地衔接起来，从而构成一个主题逐层拓展与深化的螺旋式主题网络。

语言文字智力 活动中如何使用口头或文字语言？	音乐韵律智力 如何引进音乐、环境音响或把活动重点放在有节奏或有旋律的架构内？	身体运动智力 如何运用整个身体或动手来活动？
数理逻辑智力 如何将数字、计算、逻辑、分等或批判思维等认知技能引进课堂？	主题	视觉空间智力 如何运用视觉辅助教材、想象、色彩、艺术或比喻？
人际沟通智力 如何帮助幼儿从事同伴分享、合作学习或团体模拟活动？	自然观察智力 如何将自然的事物带入活动中？	自我认知智力 如何唤起个人感觉、记忆或给幼儿选择的时间？

图 2-7　多元智力主题网概要图

屈原的故事、白蛇传	跳粽子舞 粽子变变变	划龙舟
你得到几个香包？	端午节	大家来做香包， 好玩的吸管粽子
送给我的好朋友	认识艾草	我要如何过端午？

图 2-8　多元智力主题网例图

3. 科学组织主题活动

组织主题活动不仅仅是组织学科内容的一种形式或技术，更是一种综合性、系统性思考的教育哲学实践。主题活动设计不仅要为幼儿从多维且具有内在一致性的视角掌握知识提供机会，也要为促进幼儿接纳知识或者多样化理解知识创造条件。

（1）考虑内容的选择与安排

在主题活动内容的选择与安排方面，需要从教学活动的综合度与关联性入手，主题活动所预期的目标直接制约主题活动的综合度。如果主题活动的目标主要指向幼儿的知识关联，促进幼儿认识世界的完整图景，那么其综合的范围往往具有灵活性，可以是一个领域内相关知识的关联，也可以是跨领域的综合。这种较高程度的综合要求知识之间的联系和结构都比较严密；如果主题活动的目标主要指向幼儿的经验方面，那么活动内容之间的联系和结构可以比较松散，而更多指向幼儿经验成长方面，关注个人综合应用知识解决问题的能力。

（2）确保教学活动设计的科学性和可行性

在活动与幼儿之间寻找一种动态的平衡，以保证教学活动设计的科学性和可行性。一方面，要从幼儿年龄特征与需要出发，去联系和整合社会的需要，把社会对幼儿的要求与幼儿成长发展的需要结合起来，并将之体现在幼儿培养目标和课程目标中；另一方面，在目标的指引下，动态地把握学科、幼儿、社会三者之间的关系，并以此作为主题活动设计的依据。从社会与幼儿的现实生活出发，按照认识事物的线索或者解决问题的线索去考虑学科内部知识的整合或者学科之间的综合；从幼儿的需要出发，按照幼儿现实生活的状况和经验、背景去考虑学科与幼儿生活的关联。

（3）妥善处理整个幼儿教育阶段的课程组织架构

一方面，需兼顾幼儿园各个年级幼儿学习经验的横向衔接与纵向连贯，使整个幼儿教育阶段能够为幼儿提供一个循序渐进、逐渐扩展的学习进程；另一方面，通过鼓励各个年级和学科教师之间合作设计活动，共同肩负主题活动的责任，互相配合活动内容，使彼此成为知识分享者、资源提供者，进而推动教学实践，促使幼儿成长为积极、主动的学习者。

4. 充分发挥主题墙的教育价值

主题墙是主题活动的缩影，承载着分享合作、快乐讲述的多重功能，是融审美价值、教育价值等于一体的交互载体。每一个主题墙饰的创设，不仅是活动内容的体现、教学活动的反映，更是幼儿学习过程和结果的记录。教师应把主题墙的创设摆在体现教育取向的重要位置，支持幼儿的学习和活动，体现幼儿在整个主题活动发展的全过程。

（1）体现自主性，使主题墙成为幼儿动手操作的舞台

教师让幼儿按照自己的意愿和能力自主使用空间和材料，创设属于自己的活动空间和活动场景，使幼儿对活动的探索、发现、讲述、展示、分享等通过主题墙进行展现。在内容的选择上坚持以幼儿作品为主，展示幼

儿参与活动的全过程，以及在活动中的体验与收获，使之成为幼儿表达经验的空间和体验成功的展台。

（2）体现动态性，使主题墙成为问题探究的实验场

主题墙的创设动态化体现在两方面：一是主题墙的内容应随着幼儿的兴趣需要、主题的变化而变化，如“丰收的季节”主题墙，初次布置以“秋天的色彩”为主线，展示了幼儿收集的有关秋天里花草树木的色彩变化以及幼儿和家长一起完成的调查表，以后则将幼儿在“丰收的秋天”“快乐的郊游”等活动中的所看、所思、所想、所做等通过多种形式陆续进行展示；二是教师在主题墙创设中预设一些内容，随着主题活动的不断深化而展开、丰富，构成渐进的系列。

（3）体现参与性，使主题墙成为家园合作的平台

充分调动幼儿和家长参与的积极性，有效利用家长资源，给每位幼儿和家长提供参与主题墙创设的机会。只有在幼儿、家长、教师的共同参与下，主题墙创设才会更有价值。这样不仅促进幼儿的发展，也使家园关系更为融洽。

为了组织有效的主题活动，教师应充分尊重幼儿的主体性，开展与幼儿生活有较强联系的活动。同时，教师应该与幼儿加强合作交流，把主题选择的权利赋予幼儿，并根据幼儿的学习兴趣，创设主题活动的各项内容，最终实现科学有效的主题活动目标。

五、其他活动

（一）幼儿园亲子活动

1. 幼儿园亲子活动概述

（1）幼儿园亲子活动的含义

幼儿园亲子活动是由幼儿园创造一定的条件，以亲缘关系为基础，以教师为主导、教师与家长共同组织幼儿活动的一种幼儿教育方式。它是教师组织家长和幼儿共同参与的活动，是一种有助于增进教师与家长、家长与幼儿情感交流，加强教师与家长对幼儿的共同了解，以进一步提高教育效益的活动形式。

《纲要》提出："家庭是幼儿园的重要合作伙伴，应本着尊重、平等、合作的原则，争取家长的理解、支持和主动参与，并积极支持、帮助家长提高教育能力。"幼儿园亲子活动是幼儿、家长和教师（幼儿园）三者互相配合、互相协调的合作教育过程，是维系家庭、幼儿园的纽带，是家庭教育的深化和发展，是一种特殊的早期教育和社会教育。幼儿园亲子活动是家长在教师指导下对孩子进行早期教育的一种良好手段，它是亲子教育的一种形式，强调父母、孩子在情感沟通的基础上实现双方互动，也就是让父母与孩子一起玩，一起参与活动，在此过程中让幼儿学习掌握一些知识，发展一些技能，这不但能促进幼儿的健康发展，也能促使父母自身素质不断提高。①

（2）幼儿园亲子活动的意义

幼儿园亲子活动是家园共育的重要途径和组织形式，为幼儿创造最佳的教育环境，促进幼儿更主动、可持续的发展。心理学的研究表明，积极的亲子交往能使幼儿成长为健康、快乐的现代儿童，因此，幼儿园亲子教育活动是一种辅助日常教育活动的有效活动形式，是促进家长转变观念的有效途径，对提高幼儿园的教育质量起着积极的促进作用，也为完善幼儿人格奠定了基础。同时，在幼儿园亲子活动中，教师可以通过对亲子互动的观察，更清楚地了解到幼儿的个体发展特点和需要，及时了解到家长的儿童观、教育观以及对幼儿的指导方式方法，并及时调整自己的教育理念与方法，更好地做到因材施教。

幼儿园亲子活动让幼儿体验了初步的交往关系，有助于其社会性关系的发展。幼儿在安全的心理氛围下，易于产生自由感，也乐于与同伴互动，进行合作学习。

（3）幼儿园亲子活动的特点

多元主体化、多向互动化：在幼儿园亲子活动中，教师、家长、幼儿都是活动的主体，都应积极参与活动。多元主体性决定了幼儿园亲子活动的多向互

① 潘理平，潘蕾，方朝阳．幼儿教育活动设计与实施案例教程［M］．武汉：华中科技大学出版社，2020：37-38.

动性，师幼间、亲子间、幼儿间、教师与家长间积极交流、互动。

全面教育化：幼儿园亲子活动全方位地开发了幼儿的运动、语言、认知、情感创造、社会交往等多种能力，使幼儿在快乐、轻松的活动中，增进亲子感情，促进亲子间的交流，最终促进幼儿健康和谐的发展。

游戏化：幼儿园亲子活动是一种以亲缘关系为基础，构建良好的亲子互动关系，实施亲情影响，有目的、有计划的教育活动。它将游戏活动作为主要教育手段，教学活动遵循幼儿的身心发展特点设计而成，为父母和孩子提供了共同游戏与学习的机会和条件，使父母获得恰当的、先进的教育行为和教育观念，提高了家长的科学育儿水平，实现了幼儿学习、家长培训的目的，形成教师、家长与幼儿进行互动游戏的教学模式。

指导化：幼儿园亲子活动指导化是教师要有目的、有计划、有组织地面对家长及看护者，开展科学育儿的具体指导活动。因为家长教育行为直接影响着幼儿的成长和发展，所以幼儿园亲子活动的指导对象应该是幼儿的家长，通过指导家长与孩子共同游戏和交流，传播教育幼儿的新观念，使他们进一步体验教育的原则和方法在实践中的应用价值，提高他们科学育儿的水平和能力。经常性地开展幼儿园亲子活动，能使幼儿从中得到愉快的体验，能使家长真正参与到幼儿教育活动当中去，能使教师有效指导幼儿园共育工作，具有一举三得的良好效果。

2. 幼儿园亲子活动设计

（1）幼儿园亲子活动的类型

幼儿园亲子活动的类型众多，根据不同的划分标准，可以将幼儿园亲子活动划分为不同的类型。根据活动开展空间的不同，可以分为室内亲子活动和户外亲子活动；根据活动组织形式的不同，可以分为集体活动、小组活动、个别活动；根据活动内容或领域的不同，可以分为运动类、语言类、操作认知类、社会性类、艺术性类等活动，以及多领域的幼儿园亲子综合活动；根据活动表现形式的不同，可以分为游戏类、探索类、亲近自然类、歌舞表演类等活动；根据活动目的的不同，可以分为游戏型亲子活动、探索型亲子活动、节日型亲子活动。下面具体探讨游戏型亲子活动、探索型亲子活动、节日型亲子活动三种类型的幼儿园亲子活动。

游戏型亲子活动：游戏是幼儿最基本的活动形式，是幼儿获得发展的最佳途径，也是幼儿学习的基本方式。各种游戏型亲子活动的开展能培养幼儿在运动、语言、社会、音乐等诸多方面的能力，还能加强亲子间的沟通和交流，从而增进亲子间的感情。游戏型亲子活动适合幼儿的心理和生理特点，不仅能使幼儿身心健康和谐发展，同时还可以进一步促进幼儿的智力发展，调动幼儿参与幼儿园亲子活动的积极性。

探索型亲子活动：幼儿对于外部世界十分好奇，急于通过各种方式和途径了解周围的生活环境。探索型亲子活动可以为幼儿提供更多、更自由的活动时间和空间，从而充分保护和满足幼儿的这种好奇心与求知欲。探索型亲子活动可以围绕某个主题开展，通过幼儿、家长、教师与教育环境的互动，帮助幼儿积累各种知识经验，培养幼儿的各种能力。

节日型亲子活动：节日是一种文化的体现，节日对幼儿来说是享受快乐的美好时光。我国的节日众多，根据性质的不同大致可以分为两大类：纪念性节日，如国庆节、建党节、建军节、劳动节、儿童节、妇女节和教师节等；传统型节日，如春节、清明节、端午节、中秋节、重阳节等。开展各类节日型亲子活动，既能使幼儿初步认识到节日的内涵，有利于各种社会知识经验的积累；又能使幼儿体验到社会情感，有利于其社会性的发展。开展此类活动时，一定要以幼儿的兴趣为主，为幼儿营造快乐、温馨的节日气氛，而不能以成人的意志和方式为幼儿“过节”，给幼儿造成过重的负担。

此外，幼儿园根据本园、本班幼儿以及家长的情况来选择亲子活动的内容，围绕幼儿园日常工作，结合节庆日、主题活动，充分利用园内各种资源，开展亲子旅游、亲子制作展览活动、亲子运动会、亲子劳动、亲子阅读、亲子晨间区域活动、亲子游戏、亲子义卖和募捐等形式多种多样、内容丰富的幼儿园亲子活动。这些活动拓宽了家长选择亲子活动内容的思路，增进亲子间平等、融洽的亲情关系的建立，有效推进了亲子间的互动。

（2）幼儿园亲子活动的组织与指导

幼儿园亲子活动的开展，既需要活动前教师的精心准备和预设，也需要活动中的互动和生成，更需要活动后的反思和评价。幼儿园亲子活动过程可大致分为以下三个步骤。

活动准备：第一，要设计出科学、合理的活动方案，为整个活动的开展做好统筹规划工作。活动方案具体应包括活动班级、活动人员、活动名称、活动时间、活动地点、活动目标、对幼儿的分析、对家长的分析、活动形式、活动准备、指导重点、指导难点、活动过程等方面。活动方案要根据幼儿的身心发展特点和家长的实际情况进行设计，要能够激发幼儿的活动兴趣和家长的参与热情。活动的方案属于事先的预设，因此一定要考虑周全，把握好影响幼儿园亲子活动开展的各个方面，才能设计出全面科学、操作性强的活动方案。设计出来之后，还应广泛征求同事、家长等方方面面的意见，再根据反馈不断调整修改，从而使方案的设计做到精益求精、严谨可行。幼儿园亲子活动的种类多种多样，内容丰富多彩，涉及幼儿教育的各个方面和幼儿发展的每个侧面。

幼儿园亲子活动设计应生动活泼，符合幼儿身心特点。在设计每个活动时，应考虑到幼儿的年龄特点、认知特点及心理发展特点，将活动课程生活化、游戏化、音乐化，更多地去关注一下幼儿的情绪、情感体验，建立一种科学化、游戏化、亲情化和互动化的课程体系，在多元化平台上为幼儿的潜能开发和个性发展提供全方位的服务，促进幼儿全面素质的提高，让幼儿园亲子活动以其本身固有的情趣性和娱乐性，吸引家长和孩子们愉快地参与活动，减轻家长们的重重顾虑，使家长感受到孩子们是在玩中学到了本领。通过参与实实在在的活动，家长和教师配合会更加密切、协调，从而更有效地促进家园互动、相互交流。

第二，幼儿园亲子活动的开展离不开家长的参与配合。因此，教师一定要在活动开展前做好家园沟通工作，赢得家长的信任和支持，为活动的开展提供前提条件。活动方案确定后，一定要充分、全面、广泛地动员家长积极参与、配合活动的开展。教师可以通过召开家长会或发放通知的形式，向家长说明活动的目的、意义以及相关的注意事项。教师还应对家长进行一定的活动指导，让家长掌握一些引导孩子活动的具体方法，从而为活动的有效、有序开展奠定基础。同时，教师也可邀请家长参与活动准备工作，如为活动提供一些材料支持、专业指导、服务帮助等。

第三，活动环境是活动开展的前提条件和重要平台。因此，创设活动环境对于幼儿园亲子活动的开展具有非常重要的作用。教师在为幼儿园亲子活动的开展创设环境时，需要注意如下三个方面：①环境创设的复杂性。幼儿园亲子活动涉及领域多、活动时间长。所以环境创设面临着难度高、工作量大的困难，需要教师付出大量的劳动，才能为活动的顺利开展提供保障。②充分利用户外环境。幼儿园亲子活动的特点决定了一部分活动的开展必须在户外环境下进行，这就要求教师选择适宜的户外环境，既要保证幼儿园亲子活动的效果，又要保证环境的安全性。③物质环境和精神环境的同步创设。活动环境的创设不仅仅指活动材料、玩教具等物质条件的提供，还应为幼儿提供一种活动前的和谐、轻松、愉悦的心理环境。

第四，幼儿园亲子活动不同于一般的教学活动，而是属于较为大型的活动，活动参与人员较多。活动中，既有教师、幼儿、家长的参与，又可能会有幼儿园内部管理人员的参与，还可能会有社区人员、专业人员等园外人士的参与，这就需要教师在活动前必须协调组织相关人员，做好准备工作。

活动进行：第一，开始（导入）部分。活动导入的目的在于引起幼儿和家长的活动兴趣，做好活动的动员和铺垫工作，为后续活动的开展做好心理准备。常用的几种导入方式有：教具导入、演示导入、悬念导入、作品导入、游戏导入、歌曲导入、经验导入、直接导入等。幼儿园亲子活动的导入方式因活动内容和活动目标而异，没有固定的套用模式，但各种导入类型在实施中的基本要求是一致的。导入环节应注意的问题如下：①精练。导入本身不是活动的主体，更不是活动的重点，因此时间不宜过长，以3~5分钟为宜。导语力求精练简洁、集中概括，不说空话、废话，不做毫无意义的重复，点到为止，切不可喧宾夺主。②巧妙。导入重在引起幼儿的兴趣，有效地调动其活动的积极性，因此导语要依据活动内容力求巧妙、有趣，既能造成悬念，又富有吸引力和艺术感染力。③准确。要针对活动的内容、特点和幼儿的实际，巧妙地设计导入方法和导语，且语言准确鲜明，主动突出。

第二，基本部分。基本部分的设计是整个活动过程的核心，它没有一成不变的模式。这一部分的设计需要注意如下几个方面：①安排活动环节。首先，要根据幼儿的认知规律，设计出清晰的活动环节，使幼儿经历一个体验、享受的过程。其次，活动环节的安排应层次明晰、条理清楚、由浅入深，能帮助幼儿一步步达到预期的活动目标。再次，尤其要重视每一个活动环节的自然衔接，将整个活动连接成一个流畅的整体。②选择活动方法。首先，要根据活动目标和活动内容，选择最为适宜的活动方法。其次，活动方法既包括教师的教学方法，也包括幼儿的学习方法，因此一定要注意两者的相互配合。再次，活动方法的选择要充分考虑幼儿的主体性，体现出“以幼儿为本”的教育理念。最后，活动方法并无定法，应灵活运用多种形式的活动方法。③提供专业指导。在幼儿园亲子活动中，教师不仅是活动材料的提供者、活动组织的引导者，还应是家长和幼儿的合作者。无论是对家长还是对幼儿，教师都应该多给予专业性的指导。活动可供选择的具体指导方法有：直接性指导、个别性指导和点拨式指导。④注重启发提问。提问是启发幼儿积极思维的有效方法之一，教师应当精心设计提问，从而帮助幼儿思考，并推进活动的开展。首先，提问应有针对性。教师可根据活动内容、幼儿经验，设计不同类型的问题，促进幼儿认知水平的发展。其次，培养幼儿的应答能力。教师可通过追问、概括、归纳等方式，培养幼儿的思维能力，发展幼儿的语言能力。

活动结束：第一，归纳总结。教师应引导幼儿和家长积极进行活动后的归纳总结，以便巩固活动中学来的知识经验和技巧方法。通过归纳总结，可以使整个活动更加完整、有效，并能使幼儿和家长的认识得到进一步提升。

第二，评价交流。活动结束后，教师应与幼儿和家长就活动中的表现进行评价交流，这样能促进家园之间的互动沟通，又有利于幼儿的发展和家长的提高，还有利于今后活动的展开。

活动延伸：幼儿园亲子活动延伸的开展，应紧紧抓住亲子教育的基本目的，通过影响家长，改善教养理念，进而影响幼儿的成长环境。在活动延伸开展中，要通过活动延伸进而提升到理念延伸，引导家长实现在家庭教养中的角色转变，让家长真正成为孩子成长过程中的引导者、参与者、合作者。

(二) 社区幼儿活动

世界著名发展和认知心理学家加德纳认为，理想的教育不仅要为幼儿提供“深入社区的学习”时机，还要“把社区引入学校”。社区是整个社区系统与家庭、幼儿园关系最密切的一部分，对幼儿而言，社区及社区教育是幼儿面向社会的主要内容。

1. 社区幼儿活动的产生

社区幼儿教育，即以社区为依托的幼儿教育。社区幼儿教育依托社区、服务社区，逐步建立起以社区为基础的、正规和非正规教育并举的现代化教育体系。社区是幼儿教育的背景，也是幼儿园取之不尽、用之不竭的教育资源，是幼儿教育面向社会的延伸与拓展，也可以说是幼儿教育的一种非正规形式。社区教育是指社区内为幼儿或全体居民设置的教育设施和教育活动，是多层次的、多内容的、多种类的社会教育。社区及社区教育与幼儿教育有密切的关系。社区与幼儿教育之间的关系应为共建、共享、共发展，幼儿园充分利用社区资源，为社区提供各种服务。幼儿园要密切加强与社区的关系，就必须遵循优势发展、互益发展、整体发展、平衡发展等原则。

2. 社区幼儿活动的开展

(1) 社区幼儿活动开展的途径

幼儿园与社区协作实施的幼儿教育活动，主要通过一些特殊的教育途径，开发与利用社区资源来设计与开展幼儿教育活动。

社区资源的开发：社区资源是指社区内外足以满足社区居民的需要，使社区居民问题获得解决的所有人力、物力、财力等资源力量之总和。由居民以当地的人文景观或民俗风情发展出自己的社区特色，为社区带入一股新的气象与生命力。社区因为发展出休戚与共的社区意识，在其组织体系运作的同时，也不断地发展其“资源网络”，使社区资源网络更紧密、更活络，而社区中的幼儿园可运用的资源也将更充沛。

社区资源的利用：第一，对社区资源进行普查和分类。可用于幼儿课程开发的社区资源可谓是五花八门、包罗万象，因此，对资源进行普查和分类是资源整合的第一步。幼儿园可利用已有的教研团队或者指派专门的人员，以幼儿园为圆心，对周边易获得的社区资源进行系统和全面的调查。幼儿园周边的各类企事业单位和场所，如医院、菜场、学校、邮局、银行、书店、公园、居委会等均可纳入调查范围中来。同时，调查需要按照一定的标准进行分类和整理，方能在资源收集过程中做到有的放矢，建立真正有价值的幼儿课程开发资源库。例如，可以把具体的社区资源分为人力资源、物力资源、环境资源、文化资源等几大类，方便幼儿园在适当的时候为配合幼儿园特定的课程实施目标，利用特定性质的社区资源共同开展教育活动。

第二，筛选和优化资源。由于不同的社区资源从属于不同的社会机构和承担着不同的社会功能，因此需要经过教育者的仔细分析和梳理，才能够充分实现它的教育价值。有些社区资源可以直接用于幼儿课程实施，但有些社区资源具有即时性，如元宵灯会、重阳舞狮会等重大的社区活动；有些社区资源具有长效性，如社区内的各种活动设施和场地等；有些社区资源具有不可重复性；有些社区资源则可以反复使用；等等。针对社区资源的特点，幼儿园要在对资源进行分类筛选的基础上，根据各种资源的性质，进一步优化和配置资源，并将之整合进不同的课程实施计划中，制订相应的课程实施细则。

社区资源的开发越来越受到人们的重视。联合国教科文组织在几次重大会议上一再强调开发、利用社区资源的重要性。一个社区内的人文气氛、环境布置、设施配备等因素，对生活在其中的幼儿肯定会产生诸多方面的影响，而且这种影响是巨大而深远的。近几年在我国社区教育也越来越受到重视，许多幼儿园都认识到，幼儿园不仅应创设良好的园内环境，做好幼儿的在园教育，还应树立大教育观，积极开发、利用园外环境（其中最主要的是幼儿生活于其中的社区环境），以便从多方位、多通道对幼儿产生影响，最大限度地促进幼儿的身心发展。

社区资源利用的方法：第一，引进法。引进法简单地说就是幼儿园根据自身教育活动需要，把社区内的一些人力、物力、自然、文化等方面的资源引入幼儿园，直接为幼儿园的教育活动服务。引进法的主要特点是幼儿教育活动开展的场所只局限在幼儿园内部。例如，为了加强幼儿的安全意识，特别是幼儿的交通安全知识，可以邀请一位职业是交通警察的家长来给幼儿上交通安全标记课。而对于一些难以直接引入幼儿园的社区资源，则利用视频、多媒体等手段，将之制作成图文并茂的教学材料来实现其教育价值，如针对社区里各种各样的停车、转弯、禁止入内、警务标识等标记，可以用电子采集的方法，把它们拍成照片或者录像，再放入幼儿园的课程资源之中加以利用。

第二，借用法。借用法是指幼儿园借用社区内的一些无法直接引入的资源，以保证幼儿园活动的正常开展。在此，主要是借用一定的设施、设备和场地等。例如，幼儿园在开展亲子教育等需要较大的空间场所的活动时，通过良好的沟通和协调，将附近小学的操场开辟为活动场所，并在相关器材等方面得到了小学相应的支持，从而弥补了幼儿园现有资源的不足，保证了教学活动的正常开展，实现了社区内资源的共享。

第三，参观实践法。参观实践法主要针对的是一些注重让幼儿通过体验来接收一定知识信息的教学活动。由于这类教学活动本身需要一个整体的教育环境支持，而其中涉及的诸多教育元素又无法简单地切割和独立展示，为此就需要教育者带幼儿去亲身体验和参观，以感受其中蕴含的多种教育元素。例如，为了让幼儿初步理解和感受商品交易的过程，在大班主题活动“今天我当家”中带幼儿到菜场买菜。幼儿通过自己购物的过程，认识了货币，了解了买卖，认识了各类菜名，同时与叔叔阿姨的交流以及幼儿之间的合作购物，为幼儿形成与他人交往、合作的良好关系奠定了基础。

第四，变废为宝法。变废为宝法是将一些废旧的资源引入幼儿园，通过教师对其进行再加工、再利用，使之服务于幼儿园环境、教学活动、游戏等。

（2）社区幼儿活动开展的形式

参观活动：参观活动是指教师有目的、有计划、有组织地带领幼儿观察某一综合性的社会设施或机构，促使他们加深对这些设施和机构的了解，丰富他们的知识经验，并使他们获得某些社会技能的方法。社区中许多机构是幼儿平时接触不到的，幼儿园可以经常开展集体参观活动，让幼儿走进社区，开阔视野，如参观水厂、到邮局参观工作人员的工作场景、到商店观察售货员如何接待顾客等。组织参观活动需要注意的问题有四点。

第一，参观场所要安全、卫生，无危险因素，以保证幼儿的健康和安全。

第二，参观前要有详细而周密的计划，包括联系参观单位，取得他们的支持与合作，要精心设计参观路线及提问等。

第三，参观过程中要注意安全，要通过提问有步骤地引导幼儿观察。

第四，参观结束回到幼儿园后，教师要对参观进行总结，以提升幼儿的经验，同时可以引导幼儿将活动延伸到区域游戏中。

社区人员进入幼儿园：社区人员来自各行各业，有各种各样的社会角色，如医生、军人、农民、邮递员等，可以请社区人员为幼儿开展活动。例如，请消防战士入园为幼儿介绍消防设施，和消防战士一起学习消防知识，进行灭火演练，让幼儿亲眼看见消防战士勇敢灭火的场景，学会在紧急状况下如何自救、自逃等常识。

开展联欢活动：社会联欢活动，就是利用各种节日，如重阳节、六一儿童节、环境保护日、植树节等开展幼儿园和社区联欢活动。通过各种社区联欢活动，积极引导幼儿参与社区服务，培养其公民意识。

（3）社区幼儿教育活动方案

社区资源中的环境、人力、文化等都可以成为可以利用的资源。合理利用这些资源为幼儿创设社区幼儿教育活动，不仅可以让幼儿了解社区是我们赖以生活的小世界，有许多设施和机构与我们的生活息息相关；而且可以让幼儿通过亲身经历，体验真实生活世界的多元与丰富多彩，更重要的是让幼儿从小懂得为周围的世界尽自己的一份力量。活动的方式可以采用走出去、请进来等多种方式。活动方案的设计要有基本的要素，包括名称、目的、准备、内容与过程，但是最好将活动的意图或背景、活动对象、地点等其他因素也加入进去。方案的表达方式可以灵活多样，但是最基本的要素要充分体现。

第三章 幼儿游戏化教学活动

第一节 幼儿游戏化教学的内涵

一、游戏化教学的特征

游戏化教学的过程对应的是充满游戏性的教与学的结果，游戏化的教学所具有的游戏性特征包含了外部条件特征和内在特征。

（一）游戏化教学的外部条件特征

游戏化教学的概念告诉我们，在“游戏化”之后的教学中，幼儿虽身处教学，获得的却是兴趣性、自主性、胜任感、幽默感、驱力愉快等游戏性体验。然而获得“游戏性体验”的一个前提条件是，幼儿在教学活动中必须充分享有自主性，充分发挥自己的主观能动性。很难想象一个被强迫做出某种行为的孩子会获得游戏性体验。在教学过程中，活动本身所具有的外部条件特征主要表现在以下几个方面。

1. 活动主题与内容：幼儿自由选择

游戏化的教学活动，其主题内容的选择是由幼儿所做出的，而非被告知或强迫选择的。这是实现教学活动游戏化的首要外部条件。自由选择包含了自由选择的权利和自由选择的可能两个方面的意义。第一，幼儿必须了解自己，充分享有根据自己的兴趣和爱好来选择活动主题、内容的权利，而不需要为迎合教师的要求来决定干什么；第二，教师必须提供符合幼儿兴趣的物质条件，以保障其对活动主题、内容进行自主选择的实际可能性。后者是前者成立的条件。如果教师只给幼儿提供了一种或有限的选择机会，那么虽然幼儿拥有自由选择的权利，但在本质上也不具有自由选择的可能性。

2. 活动方式：幼儿自行决定

幼儿自由选择教学活动主题和活动材料只是体现其兴趣和自主性的第一步。如果教师对活动的方式和活动开展的进程进行了硬性规定，那么幼儿就只能按照“被允许的方式”使用材料和开展活动。游戏化教学必须体现幼儿对教学活动的内部控制，这不仅仅表现在对活动主题与活动材料的选择方面，还表现在对活动方式方法和活动进程的灵活性和创造性发挥方面。因此，教师在对幼儿活动进行指导时一定切忌包办、代替的强行干预，而应给予幼儿充分的信任，使其能自由自发、自主自信地发挥个人才智。

3. 活动的任务难度：与幼儿的能力相匹配

当个体面对超出自身能力而无法完成的任务时，往往会产生紧张和焦虑的心理，从而促使排斥、躲避甚至是攻击行为的产生；当面对低于自身能力，不具有挑战性和新颖性的任务时，又会产生厌倦、厌烦的情绪，表现出对任务的不感兴趣和无视。幼儿在面对教学活动任务时会有同样的反应。因此，只有当活动的任务难度与幼儿能力相匹配时，即既具有一定的挑战性，需要幼儿付出一定的努力才能完成，又是在幼儿能力范围内，通过一定的努力和付出就可以完成，才能给幼儿带来满足和愉快，使幼儿充分体会到自我价值的存在和对任务的胜任感。

4. 活动目的：活动过程本身

游戏的一个本质的特征就是其内在目的性，即游戏活动本身就是游戏的目的。游戏不追求活动以外的任何目的。游戏化教学要使幼儿产生游戏性体验也必须符合游戏活动的内在目的性特征。幼儿在开展游戏化教学活动的过程中，所付出的时间与精力完全聚焦于活动本身，这样才能促使幼儿由内而外地产生对活动的内在积极性与主动性。如果幼儿在开展教学活动的过程中不能集中精力于活动本身，而是瞻前顾后，过分追求外在物质奖励或成绩、荣誉等，那么这类教学活动带给幼儿的就不能算是一种游戏性体验，而更近似于竞技比赛带给人们的物欲与虚荣心的满足。

（二）游戏化教学的内在特征

游戏化教学的出发点与最终归宿都应着眼于幼儿的发展。游戏化教学的本质特征也正在于促进幼儿主体性的发展、注重幼儿个别化的存在和触发幼儿游戏性的情绪体验。

1. 幼儿主体性的发展

近年来，随着教育改革的进行，越来越多的人开始关注人的主体性的培养，甚至教育的根本目的在于发展人的主体性已经成为很多人的共识。人类主体性的形成与发展是人类超越其他动物，成为万物之灵，并不断超越人类现有水平朝着更完美的方向发展的动因。而教育则是以培养人的主体性为最高任务，并以此区别于其他社会现象的根本特点。心理学研究也表明人不可能在各个方面都获得均衡发展，但是人的主体性的发展与人的各方面的发展却是密切相关的，人的主体性发展可以带动其身心各方面的主动积极发展。甚至可以说，主体性发展是人的发展的基本要求与内容，是“人的发展的实质”。所谓主体性，指的是人作为主体在与客体相互作用的对象性活动中表现和发展起来的功能特性，直观地表现为人的主动性、独立性和创造性。在游戏化的教学活动中，幼儿的主体性主要表现在对活动的主题、内容、方式方法的自主选择，对游戏材料使用方法的创造性发挥，对外部环境的积极探索和对经验的主动建构等方面。

由于幼儿身心各方面的发展并不成熟，其行为的受动性、依附性和模仿性非常强烈，而相对的，其行为的主动性、独立性和创造性正处于一个萌芽、发展和壮大的过程中。游戏化教学主张要保证幼儿主体性得到充分发挥，不仅要尊重、爱护幼儿主体性，还要有意识地培养幼儿的主体性。教学的任务不能仅仅限于传授知识经验，更重要的在于促进人的发展，建构学习活动的主体。教学的过程不是简单的知识转移的过程，而是幼儿作为活动主体在外部刺激和环境的作用下获取经验的过程。幼儿不是教师灌输知识的对象，而是具有主动性、独立性、创造性和独立人格的个体。

2. 幼儿个别化的存在

关注幼儿个别化的存在是与促进幼儿的主体性发展密切相关的。要促进幼儿的主体性发展就必须承认和尊重幼儿学习与发展的个体差异性的存在。

幼儿园游戏化教学认识到每个幼儿都是独特的，幼儿之间存在着发展的个体差异性。每个幼儿都是唯一的，每个幼儿的生命都会幻化出一个精彩的世界。因此，每个幼儿个体都是独一无二的、不可取代的意义与价值的存在。游戏化教学尊重每个幼儿发现、探索属于自己世界的权利，鼓励幼儿在对世界的主动探索中接近真实的自我，展示自我，形成、实现和发扬自己生命的独特价值。

游戏化教学要让每个幼儿都得到尽可能大的发展，激励其个性的张扬。尊重个体生命的独特性，把个体差异作为焕发教学生命活力的有利契机，才能促进幼儿在教育中绽放美丽的生命，创造生命的奇迹，获得充分而自由的发展。以一个标准要求所有幼儿，整齐划一的传统集体教学只会阻碍独特生命的形成。

游戏化教学启示我们：尊重幼儿个别化的存在要时刻谨记教育是对人的生命活动的一种干预，但是干预不应该以否认人的主宰性为特征，而应有助于人更好地主宰自己。

3. 幼儿游戏性的体验

主体性从人的心理构成因素来分，应包括动机、情感、态度与能力等。前面在分析幼儿主体性时提到，主体性具体表现为主动性、独立性和创造性。主动性对应的是主体活动的动机，独立性对应主体的独立决策和活动能力，创造性对应主体勇于创新的态度。

所谓体验性，很显然对应的就是主体的情绪情感。在幼儿教育阶段，学习还未上升为幼儿的一项社会义务，幼儿的学习主要是通过感知和体验周围的环境而获取经验。在经验中培养出对学习活动的兴趣，在经验中发展出认知世界的方式方法，在经验中满足探究世界的好奇心，在经验中获得掌控世界的自信心。

游戏化教学恰恰贯彻落实了上述这种教育理念。在充满游戏性的教学活动中，首先，幼儿是快乐的，会产生开朗、幽默、高兴的生理快感；其次，幼儿对活动是充满兴趣的，其心理状态是“情不自禁地被卷入、被吸引”；再次，在幼儿主动地与环境的相互作用中，幼儿充分体验了自身的力量以及依靠这种力量而达到目的的满足感，这是活动过程对幼儿兴趣的内在激励机制；最后，幼儿在对活动主题和活动内容的探索中，体验着行动的自主自由感、对事物的支配感、对活动任务的胜任感以及克服困难的成就感等情绪情感。

综上所述，游戏化教学是由主体内部动机所驱动、独立决策、经具有探究性和创造性的行动而获得开放性、扩展性的结果和主体性情感体验的活动。活动过程的价值实现在于建构和生成幼儿主体性的发展。

二、游戏化教学的理念

游戏化教学能否成功实现的另一个关键因素就是教师。贯彻幼儿教育以游戏为基本活动，实现幼儿园教学活动由传统模式向游戏化模式的转变，对教师的教育理念和教育活动设计与实施的具体行为提出了更高的要求。游戏化教学所包含的教育理念主要表现在：教育环境的创设、教育目标的呈现、教育内容的生成、教育活动的指导、教育效果的评价等方面。

（一）教育环境：蕴含教育性的游戏因素

游戏化教学活动不同于幼儿自然游戏的特点之一就是其寄寓了教育的目的，发挥了教育的功能，体现了教育的价值。然而，赤裸裸地将教育附加于幼儿之上显然是不可行的。我们要努力为幼儿创设这样一种教育氛围，即实现了教育目的，发挥了教育功能，又让幼儿获得了愉快、自由的体验。这就要求教育者要以实现教育目的为最终目标，自觉地为幼儿提供包含社会文化内容的教育性的游戏环境、游戏材料等发生游戏的外部条件，并引导幼儿进入游戏状态。此时的教育对于幼儿是“不知不觉”、潜移默化的，但对于教育者却必须是“先知先觉”，游戏性因素和教育性因素共同融汇为一种行为、一种活动、一个过程才是游戏化教学实现的基本保障。

（二）教育目标：内隐于教育环境中

一般意义上，我们理解的教育目标是指教育法规、教育政策中明文规定或教材编订和教案书写过程中明确提出的具体标准，以及通过一段时间的教育活动所要达到的量化要求。然而，游戏化教学所要实现的教育目标并不一定要落实到文件、教案等明文规定中。幼儿教育的目标应该更灵活多样地蕴含于教育环境之中。简单的量化指标并不适合用来衡量幼儿教育目标的实现与否。

游戏化的教学活动中，幼儿取得了哪些方面的进步，教育在其中体现什么样的价值，最终都应该而且必然要通过幼儿的个体发展过程和主体活动来呈现。因此，游戏化教学中的教育目标并不强调精确与细化，而是个体生涯发展过程中教育的长期目标与短期目标的一种融合体。

（三）教育内容：生成的、开放式的、主题化的

游戏化教学的最终目标旨在促进幼儿的主体性发展，因此要实现幼儿自主性、独立性与创造性的充分发展，要实现游戏化教学，采用传统教学模式中教师预设教学内容、分科分领域教学的形式就十分不可取。游戏化教学中，教育的内容必须是幼儿在对环境的自主探索中生成的，是幼儿真实生活内容的写照。由此，教师必须努力从幼儿具有跳跃式、开放式特点的游戏行为中发现教育的契机，生成动态化的教学内容和以主题化的教学形式来促进幼儿的发展，实现游戏与幼儿教育内容在动态发展中的相互融合、相互生成和可持续发展。

（四）教育活动的组织指导：小组化、个别化

小组化、个别化的指导策略是与充分发挥幼儿主体性的原则密切相关的。在游戏化的教学活动中，每个幼儿都是一个独立的个体，每个个体都具有发展的个别性和对教育教学的特殊需要。教师要使幼儿在教学活动中获得主体性、自主性的游戏性体验，就必须承认和尊重幼儿学习与发展的个体差异性。只有在承认和尊重幼儿学习和发展的个体差异性的基础之上，才能合理安排教学内容、选择教学方式，使幼儿的学习活动主体化。所以可以说，游戏化教学所主张的小组化、个别化指导原则是主体性原则的深化与发展。

（五）教育效果的总结、评估：全面的、发展的、连续的

不可否认，总结、评价在教育教学中发挥着十分重要的作用。适时的

总结评价不仅对教育活动的顺利进行意义重大，对于教师的专业发展、教育对象的成长也至关重要。传统的幼儿园教学活动评价中，教师习惯套用学校教育的教学评价方式，简单地采用作业、练习、测试等手段对幼儿的知识掌握、技能发展和行为等方面做一个量化测评。然而，传统评估方式的弊端是显而易见的。一方面，它生硬地将幼儿的各方面发展状况做了一个剖面，缺乏的是对幼儿在纵深方向所取得进步的展现。另一方面，量化标准很难对幼儿在态度、情感等方面的发展做出一个客观的反映。

游戏化教学中的发展性评估方式，要求教育者对幼儿日常行为表现进行非常详细与细致的观察、记录和存档。要对每一位幼儿进行观察记录，要对每一位幼儿的身体、认知、社会性、情绪情感、个性特征等所有方面的发展状况做出详细的描述，要对幼儿各方面发展状况进行归类整理并存档，档案材料随幼儿的流动而流动。对幼儿发展的评估不注重横向对比，而是着眼于自身纵向的比较。这种全面性、发展性、连续性的评估方式既能保证对幼儿的外部特性和内在品质的全面反映，同时还能保证对幼儿在各方面的发展规律、发展水平与阶段、发展趋势做出明晰的判断。

第二节　幼儿游戏化教学的价值与意义

游戏与教学作为两种不同性质的活动各自具有其自身的价值内核，二者对幼儿发展的促进作用也存在着显著的差异。游戏化教学的价值取向在于充分挖掘蕴藏于教学与游戏两种活动中的共同价值，以发挥二者的共同作用，最大可能地实现其对于幼儿教育的有效性。

一、游戏化教学实现了游戏的工具价值与精神价值的统一

在传统教学中，游戏仅仅被作为“操控幼儿注意力、规范教学秩序、扩大知识传授和技能训练效率”和作为幼儿学习之外的强化训练与奖励的工具性手段，其实这只是徒有游戏形式而无游戏实质的假游戏现象，是对于游戏运用的机械化和形式化的呈现。游戏与教学在实质上是分离的。杜威曾说道：“游戏的态度比游戏本身更重要，前者是心智的态度，后者是

这一态度的现时的外部表现。”所谓的游戏态度或心智态度，指的就是游戏的精神。游戏化教学中，游戏不再是教学之外的手段，而是融会、贯穿于教学的整体过程之中。游戏将其自主、自由、快乐、愉悦的精神本质弥漫与渗透到教学的各个环节之中，成为幼儿开展学习活动的基本方式，成为幼儿生活、学习的基本内容，成为幼儿园教学的灵魂，也成为幼儿个体的精神存在形式。在此过程中，游戏的工具价值与精神价值得到了统一。

二、游戏化教学实现了教学的知识、能力价值与过程、情感价值的平衡

传统的教学以教师发起、功利目标、注重认知发展等为典型特征。教学就是教师向幼儿传授知识技能的过程。知识技能的传授是教师根据教育大纲有目的、有计划地组织相关教学内容并通过一定的方式传输给幼儿。教学过程中，幼儿被作为接受知识、技能的容器，不断地被填充着各式各样的内容。教学的方式是近乎强迫式的，严格的纪律是教学得以顺利开展的有力保障，教师的权威是神圣不可侵犯的，教学的目的在于幼儿对知识与技能的掌握与应用。而游戏却恰恰相反。游戏注重的是幼儿在游戏过程中的体验。游戏中幼儿享有充分的自主权和主动权，幼儿是游戏活动真正的主人。幼儿在游戏活动中所学习和体验到的知识是幼儿自主建构的结果，游戏的规则也是幼儿自主设立、自愿服从的规定，并不存在主观意义上的强迫。游戏化教学很好地实现了二者的融合。一方面，注重外部教育影响和不可或缺的教师教育指导，保证了高效的教育教学的完成。另一方面，在充分理解和尊重幼儿自主的意愿与游戏情趣的基础上，满足了幼儿释放情绪情感的欲望与冲动，为幼儿的自由幻想和创造提供了充足的空间，允许幼儿形成自己的感知方式和行为逻辑。不仅克服了幼儿园教学小学化和成人化的倾向，让幼儿在接受系统的知识与技能训练的同时，还能保证幼儿充分感受到自主、自由、愉悦的游戏性体验。幼儿园教学传授知识与技能的价值和其过程、情感价值在游戏化教学中实现了平衡。

第三节　幼儿游戏化教学实现的路径

目前在我国，能够贯彻落实《纲要》精神，实现幼儿园以游戏为基本活动，践行幼儿园游戏化教学的园所还只是凤毛麟角。大部分幼儿园，尤其是许多私立幼儿园，在实施过程中依然存在着多方面的制约因素。这些因素中，有些源自幼儿园内部，如幼儿园物理环境、制度环境、教师文化环境、教师专业素养等；有些来自幼儿园外部，如家园合作、社会舆论的教育价值取向等。然而，有障碍并不等于无法实现。游戏化教学旨在以游戏的方式对幼儿进行教育，让幼儿在游戏中获得成长与发展，在享受游戏的同时享受教育。游戏化教学是“幼儿园以游戏为基本活动”的具体化，是教师将其先进的教育理念转化为教育行为的具体表现。经过实践的检验，游戏化教学是完全具有可行性的。

一、创设富含游戏性因素的幼儿园环境

幼儿园环境是一个包括了物理环境、制度环境和人文环境的综合环境。幼儿园环境的创设和改善不可能由单一方面的改变而完成。幼儿园环境的优化必须把幼儿园物理环境、制度环境和人文环境作为一个整体的背景来实施。

（一）创设富含教育性与游戏性因素的物理环境

富含教育性与游戏性的幼儿园物理环境主要是指在幼儿园室内和户外的空间范围内，通过对空间的设计和安排以及游戏设备与材料的投放而形成的旨在促进幼儿身心发展的环境。

幼儿园物理环境主要为幼儿知识学习、能力培养、情感发展提供一个整体的感知背景，为幼儿在学习、生活和各种日常活动造成一种具体、形象、直观的感官刺激。

（二）建立健全支持性的制度环境

在幼儿园游戏化教学的实施过程中，除了安全舒适、形式多样、丰富

多彩的物理环境之外，行之有效的制度支持也是一项不可忽略的因素。合理而有效的制度既是对教师基本权利的保证，也是对教师教育行为的规范。除了教育法、劳动法等相关文件中明文规定的教师的基本权利和义务之外，幼儿园自身还应该因地制宜、因时制宜地制定相关的制度与规则，具体包括：教职员工的配备、教师的福利待遇、教师的进修培训计划等。

（三）构建富含游戏精神的人文环境

如果用新专业主义代表哈格里夫斯从内容与形式的角度考察教师文化的方式界说幼儿园人文环境，那么，幼儿园人文环境在内容上应包括幼儿园内教师（包括管理者与职工），幼儿集体共享的态度、价值、信念、习惯、假设以及行为方式等。幼儿园人文环境的内容外显于教师、幼儿的所思、所说和所做。幼儿园人文环境的形式包括处于该群体中的教师、幼儿之间的人际关系模式和联系方式，其划分的标准主要是教师与教师之间、教师与幼儿之间、幼儿与幼儿之间的人际关系状况。

基于以上界说，通过对幼儿园教师与教师之间、教师与幼儿之间的人际关系模式的考察，可以发现，在传统教学活动的组织与开展中，教师与教师之间和幼儿与幼儿之间分别呈现出个人主义文化状态和人为合作文化状态。

个人主义文化状态下，教师与教师之间没有合作，羞于共事，不愿意接收其他同事不同的批评意见，对其他教师的教学行为采取漠视和互不干涉的态度。

而人为合作文化状态下，幼儿与幼儿之间存在着强制性因素的干扰，如严明的纪律、固定的作为、教师的指示等。教师通过一定的程序，规划幼儿的行为，从而生成了潜在的合作计划。虽然幼儿与幼儿之间存在着合作的机会和行为，但却是在教师的“授意”与规划下进行的“假合作”。

游戏化教学活动的开展需要人与人之间的信息交流、资源共享、互帮互助、精诚合作，也就是哈格里夫斯所提出的自然合作的文化状态。在自然合作的文化状态下，人与人之间生成了一种相互开放、信赖、支援性的关系，人与人之间合作的意图在于促进自身与集体的共同发展。在这种文化状态下，教师与教师之间由相互排斥、相互隔离转变为相互援助，幼儿与幼儿之间的“强制性合作”也荡然无存，取而代之的是由个体兴趣所驱使的自由合作。

具体的行为表现有，教师可以自由、民主地参与幼儿教育与管理决策，幼儿园管理者与教师之间不再是领导与被领导者、管理与被管理者，而是为了集体的发展而共同努力的协作者。教师与教师之间不再是互不干涉的独立个体，而是打破了自身的防御体系，成为相互交流、相互学习、相互促进、共同进步的整体。教师与幼儿之间也不再是控制与被控制的关系，而是具有了平等地位，可以共同商讨学习内容、学习方式，自由安排学习时间与空间，自主选择合作伙伴，积极探索周围世界，谋取共同发展的游戏者。这也正是游戏化教学所要追求的游戏精神的本真所在。

二、提升教师“游戏化地教”的专业素养

游戏性的教与学，追求的是“教”的游戏化和“学”的游戏化的共同实现。“学”的游戏化是“教”的游戏化的结果，“教”的游戏化是“学”的游戏化的前提。很显然，“教”的游戏化的过程制约并导致了“学”的游戏化的结果。实现了“教”的游戏化，那么“学”的游戏化也就水到渠成。“教”的主体是教师，所以教师的观念与教育技能，以及教师在“教”的过程中所扮演的角色必然会影响着“教”的性质，进而制约着“教”的游戏化的实现。

（一）正确认识游戏与教学的关系

传统观念中，人们认为游戏与教学是形同水火的，游戏对于教学活动起到的是一种妨碍的作用。尤其是身心发育不健全的幼儿自制能力较弱，一旦沉迷于游戏就必然会耽误自己的学习。所以游戏与教学是处于一种分离的状态，游戏是游戏，教学是教学，各自独立地发挥着教育作用和休闲娱乐作用。后来，随着教育学理论的不断发展，游戏与教学逐渐呈现出一种交叉状态。教学的内容可以在游戏中得以运用，游戏中遇到的问题又可以回到教学活动中来解决。游戏与教学相互交叉的观点认为，游戏活动与教学活动都是实现幼儿教育目的的手段和重要途径，然而二者仍然是两个独立体，在形式上处于平行状态，在结果上又可以起到互补的作用。

然而，游戏化教学理念认为，教学活动与游戏活动既不是分离状态也不是交叉状态，而是一种融合状态。幼儿的学习是以游戏为中心的，游戏是其基本的活动，教学追随和支持幼儿在游戏中的学习。游戏是幼儿真正的生活世界，教学实现的就是向幼儿生活世界的回归。此种状态下，游戏与教学之间不再具有明确的界限，游戏既可以从教学中产生，又可以成为教学的生成源。游戏与教学由此而呈现出“教学—游戏—教学—游戏”的支持式、合作式、推进式的关系。

（二）教师游戏化教学技能的发展

拥有了正确的理念，并不等于在此理念指导下所实施的所有教学活动都具有了游戏性的特征。游戏化教学的实现对教师的教育技能也提出了更高的要求。具体体现在教师创设游戏化教学环境的能力、整合游戏性教育资源的能力、组织开展游戏化教学活动的能力、建构幼儿游戏经验以延伸和拓展游戏化教学活动的能力等。

1. 创设游戏化教学环境

游戏化教学主张幼儿园教学活动以游戏为核心，坚持让幼儿在游戏中享受教育。然而不管是教学还是游戏都离不开幼儿与之相互作用的环境。游戏化教学要求教师具备将游戏性因素与教育性因素相结合，创设出既蕴含教学意图又符合幼儿学习特点的游戏性的教学环境。

游戏化教学环境的创设，实质上是“将教育意图客体化、物质化”的过程。教育内容的展现可以有两种方式。一种是通过对源于生活世界的科学进行分解、归类与编排，从而形成由简单到复杂的具有逻辑性并适于主体接收的抽象的知识系统。另一种就是在知识系统的基础之上经过进一步的加工，将抽象的知识再客体化于生活世界的物质环境中，使主体通过探索进而发现并掌握蕴含其中的知识。游戏化教学的实现要求教师必须具有将科学知识进行深加工，进而转换为具体、形象的物质环境的能力。

游戏化教学环境中充满着趣味、新奇与冒险。游戏化的教学环境是幼儿在其中游戏与学习的场所。幼儿进入该环境必须引起兴趣，对环境中的人、事、物充满好奇才会引发幼儿的探究欲望与探究行为，才会获得探索与发现的学习机会。游戏性的教学环境还必须对幼儿的探究行为充满挑战。幼儿身处其中，就像神话故事中的英雄领袖，不断地“攻城略地”、超越自我，才会获得满足感与成就感。

游戏化的教学环境中蕴藏想象与创造的契机。想象力与创造力往往是幼儿身心发展过程中各方面能力的综合体现。幼儿想象力与创造力较强，则说明该幼儿具有更强的主动性、自信、灵活性、坚持性、独立性和理解力等个性特征。充满想象与创造契机的教育环境能够很好地促发幼儿的各种游戏行为，而所有的个性特征也正是在幼儿的游戏中开始萌发的。

2. 整合游戏化教学资源

虽然我们对幼儿园环境进行了有目的、有计划的创设，然而不可避免地仍然会存在部分教育资源被浪费或者作用被隐藏的问题。例如，最初设置活动区时幼儿非常感兴趣，然而时间一久，幼儿失去兴趣或被其他新的活动区域设置所吸引，该活动区成了“无人区”。这不免就会造成教育物质资源的隐性浪费。此时就要求幼儿教师要保持敏锐的观察力，及时、适时地对各类教育资源进行甄别与筛选，进而对教育设施进行必要的增加或减少。

教育资源不仅仅包括有形的教育设施等物质资源，还包括许多的教育机遇、教育情境等无形的资源。例如，一名幼儿在玩方块积木时，没有像其他幼儿一样将积木堆成“高楼大厦”，而是将积木平铺在桌面上，用手指不断地敲击各个积木方块。经过询问，该幼儿是在“玩电脑”，平铺的积木方块就是键盘。通常情况下，教师看到此类情况要么会制止幼儿的行为：“你挤占了其他小朋友的空间，为什么不搭一座大厦呢?”要么置之不理。如果此时能够对幼儿的行为多一些敏感，多几句询问，就会转化为该幼儿学习电脑知识很好的教育契机。

另外，教师在日常生活中还应该注意吸收和利用多方面的信息资源，尝试将其转化为对幼儿具有教育意义的教学资源。例如，网络热点问题，灾难性事故的发生，个人生活中的趣闻，出外旅游时带回来的纪念品、风景照等，都是对幼儿进行教育很好的素材。只要用心就会发现，其实教育资源真的是无处不在。选择教学活动主题内容的时候就不会局限于教材、教参等纸质材料，而教学活动的组织也会增添几分活力与生活气息。

3. 组织开展游戏化教学活动

游戏化教学活动不仅需要游戏化教学环境与游戏化教学资源等客观因素的支撑，还需要加强教师组织开展游戏化教学活动的能力。

游戏化教学活动的开展是以教师对幼儿游戏活动的观察为基础的。观察面对的是幼儿最真实的外在与内在的表现。对幼儿行为、态度、情绪情感等认真细致的观察，是游戏化教学活动顺利开展的坚实基础。一方面，通过细致的观察，教师要了解幼儿的兴趣、游戏的态度、游戏的水平、游戏中发展的技能、欠缺的知识经验与技能、需要的帮助等。另一方面，观察中要对创设的游戏化教学环境和教学资源做出审视与反思。教师可以从中考察环境的创设是否引起了幼儿的兴趣与探索行为，是否引发了幼儿的想象与创造，是否实现了蕴含其中的教育意图等。

认真细致的观察可以为教师进一步优化教育目标提供有效的依据。游戏化教学活动的开展是以教师对幼儿游戏活动的指导为支柱的。指导面对的是幼儿的具体行为与活动。对幼儿游戏活动及时、适宜地介入与指导会对游戏化教学活动的开展起到调节、矫正与导向的作用。在对幼儿游戏活动的指导中，教师可以采用外部指导、内部指导和个别指导等不同形式。首先，教师要从幼儿的兴趣、需要和已有经验出发，利用语言、动作、表情等唤起幼儿游戏的动机。其次，通过为幼儿提供游戏材料、布置活动场景来丰富游戏的情节和内容。再次，教师还可以与幼儿共同游戏，在幼儿游戏中进行角色扮演，从而调节、影响游戏的发展方向和发展进程，以加强游戏的教育目的性。最后，教师在幼儿游戏中还可以发挥榜样与示范作用，通过自身对游戏规则的履行、待人接物的态度表现等给幼儿树立模仿对象，并通过示范新的游戏材料的使用方法、做出新的游戏行为等教给幼儿游戏的技能。另外，角色的参与、榜样示范和个别指导还可以对具有特殊问题的个别幼儿起到鼓励和纠正不合理表现的作用。

4. 延伸与拓展幼儿游戏化教学活动

游戏化教学活动结束后，教师应该引导幼儿回忆、讨论游戏活动中出现的问题，帮助幼儿建构新游戏经验。建构幼儿经验，教师可以采用鼓励幼儿讲述、对话、讨论、绘画、表演等方式进行。

通过讲述，幼儿可以自由表达自己在游戏中的亲身经历与感受，提出在游戏过程中遇到的问题，释放在游戏过程中压抑的情绪等。通过对话、讨论，幼儿可以评判是非，总结、概括或表达各自在游戏中习得的知识与经验，获得分享的快乐体验。通过绘画与表演，幼儿可以练习在游戏中习得的技能，多样化地展示自己的学习成果。

教师在建构幼儿经验、延伸与扩展幼儿游戏化教学活动中应该做到：第一，帮助幼儿整理经验。幼儿在游戏活动中获得的经验往往比较零散、琐碎。教师应该通过对幼儿进行提问、反问、质疑，让幼儿反复回忆和梳理自己的零散经验以达到使其系统化的目的。第二，引导幼儿提升经验。幼儿在不同的游戏活动中建立的经验往往是相对独立的。教师应该通过给幼儿设置特定的问题情境，让幼儿在尝试解决问题的过程中在已有经验与新习得经验之间建立有意义的连接，从而达到提升幼儿特殊经验的目的。第三，鼓励幼儿分享经验。由于幼儿之间存在着显著的个体差异性，同一幼儿对不同人、事、物以及不同幼儿对于相同人、事、物的经验感受都是不同的。教师鼓励幼儿之间进行对话、讨论、合作表演等，不仅可以让幼儿在此过程中学会与人交流、合作和分享，同时还可以为幼儿提供更丰富的刺激、更多样化的体验，使幼儿认识到自我与非我的存在，进而促进幼儿的“去中心化”、亲社会行为等社会性的发展。第四，在幼儿游戏与学习经验中寻找契机，延伸与拓展幼儿游戏活动。帮助幼儿整理经验，引导幼儿提升经验，鼓励幼儿分享经验，其最终目的还是要落脚于促进幼儿的进一步发展。幼儿游戏与学习经验的建构既是对本次游戏化教学活动的总结，也是对接下来的游戏化教学活动的计划。教师在帮助幼儿建构经验的过程中，要注意反思游戏化教学活动的设计、准备、组织与开展、总结与评估等各个阶段中存在的问题，探求改进的方式方法，寻找幼儿发展踪迹，规划幼儿发展的方向，为下一次的游戏化教学活动计划提供参考的依据。

三、建立发展性评估系统

“游戏性”可以用来作为判断活动性质的标准，即判断某一活动是游戏还是非游戏的客观特性；“游戏性”还可以被视作活动主体的个性倾向性，即判断主体是否处于游戏状态的个体特征。而作为后者，弗洛伊德曾在其游戏研究中提到，游戏是主体的人格类型与内在愿望的外化，游戏与主体的人格之间存在着密切的联系。这一结论得到了后继研究者的证实，如巴尼特证明了游戏性在主体个性特征中的存在。巴尼特在1985年的研究中还证明了“游戏性作为一种个性倾向性存在着个体之间的差异性”。曲宏在1979年提出游戏性本身具有两个不同维度的特性，即情感取向和认知取向。游戏性源于幼儿主体，却又比主体性的内涵更为丰富。注重幼儿的游戏性品格培养，即对幼儿主体性发展、个体差异性存在的重视。然而，幼儿主体性的发展现状、规律、趋势以及个体差异性的表现、有效利用等都需要幼儿教师的诊断与评判。

每个人对于周围的事物、事件都会有一定的价值判断，而这种价值判断就可以成为我们的评价能力。评价能力的科学概念是：人在头脑中，以明确标准对有关事物的一种高度自觉的价值判断力。换句话说，是一种评定价值高低、判定是非曲直优劣的能力。评价能力是评价主体的是非观念、情感心态、认知立场、辩证思维、审美能力、克制能力、表达能力等多种心智和综合能力与素质的集中体现。

四、争取家长的理解与支持

任何一次教育改革都必须取得社会舆论与力量的大力支持。同样，幼儿园游戏化教学如果没有家长的理解和支持，也是注定要失败的。在幼儿园游戏化教学的实施过程中，家长对游戏之于幼儿发展的教育价值与意义的认可，幼儿园与家庭的交流互动状况，家长对幼儿教育的参与度等，都会成为一定的制约因素。游戏化教学的实现必须克服来自家长的阻挠与障碍，争取社会系统的理解与支持。

（一）幼儿园要向家长宣传、普及游戏知识

受传统教育思想的影响，家长不理解幼儿可以在游戏中学习、不支持通过游戏的方式教育幼儿的现象是十分正常的。幼儿园要推进游戏化教学，以游戏作为幼儿园基本活动，首先要做的就是向家长宣传和普及科学

的幼儿教育理论与方法。教师可以通过为家长提供游戏促进幼儿发展的相关研究数据和成功案例或者是开办免费夜间、周末家长学校等形式，形象、直观、全面、系统地向家长证明游戏对幼儿的发展是具有多方面的价值与意义的，游戏是完全可以承担对幼儿进行教育的任务的。让家长充分认识到传统教育中“重知识、轻游戏”的思想是有很大弊端的，慢慢形成教育观念转变的积极意识。

（二）建立家园互动交流平台，形象化展示游戏之于幼儿发展的价值与意义

除了要向家长宣传、普及游戏知识与思想，更重要的还要向家长展示出幼儿发展的实实在在的成果。这依赖于家园互动交流平台的有力保障。家园互动交流平台可以有多种形式，如家长会、开放日、亲子活动日等传统形式，现在还有幼儿园积极开发了“新媒体账号”“在线答疑”“群聊”等利于与家长及时联系沟通的有效方式。

幼儿园可以充分利用家园互动交流平台定期、及时地向家长汇报每个幼儿在游戏活动中所取得的发展与进步，如幼儿作品的展示、幼儿作业的点评、幼儿健康状况、幼儿语言能力与行为技能的表现、幼儿的情绪情感变化等。让家长能够及时、充分地了解到幼儿近况，掌握幼儿发展动向，做到心中有数才会对幼儿教育方式给予认可和支持。

（三）彰显游戏精神，维护家长在幼儿园管理中的“游戏者”权益

荷兰文化学者胡伊青加认为，“文明是在游戏中并作为游戏而产生和发展起来的”，人在本质上是以“游戏者”身份存在的。真正的文明发展需要游戏精神，即平等与公平的游戏规则。其内含的意义在于：游戏者之间在人格地位上是平等的；游戏者在游戏规则的制订、遵守和监督过程中是公平的。依此理论来审视幼儿园管理，那么幼儿、教师、家长等均是处于“管理游戏”中的一名游戏者，家长理应获得游戏者的所有权益。

把家长纳入幼儿园管理中来，努力协调、维护好家长与幼儿园领导、教师以及工作人员的平等合作关系，可以营造出幼儿园管理与工作的和谐氛围。把家长请到幼儿园，参与幼儿教育计划的制定，积极听取家长对幼儿教育的观点和对幼儿园管理的意见和建议，可以让家长切身感受到自己

是被尊重、被重视的，是幼儿教育的一分子，自己的行为对幼儿教育的责任是非常重大的。

把家长请到教室去，让家长和幼儿一起玩游戏，一起操作游戏材料。在此过程中，家长就会切身体验到幼儿在玩游戏和操作游戏材料、解决游戏问题时，会运用到多种知识与多项技能，是一件需要付出多方面努力的活动。幼儿表面上看似是在玩耍，本质上仍然是在参与学习，而且这种学习方式的改变可以让幼儿更快乐、更积极主动地享受学习。这样家长就会彻底打消对“游戏是否有益于幼儿发展”的疑虑，彻底改变消极与抵制的态度，进而转为理解、支持与合作。幼儿园管理模式从封闭式的单向管理方式转变为开放式、民主化的管理模式，更重要的意义在于，在整个社会文明发展中彰显了游戏精神的存在。

第四章 幼儿游戏化教学活动设计指南

第一节 幼儿角色游戏指南

角色游戏是幼儿根据自己的兴趣和意愿，借助模仿和想象，通过扮演角色创造性地反映其生活环境、生活体验和生活感受的游戏。在幼儿参与的各种游戏活动中，角色游戏最受幼儿的喜爱，它在幼儿两三岁时产生，在幼儿晚期达到高峰，其后逐渐为规则游戏所取代。角色游戏是幼儿不可缺少的重要活动形式，是幼儿成长中的一个必经过程。①

一、角色游戏概述

（一）角色游戏的基本特点

1. 高度的自主性

幼儿是角色游戏的创造者，也是角色游戏的主人，他们对游戏拥有绝对的自主权。幼儿玩什么主题，情节如何进行，确定多少个角色，采取什么玩法，使用什么玩具，遵守怎样的规则，都由幼儿依照自己的意愿、兴趣、经验、能力来安排。角色游戏从开始到结束的全过程，均由幼儿自行确立、设计、编定。正是因为如此，角色游戏从产生到发展，都是自由自发的过程，没有成人的有意引导和组织，这种游戏在幼儿期也普遍存在，并成为最受孩子们喜爱的、愉快而又自愿的活动形式。

① 倪海燕．回归大班幼儿生活经验的角色游戏开展行动研究［D］．南京师范大学，2017.

2. 社会性

角色游戏的主题、情节、角色、规则等来自幼儿周围的社会生活，幼儿自身社会经验的丰富程度也会直接决定游戏内容的丰富和游戏情节的变换。例如，幼儿在“超市”游戏中，付费结算的环节并不复杂，但是一名幼儿把自己的超市购物经验加入游戏中，丰富和扩展了游戏情节。她对同伴说：“这边排队的人太多了，还不能刷卡，我们还是去那边能刷卡的地方排队吧。”

3. 特殊的想象活动

想象活动是角色游戏的支柱。幼儿的角色游戏是在想象的条件下，真实地反映现实生活中人与人之间的关系，但又不是刻板地、机械地反映，而是创造性地、自由自在地反映。在游戏中，以一种物品代替多种物品，在主题、角色等方面均富有独特性和创造性，幼儿即使是玩同一主题的游戏，其玩法上也不尽相同。幼儿角色游戏的特殊想象活动贯穿游戏的整个过程，并体现在角色游戏的各个构成要素中。

（二）角色游戏的基本结构

角色游戏的基本结构主要包括角色游戏的主题，角色游戏中的人、物、动作、情节以及内在规则。

1. 主题

角色游戏的主题是指角色游戏的内容和真正由幼儿实现的游戏过程。角色游戏主题来源于幼儿的生活经验，即幼儿在家庭、幼儿园和社会活动中获得的生活经验，以及他们从文艺作品、电影、电视中获得的经验。这些经验越丰富、越广泛，游戏的主题也就越丰富。

2. 角色

角色是角色游戏的中心。幼儿在角色游戏中所扮演的各类角色往往是幼儿熟悉的角色，如爸爸妈妈、教师、司机、警察等。幼儿借助语言、表情、动作等来重组头脑中已有的人物形象，创造新形象，展现自己对社会角色的认识和体验。这种对于周围生活和成人世界的反映过程，充满了幼儿的想象活动。

3. 物

角色游戏中的物是指游戏中的玩具、材料和物品。角色游戏离不开游戏材料的辅助和支持，特别是幼儿对游戏材料和物品的假想。例如，小椅子一会儿当汽车，一会儿当火车，一会儿又当娃娃的床，这种替代正是幼儿创造性想象活动的结果。角色游戏中用来以物代物的东西，总与原物体有外形上的相似，但由于幼儿的生活环境不同，他们对同一物品的假设也会存在差别，如一块积木，不同的幼儿有不同的用途，有的把它当作面包，有的当作枕头，有的当作砖头。因此，幼儿想要共同游戏，就需要通过交流对游戏的材料和物品的假想达成一致，如雪花积塑片当饼干、小椅子当马等。

4. 情节和动作

角色游戏中的情节是指幼儿对游戏动作和情景的假想。幼儿通常借助操作游戏材料来假想游戏情节，如用玩具面包、刀叉给孩子做饭，用自制的羊肉串、烤箱给客人烧烤食物等。随着幼儿年龄的增长，其生活经验不断丰富，对事物和场景的想象能力不断提高，角色游戏中的情节也不断丰富和发展。例如，可以把自己的游戏和他人的游戏建立联系，娃娃家的父母给孩子打扮以后，带孩子去医院看病、去邻居家串门等。

幼儿的游戏动作具有一定的概括性，如父母给孩子做饭、医生给病人看病、客人在餐厅点餐等，这些都是幼儿对周围生活的概括性反映。不同历史时期，不同文化和地域背景下的幼儿，他们的概括性反映也会体现出一定的历史性变化和地域性差异。

5. 内部规则

角色游戏中的规则有别于其他游戏中的规则，其他游戏的规则是为了保证游戏的顺利实施而由大家制定的，如奇妙的口袋只能用手摸，不能用眼睛看；捉迷藏中准备去抓别人的幼儿不能睁眼睛看等。这些规则可以预先设定，也可以在游戏中完善，是外显的游戏规则。但是角色游戏中的规则是幼儿为了真正表现社会生活中的角色而设定的。例如，妈妈如何照看宝宝、医生如何给病人看病、司机如何为乘客服务等。幼儿在角色游戏中必须按照相应社会角色的行为以及人物之间的社会关系来展开游戏情节，这种游戏规则来自现实生活中的角色定义，是内隐的。虽然幼儿明知是“假装”的，比如我们会听到5岁的小朋友在角色游戏中常说“我们假装……”，但是他们总是尽可能按照他们所观察到的社会生活中的人物行为来再现社会生活。

（三）角色游戏对幼儿发展的特殊意义

角色游戏对于幼儿发展的特殊意义在于，首先，角色游戏是幼儿按照自己的意愿进行的活动，它为幼儿带来极大的快乐，对其积极的情绪、主动性和独立性的培养有着重要的作用。其次，在角色游戏中，幼儿独特的想象活动为幼儿创造性地发挥和发展开拓了广阔的空间。而且这种想象活动是对幼儿原有知识、经验的运用和巩固，能促进其认知能力的发展。再次，游戏中的角色扮演和对现实人际关系的反映，有力地推动了幼儿社会化的进程，促进了良好品德和行为习惯的形成。最后，在角色游戏中，言语作为交际的工具和游戏进行的必要组成部分也得到了发展。这些都表现出角色游戏发展价值的独特性。

总之，角色游戏的活动是幼儿全身心投入的过程，是获得动作、语言、情感、认知、社会性等各方面能力的综合性实践活动，全面推动高质量发展价值的实现。

二、幼儿角色游戏的组织与指导

角色游戏对幼儿的身心发展具有重要促进作用，为了充分发挥其教育价值，成人应加强对角色游戏的组织和指导。从游戏条件及环境的准备，到游戏兴趣和愿望的激发，再到游戏中各个环节的适度干预，以及游戏结束时的总结和评价，都在教育的指导范围之内。角色游戏的指导必须结合幼儿角色游戏的不同年龄特征和不同幼儿的个性、能力差异等来进行。

（一）做好开展角色游戏的准备

为幼儿角色游戏的开展做好充分的准备，就要为幼儿创设和优化适合角色游戏活动的环境与条件，这是指导角色游戏的首要任务。

1. 丰富幼儿的生活经验，拓宽角色游戏的内容来源

角色游戏是幼儿对现实生活的反映，幼儿的生活经验越丰富，角色游戏的内容也就越充实、越新颖。丰富的生活经验是发展角色游戏的基础。

幼儿的生活经验大多来自家庭和幼儿园的生活和学习。教师要在上课、日常生活、劳动、参观、郊游、阅读等多种活动中，拓宽幼儿的视野，丰富幼儿对周围生活的知识和经验，积累生活印象。

幼儿园里的每日活动都要安排得新颖、生动，使幼儿感到充实、有趣。同时还要帮助家长安排好幼儿的家庭生活，使幼儿在家庭中也能获得广泛的知识经验。教师也要引导和组织幼儿多观察和了解周围的社会环境。例如，带领幼儿散步或外出参观时，沿途引导幼儿观察警察叔叔如何指挥交通、行人如何遵守交通规则、红绿灯的作用等。幼儿园有定期的体检，教师可以通过引导幼儿注意观察医护人员与幼儿的互动，丰富幼儿关于医院的生活经验等。

在丰富幼儿对周围生活的印象时，教师还要注意引导幼儿认识成人劳动的社会意义和人与人之间的关系，以加深对周围生活的理解。否则，幼儿只是简单地模仿成人社会中的生活活动，而不能反映成人社会生产的意义，结果只能是内容贫乏，索然无味。例如，在参观汽车站的时候，只介绍了汽车、汽车站、售票厅等实物，并没有介绍司机和售票员工作对于我们的生活的意义。因此，幼儿在参观汽车站后，玩“汽车站”游戏的兴趣仍然不是很大。后来教师重新向幼儿介绍了汽车站里人们的活动及其社会意义。这一次，孩子们深刻地理解了劳动的意义，进行“汽车站”游戏的兴趣大增。在游戏中，幼儿不仅体验了汽车站的活动过程，也在游戏扮演的过程中体验到了成人劳动的乐趣。

2. 提供适合的场所、设备及丰富的游戏材料

游戏的场所、设备和玩具材料是幼儿进行角色游戏的物质条件。这些物质材料对激发幼儿的游戏愿望和兴趣，发展幼儿的想象力有重要作用。

（1）设置相对固定的游戏场所和设备

固定的游戏场所和设备能吸引幼儿进行游戏，也便于幼儿开展游戏。所以，教师应在活动室或户外设定固定的游戏场地。例如，室内设“娃娃

家”，并布置有娃娃家的床、娃娃、厨房用具、生活用品等，也可以放置不同样式的衣服、帽子、鞋等衣物。这些家具和衣物会带领幼儿进入一个生动、鲜活的游戏情景中。

（2）提供丰富多样的游戏材料

丰富的游戏材料可以激发幼儿的游戏兴趣，满足幼儿的游戏需求。教师可以为幼儿提供部分逼真的玩具，如娃娃、餐具、听诊器等，也应注意为年龄稍长特别是中大班幼儿提供真实程度较低的简单物品和材料，以发展幼儿的想象力，也可补充玩具的不足。木棍、小玻璃瓶、空药盒、易拉罐、纸盒等，这些都是幼儿可以用来进行游戏的材料，它可使幼儿开展更多种类的角色游戏。

角色游戏的物质条件的创设，并不只是教师自己的任务，教师可以激发和调动幼儿共同布置游戏场地，制作玩具、游戏材料等。另外，还要注意让幼儿形成并遵守玩具设备的使用常规，确保游戏的安全开展，充分发挥游戏物质材料的教育作用。

3. 提供充足的自由活动时间

充足的自由活动时间是幼儿深入自主地开展角色游戏的决定性条件。教师要保证幼儿每天上午、下午都有一定的自由活动时间。在幼儿园或家庭中，除了保证每天有一定的自由活动时间，让幼儿自主自发地开展角色游戏外，还要保证每次自由活动时间不少于30分钟。因为角色游戏的开展所需时间较长，只有在较长的时间里，幼儿才可以发现游戏伙伴、分配角色、准备材料、计划游戏等。如果游戏时间过短，幼儿不能在教师指定的结束时间完成游戏，既影响了游戏的结果，也影响了幼儿以后进行角色游戏的积极性。因为在经历了多次未完成的游戏活动后，幼儿很容易放弃进入角色游戏的努力。

（二）角色游戏过程中的现场指导

在具体的游戏过程中，幼儿会出现各种各样的问题，教师需要充分观察幼儿的游戏情况，根据幼儿的年龄特点及各年龄班幼儿的游戏水平，在尊重幼儿主体性的前提下，有针对性地指导幼儿深入、自主地开展角色游戏，促进幼儿个性的健康发展。

1. 鼓励幼儿按照自己的意愿确定游戏的主题

陈鹤琴先生曾经说过："游戏是幼儿的心理特征，游戏是儿童的工作，游戏是儿童的生命。"游戏是幼儿的内在需要而非外力强加。只有经过幼儿自主选择的游戏，幼儿才能真正全身心投入，游戏才能发挥其应有的作用和价值。

幼儿按自己意愿提出游戏主题的过程是幼儿思维活动发展的过程，不同年龄幼儿有着不同的发展水平。3 岁左右的幼儿有着模仿成人活动的愿望，但不会明确提出玩什么游戏，只停留在动作的模仿上，因此需要教师更多地利用玩具以及富有情感的语言，启发幼儿游戏的愿望，帮助他们确定主题并实现。例如，教师看到一个幼儿在起劲儿地做面包，便可启发说："你这么忙着做面包，给谁吃呀？""你会做面包，也会做饭吗？"目的在于帮助幼儿思考做面包这一模仿动作，应包含在哪种主题的游戏中。幼儿答："我给宝宝做面包！"教师可以接着问："你是宝宝的妈妈吗？你可真是个好妈妈呀！宝宝的爸爸没在家吗？"这样的对话和问题可以引导参加游戏的幼儿逐渐明确游戏的主题，明确自己的活动是包含在"娃娃家"这一主题游戏之中的。

当幼儿能按照主题进行游戏之后，应进一步启发幼儿独立地提出游戏主题。例如，让幼儿先想一想要玩什么角色游戏，或者和几个同伴商量共同提出主题。幼儿提出的主题，教师要热情支持，对其中不够健康的内容，应采取商量、建议或转移的方法予以改变，切不可简单地否定，以免挫伤幼儿的主动性和积极性。教师也可以用建议的方式提出一些新主题，如过完中秋节，教师组织了关于中秋节的谈话，在征求了幼儿的意见后，教师可建议幼儿玩"过节"的游戏。教师的建议只起着启发与参考的作用，不必强迫幼儿采纳。教师的建议也不宜过多，应鼓励幼儿独立设定游戏的主题。

2. 教会幼儿分配和扮演游戏中的角色

（1）引导幼儿明确游戏中角色的身份

幼儿喜欢玩角色游戏的主要原因是在游戏中可以扮演他们感兴趣的各种社会角色。但在最初玩角色游戏时，幼儿只是热衷于模仿某一角色的动作或活动，并不能真正明确该角色在游戏中的身份。因此，教师需要适当地启发幼儿，从而使幼儿更好地模仿所扮演的角色。例如，一名 2 岁左右的幼儿在小椅子上开“汽车”，教师问他：“你在玩什么?”“你是汽车司机吧?”“你的车要开到哪里去呢?”“你的车是拉货物的还是坐人的?”通过这些问题，可以帮助幼儿把兴趣从模仿动作转向扮演角色。小班幼儿在游戏过程中还时常忘记自己所扮演的角色，因此教师要随时用游戏的口吻给予提醒。例如，一个扮演汽车售票员的幼儿离开了汽车，到处乱跑，教师找回幼儿并提醒她：“售票员可不能离开汽车啊，乘客来买票，你要负责接待啊!”有时教师也可以直接提出角色，让幼儿自行选择角色。例如，在超市游戏中，主要角色尚有缺额，此时教师可提示说：“我们的小超市还缺少一个收银员，谁愿意来当啊?”

（2）教给幼儿分配角色的方法

幼儿对自己扮演什么角色很关心，但年龄稍长的幼儿角色意识已经很强烈，他们往往只考虑个人的愿望而不善于分配角色，因此教师可以教给幼儿一些分配角色的方法，如自己报名、推选、轮换等。教师要教会幼儿与同伴共同商量分配角色，轮流担任主要角色，这样不仅使幼儿学会了谦让，也能使每个幼儿都有扮演不同角色和锻炼自己的机会。

（3）启发幼儿扮演好角色

幼儿在明确自己的角色之后，教师还要启发幼儿理解角色、表现角色，富有创造性地扮演角色。例如，扮演“妈妈”的幼儿最初只知道抱娃娃，经过教师的启发，幼儿知道了“妈妈”还要收拾房间、买菜、做饭、给宝宝洗衣服、带宝宝去医院检查等，这样可以使游戏的内容和情节更加丰富、生动。

3. 观察幼儿在游戏中的表现，给予适当指导

教师要善于观察幼儿的游戏活动，了解幼儿的游戏意图、能力及行为表现，根据幼儿不同的个性特点给予适当的帮助和指导。例如，一个总爱充当主要角色的幼儿，她的组织能力很强，主意又多，也会支配别人做事情，但对人态度不够和气。教师通过观察了解到这一情况后，一方面鼓励她继续发扬长处，另一方面帮助她克服缺点。教师可以以游戏的口吻提醒

她："你这个超市的小经理可真能干，要是说话再和气一些，来你们超市的顾客就更多了。"扮演"经理"的幼儿在教师的引导下，说话的语气有了明显的转变。

幼儿在游戏中无所事事或游戏内容贫乏时，需要教师通过启发、诱导进一步发展与深化游戏。幼儿由于个人社会经验有限，有时游戏内容过于单调贫乏，有的幼儿由于性格原因，缺乏与他人交往的技能技巧，虽然自身准备较好，但是因为缺乏其他游戏伙伴的参与，导致游戏情节无法正常开展。教师需要结合不同情况予以及时的启发诱导。例如，小班幼儿自我调节活动的能力较差，往往长时间从事一种活动。一个扮演建筑工人的幼儿，装运玩具累得满头大汗，不知休息，教师发现这种情况后，建议他去当"交通警察"，坐在岗亭里看红绿灯，使其得到了休息。

观察幼儿在游戏中的表现，给予适当的支持鼓励和表扬，对不正确的行为，应在不打扰幼儿游戏进行的前提下加以纠正。幼儿在游戏过程中难免会遇到一些问题或意见不统一的时候，有些问题，幼儿可以自行协调解决，而有些问题，单靠幼儿自身的能力难以独立解决，这时需要教师及时介入，给予指导。例如，两名幼儿都想用娃娃家中的餐具玩做饭的游戏，两人争抢互不相让，教师走进娃娃家说："彤彤，亮亮是小妹妹，先让她玩行吗？"彤彤很不情愿地把手里的玩具让给了亮亮。教师见状灵机一动，对彤彤说："今天我要去你家做客，亮亮给我炒菜，彤彤给我做羊肉串吧！"彤彤高兴地接受了教师的建议，愉快地投入游戏中。

（三）角色游戏的结束工作

游戏的结束环节既是本次角色游戏的结束，也是下次游戏的准备和开始。教师应十分重视游戏的结束环节。

1. 愉快地结束游戏，保持幼儿再做游戏的愿望

使幼儿愉快地结束游戏是教师组织指导角色游戏的重要环节。因此，教师要掌握结束游戏的恰当时机，即在幼儿的游戏兴趣尚未低落时结束游戏，一方面使幼儿愉快地结束游戏，另一方面可使幼儿保持继续游戏的积极性。在游戏结束前，应提前提醒幼儿，使幼儿有思想准备。结束游戏的方式有很多，可视游戏的内容和情节的发展灵活选择。有时，可以个别提

醒，如请收玩具、整理场地需要时间较多的那组游戏先结束，也可请情节不再发展的那些游戏早些结束。有的游戏开展得很好，幼儿兴趣很浓，如场地条件允许，可让幼儿继续玩完这一游戏。总之要使幼儿从容、自然、愉快地结束游戏，切忌简单命令停止游戏。

2. 教育、鼓励幼儿认真收拾和整理好玩具、游戏材料及场地

游戏结束后，引导幼儿收拾玩具、整理场地既是本次游戏的完整结束，也为顺利开展下次游戏提供了必要的基础和条件，同时还可以培养幼儿独立做事、有始有终的良好习惯。针对不同的年龄特点，教师引导幼儿时应具有年龄差异性；培养小班幼儿整理游戏环境的意识，以教师为主，可给予幼儿部分帮助；培养中班幼儿整理游戏环境的能力，教师只是在必要时给予帮助；培养大班幼儿独立整理游戏环境的能力，教师只是在必要时给予一定的督促。

3. 组织幼儿评论游戏

评论游戏是间接指导游戏，提高游戏水平的方法之一，要根据教育要求和游戏特点对游戏进行的情况，主要是游戏的内容和幼儿的表现进行简短的、恰当的评论，及时表扬表现好的幼儿和水平高的游戏，也要指出游戏中的不足。评论游戏要有针对性，不必面面俱到，要具体，不要泛泛而谈。例如，你在游戏中遇到了哪些问题？以后出现类似的问题该怎样解决？如果两个小朋友都想玩同一个玩具应该怎么办？通过评论，幼儿可以一起分享游戏经验，为下次游戏打下良好的基础。

评论的形式可以是全班集体评，也可以是小组评、个别评。评价的主体可以是教师，也可以是幼儿，特别是大班幼儿，由于其语言及思维发展已具有一定的水平，教师可以鼓励幼儿开展自我评价。对游戏的评价并不是每次游戏后的必需环节，可酌情适当地开展。

根据角色游戏的典型特点，我们可以从游戏主题的确定、幼儿如何以物代物及其扮演角色的行为方式、游戏中的相互交往关系、社会性水平，以及主题情节及材料运用的全新性等方面，对幼儿角色游戏的能力作出评价。

（四）不同年龄班角色游戏的特点及指导

幼儿的游戏水平具有年龄差异。在角色游戏中，小班幼儿以模仿为主，大班幼儿则以创造为主。教师应针对幼儿的年龄特点和游戏水平，有侧重地进行指导。

1. 小班

小班幼儿处于独自游戏、平行游戏的高峰期。对模仿成人的动作或玩具感兴趣，角色意识差；游戏的主要内容是重复操作、摆弄玩具；游戏主题单一、情节简单；幼儿之间相互交往少，主要是与玩具发生作用，玩与同伴相同或相似的游戏。

鉴于小班幼儿的游戏内容主要是重复操作游戏材料，教师的指导重点在于如何使用游戏材料。教师根据幼儿的游戏特点和社会经验为幼儿提供种类少但同一种类数量较多的成型玩具，避免幼儿因相互模仿而争抢玩具；以游戏者的身份介入游戏，引导幼儿；培养幼儿的规则意识，让幼儿逐渐学会在游戏中进行自我管理；通过游戏评价不断丰富游戏经验。

2. 中班

中班幼儿由于认识范围的扩大，游戏内容、情节比小班幼儿丰富；处于联合游戏阶段，想尝试所有的游戏主题；已有与别人交往的愿望，却还不具备交往的技能，常常与同伴发生纠纷。中班幼儿在游戏中有较强的角色意识，有了角色的归属感，他们首先会给自己找到一个角色，然后带着这个角色去做所有想做的事。游戏过程中表现出游戏情节丰富，但游戏主题不稳定，幼儿在游戏中有频繁换场的现象。

教师应针对中班幼儿的特点，根据幼儿的需要提供丰富的游戏材料，鼓励幼儿玩多种主题或相同主题的游戏；在游戏中注意观察幼儿游戏的情节及发生纠纷的原因，以平行游戏或合作游戏的方式指导游戏；通过讲评游戏引导幼儿分享游戏的经验，以丰富游戏的主题和内容；指导幼儿在实际操作中学会并掌握交往的技能及相应的规范，以便帮助幼儿进一步与同伴交往，学会在游戏中解决简单的问题。

3. 大班

大班幼儿游戏经验相当丰富，在游戏中能主动反映多种多样的生活经验；游戏主题新颖，内容丰富，能反映较为复杂的人际关系；游戏处于合作游戏阶段，喜欢与同伴一起游戏，能按自己的愿望主动选择并有计划地游戏；在游戏中自己解决问题的能力增强。

教师指导幼儿一起准备游戏环境，侧重语言引导，培养幼儿的自主性；认真观察游戏，给幼儿提供必要的联系机会以及适当的引导；允许并鼓励幼儿在游戏中进行创造，培养幼儿的创造性；通过多种形式开展游戏讲评，让幼儿在分享中取长补短、开拓思路，提升游戏水平。

第二节　幼儿结构游戏指南

结构游戏，是一种幼儿利用各种建筑、结构材料，如积木、积塑、沙、土、金属部件等，进行建筑、构造的游戏。因此，结构游戏也是一种造型活动，是幼儿创造性地反映现实生活的游戏。①

一、结构游戏概述

结构游戏和角色游戏都是通过幼儿的想象，创造性地反映周围生活。不同的是，结构游戏是通过建筑和构造各种建筑物或物体来反映他们对周围生活的印象，而角色游戏是通过扮演角色来反映周围生活。在实际活动中，结构游戏和角色游戏的关系十分密切。结构游戏常在角色游戏开始或进行过程中产生，有时成为角色游戏的内容之一，又发展成为角色游戏。

（一）结构游戏的基本特点

1. 材料是结构游戏的物质基础

结构游戏从其材料看，是一种素材玩具游戏。离开了游戏材料，结构游戏也就无从谈起。结构游戏的材料本身是指没有任何意义的各种零部件，通过幼儿的操作、构建，这些无意义的元件便组合成一个整体，并借助幼儿的想象被赋予了多种意义和形象，如一堆不同形状的积木，经过幼

① 杨翠，朱晓琦．幼儿结构游戏中深度学习的有效性探微［J］．广州广播电视大学学报，2021，21（02）：68-72+110-111.

儿的拼搭、镶嵌组成了一辆小汽车。

2. 建筑、构造是结构游戏的基本活动

在结构游戏中，幼儿必须通过直接动手操作，以自己的建筑和构造活动来反映对周围生活的认识和感受。正是这种亲手操作的造型活动可以使幼儿的活动要求得到满足，给幼儿带来愉快。但并非所有的材料都适合作为结构游戏的材料，那些具有明显三维空间特征，具有有效接触面或可堆叠的材料往往会成为结构游戏的最佳材料。

3. 结构游戏是一种带有浓厚认知成分的操作活动

幼儿结构游戏的水平往往反映了幼儿认知发展的水平。幼儿从刚开始的对单一结构材料的摆弄，变成对多个结构材料的堆放、排列、垒高，继而完成规则拼搭、简单造型，以至复杂造型。这些都反映了幼儿认知发展水平的提高。幼儿在操作结构材料的过程中感知事物的大小、形状、空间方位等，经常进行结构游戏能促进幼儿认知水平的提高。

（二）结构游戏的发展阶段

幼儿用积木建构物体的能力是随同年龄阶段逐步发展起来的，这种发展历程表现为以下几个阶段。

第一阶段：搬弄——这通常是 2 岁以下幼儿的典型行为，只把积木拿来拿去，并不搭建什么东西，似乎主要是感知积木的重量和触摸积木，或试图探索抓取积木的方法等。

第二阶段：重复——当幼儿刚刚开始“搭”积木时，通常用的是相同大小的积木。只是简单地把它们一块块往上叠，或者一块接一块地平铺成一列，试图将积木堆高，然后再推倒，重复进行。他们往往并不注意重叠或排列整齐，只注意能垒多高的“楼房”，能铺多长的“铁轨”。渐渐地，孩子开始更细心地重叠或排列，并时而将这两种形式结合起来玩。

第三阶段：搭建——3 岁左右，幼儿开始探索用一块积木把其他两块积木连接起来，搭成一个可让火车开进开出的“门”。类似技能的逐渐发展，使幼儿可以搭成“桥”“楼房”等结构。

第四阶段：围封——幼儿发现，几块积木可以围起来，形成一个封闭的空间。于是，小动物的“家”“动物园”“学校”，便在孩子的手中诞生了。

第五阶段：模型——幼儿自己发现并利用对称和平衡的原理来建造模型。渐渐地，他们所建造出来的模型越来越复杂，也特别乐于运用已有的经验来改进模型，使其外观更加具有美感。

第六阶段：再现——幼儿自己为所建造的东西命名，使它成为现实世界中某种物体的象征性代表。在建造模型之前有了再现某种东西的设想或计划，如“我要来造个游乐场”。复杂的再现型建造还可涉及多个幼儿的共同合作，产生结构游戏中的社会性交往活动。

（三）结构游戏的结构技能

结构游戏的结构技能根据材料的不同而不同。主要的结构技能有：排列、组合、接插、镶嵌、编织、黏合和旋转等。纸、线、绳以及竹、木、布等物品材料需要编织、黏合等技能。积木等块状几何材料需要排列组合铺平、延长、对称、加宽、加长、加高、间隔、围合、盖顶和搭台阶等技能。形状多样的各类积塑需要接插（如一字插、十字插、整对插、环形插、正方形插）、镶嵌、整体连接、端点连接、围合连接等。塑料或木制的螺丝系列需要捶打敲击、旋转等技能。

二、结构游戏的组织与指导

幼儿结构游戏的指导，必须在充分发挥幼儿游戏主体性的基础上，结合结构游戏的特点及幼儿结构游戏的不同发展水平，为幼儿创设结构游戏的良好环境和条件，并在游戏中给予恰当的指导，以提高幼儿游戏的水平，充分实现结构游戏的教育作用，体现结构游戏的组织和指导的科学性。

（一）丰富和加深幼儿对周围环境的认知

幼儿对周围生活中的物体和建筑物有较细致的了解和丰富而深刻的印象，这是开展结构游戏的基础。因此在日常生活和教育活动中，应经常引导幼儿对多种多样的物体及建筑物进行细致的观察，引导幼儿认识物体各部分的形状和结构特征、色泽特点及各部分名称，抓住外形特征。也可让幼儿观察有关的玩具图片、照片等，以补充直接观察的不足。

（二）为幼儿提供结构游戏的材料、时间和场地

1. 游戏材料

游戏材料是激发幼儿游戏兴趣，保证游戏顺利进展，促进幼儿创造性发展的物质基础。投放结构游戏材料时要注意以下几点。

第一，教师要为幼儿提供丰富多样、符合幼儿年龄特点和个性差异的结构材料。例如，小班需要色彩亮丽、体积较大、形状简单的材料；中班需要种类多样，有一定难度的材料；大班需要有难度，更富有变化性的材料。

第二，有的结构材料数量较多，比较零碎，为便于收拾和摆放，养成幼儿良好的行为习惯，教师可以准备一些整理箱、整理盒，便于幼儿分门别类地整理、取放。

第三，教师除了购置成品玩具，还可以广泛搜集废旧物品自制游戏材料。自然物和无毒无害的废旧物品不仅经济实惠，而且富有变化性，能够一物多用，促进幼儿想象力和创造力的发展。

第四，幼儿经常操作同样的玩具会失去新鲜感，为了保持幼儿对游戏的兴趣，教师还需及时更换、补充结构材料。但更换材料的频率不能过快，否则幼儿只关注材料的更迭而无法深入操作材料，失去了材料应有的价值。

第五，教师应将材料放在幼儿便于取放的地方，允许幼儿在自由游戏时间内自由取放，以引起幼儿对结构游戏材料的兴趣，产生使用的意愿。此外，教师除了给幼儿提供游戏材料之外，在某些构造活动中，还要给幼儿提供必要的辅助工具及材料，如小剪刀、彩笔、黏合剂、螺丝刀等。

2. 游戏时间

充足的游戏时间是保证幼儿结构游戏顺利开展的重要条件。教师应保证幼儿享有充足的游戏时间，可以结合幼儿园的活动安排为幼儿提供相对充裕的游戏时间，也可以充分利用入园、离园等时间组织幼儿开展小型的结构游戏。

3. 游戏场地

教师应为幼儿提供适宜的游戏场地，尽可能拓展幼儿的游戏空间。游戏场地可以在活动室，也可以利用寝室的活动空间开展游戏，同时还可以充分利用走廊等外部活动空间。有条件的幼儿园还可以创设专门的结构游戏室。

（三）引导幼儿认识结构材料，学习建构技能

教师可以引导幼儿认识结构材料，如大小、形状、颜色等特征，激发幼儿的建构兴趣，在兴趣指引下学习结构技能，如排列组合、拼插镶嵌、拼搭连接、黏合造型等。随着幼儿经验的不断积累，教师还可以引导幼儿逐渐学会看盘面图形、分析结构范例，在模仿结构范例的基础上加以创新。

（四）不同年龄班结构游戏的特点及指导

1. 小班

小班幼儿对建构动作感兴趣，“重复”“摆弄”“堆高”“推倒”等是常见的动作；结构时无目的，不会事先构思要建构什么，只有当别人问起时，才会注意并试图给构建的物体一个名称；小班幼儿多靠材料的形状来理解材料的用途，如圆形的积木就是鼓、三角形的积木就是三角糕。小班后期在教师的指导下虽有了一定的游戏主题，但不够稳定，且不会利用自己的建构物开展游戏。

第一，教师要引导幼儿认识结构材料，有意识地搭简单的物体给他们看，也可以带领他们参观中、大班幼儿的建构活动，引起幼儿对建构活动的兴趣。第二，建构活动开始时，要给幼儿安排结构场地和准备足够数量的结构元件。结构元件应每人一份，使他们在建立最初常规时能彼此不妨碍地开展游戏活动。第三，在游戏中指导幼儿学习建构技能，并鼓励幼儿独立尝试建构简单物体。第四，教师要经常有意识地让幼儿说出自己建构的物体的名称，也可以根据幼儿搭出的形象给予适当的名称。引导幼儿理解和明确建构的目的性，发展他们的想象力，使主题逐渐稳定。第五，建立结构游戏的简单规则，如要爱护结构材料，游戏结束后应整理好建构元

件等。第六，教会幼儿整理和保管玩具的最简单方法，使他们能参与整理玩具的部分工作，培养爱护玩具的习惯。第七，提供积木和大型轻质积木等适合小班幼儿特点的结构材料。

2. 中班

中班幼儿结构的目的性较小班明确，有了初步的简单的结构计划；对操作过程及结构的成果都感兴趣；能按主题进行结构，主题相对稳定；对结构材料熟悉，能围绕结构物开展游戏；具有独立整理结构玩具的能力。

第一，教师应设法丰富幼儿的生活经验，为他们的结构活动打下基础。孩子们的结构活动是他们对周围生活经验的反映，因此，教师应结合各科教学和利用散步、参观等各种活动，加强幼儿对事物建构造型方面的了解。第二，培养幼儿设计结构方案，学习有目的地选材，学会看平面结构图。第三，着重指导幼儿掌握建构技能，并会运用这些技能去塑造各种物体，进行分工，把平面图形变成立体图形。第四，组织小型集体结构游戏活动（3~4 人），经过他们共同讨论，制订方案，进行分工，友好合作地开展游戏。第五，组织幼儿评议结构活动，鼓励他们独立地、主动地发表意见，肯定幼儿的发明创造，能自己表述建构物，促进幼儿创新性思维的发展和结构水平的提高。第六，由于中班幼儿建构水平有所提高，所以中班幼儿的建构材料数量要增加，在型号上也应有所加大。

3. 大班

第一，建构的目的性、计划性和持久性增强。大班幼儿建构的目的性、计划性增强了，能较长时间地围绕一个主题进行建构活动，直到达到目的为止；有一定的独立的构造能力，能事先进行一定的设想、规划；能围绕结构物进行情节复杂、内容多样的游戏。

第二，能合作选取丰富多样的材料。大班幼儿能快速地选定材料，目的明确，并且不再满足于积木材料的使用，对其他游戏材料也产生了需要，使游戏材料更丰富，如橡皮泥、各种废旧物等。

第三，建构技能日趋成熟。随着建构技能的提高，大班幼儿搭起积木来更加得心应手。

他们自然地向围建过渡，能积极地运用各种技能，搭建出更丰富的造型，如坦克、堡垒、舰艇等。大班幼儿的建构造型紧凑，有许多小积木被用于其中。技能的成熟使幼儿能将精小的材料更合理、充分地用到一个综合化的作品中，注重反映事物的细节特征。大班幼儿非常容易进入角色，通过协商与合作，他们能始终从事搭建活动，并且会不停地添加、修改，或是根据新的角色游戏的情节继续在原有的作品上进行建构。例如，两名幼儿搭幼儿园，共搭了三层，经过商量决定第二层做游戏室，第三层做寝室，之后又商量着搭上了床。随后有小朋友来睡午觉，他们又在床上加了一个长方形的小木块来当枕头。当有小朋友问起从哪儿下楼时，他们又开始搭楼梯。

第四，根据游戏情景需要，不断产生新的建构主题。大班幼儿在搭建前不但明确自己要搭什么，而且很自然地将积木游戏带到一定的角色情境中，建构物品成为游戏中的道具；建构者自始至终处在一个角色游戏中，还会与其他区角的幼儿相联系，让积木游戏很自然地融入一个大的游戏活动中。但大班幼儿共同设计游戏情节的能力还比较弱，往往是追随着少数幼儿的情节而游戏。

对于结构游戏的指导：第一，培养幼儿建构的能力，并要求按计划、有顺序地进行构造。第二，让幼儿在围绕一个主题进行建构时，学习展现物体的细节和特征，能准确展现游戏的构思和内容，会使用建构材料和辅助材料。第三，在欣赏自己和同伴作品的过程中，逐渐发展自我评价和评价他人的能力。第四，鼓励幼儿集体进行构造活动，共同设计活动方案，确定规则，分工合作，开展大型结构游戏。第五，提供适合大班幼儿特点的建构材料，如大型积木、中小型积木。

（五）室外结构游戏的指导

幼儿园除了开展室内的桌面结构游戏和大型结构游戏外，还要充分利用不定型的材料，如沙、水、雪等，开展室外的结构游戏——玩沙、玩水、玩雪游戏。

玩沙、玩水、玩雪游戏的结构材料虽然不同，但沙、水、雪有其共同之处，即它们是不定型的材料，变化很多，可随意操作，很受幼儿喜欢。幼儿在随心所欲地玩沙、玩水、玩雪过程中，想象力和创造力得到充分发展，并给幼儿带来快乐，特别是夏天玩水、冬天玩雪，对幼儿身体健康十分有益。也正是在操作这些不定型的材料中，幼儿认识到它们的特性及有关水、雪、沙的知识。在条件允许的情况下，幼儿园应广泛地开展这类游戏以促进幼儿发展。对幼儿玩沙、玩水、玩雪的指导应注意以下几点。

1. 为游戏的开展创造条件

为玩沙游戏提供沙箱或沙池，沙箱和沙池要设在向阳地，沙池面积要大，便于幼儿活动。沙土应有覆盖物，保持一定湿度，并保持沙质清洁松软。要配备必要的玩沙工具（如小桶、小铲）和辅助材料（如树枝、小棍）。

夏季开展玩水游戏是适宜的，有条件的幼儿园可备有小水池，没有水池的幼儿园可配备大盆装水供幼儿游戏。还要配备大小不一的软硬塑料品，如小桶、小球、小碗等。

玩雪游戏只适宜在北方的冬季开展，玩雪游戏主要选择较平整的雪地进行，并提醒幼儿穿衣适当，既便于活动又不致受寒生病。

2. 为游戏制定必要的规则

在玩沙游戏前，教育幼儿不揉眼、不扬沙，不用沙打人，不把沙弄到箱外、池外。使用工具要小心，游戏结束要收好玩沙工具及辅助材料并洗净手。为了防止由于拥挤引发矛盾和不安全事故的发生，有必要限制玩沙的人数，从而保证幼儿在安全、卫生的前提下，愉快地游戏。

教育幼儿在玩水时，不向他人身上洒水，不故意把水洒到地上或盆外，不向水里乱扔东西。玩后要擦干、收好玩具。玩雪时，教育幼儿不用力推人，防止滑倒。

3. 针对幼儿游戏发展水平，给予恰当的指导

在玩沙游戏中，小班幼儿没有明确的目的，往往是独自玩，以一些简单、重复的动作为主，如挖沙、拍沙、倒沙。为此，教师要培养其目的性，提供玩沙工具和辅助材料以丰富其游戏内容。中大班幼儿的游戏目的性增强，游戏内容丰富，并会创造性地使用辅助材料。此时应重点培养幼儿游戏的合作性和创造性。

玩雪游戏作为冬季户外游戏，活动量较大，每次玩耍的时间不宜过

长，要针对幼儿的发展水平开展恰当的活动。小班幼儿主要是在教师带领下，在雪地上走走、跑跑，体验一下雪的性质，也可将雪带回室内看雪的变化；中大班幼儿可以堆雪人、打雪仗、滚雪球，用雪做科学小实验等。

总之，在开展玩水、玩沙、玩雪游戏时，既要提供游戏的条件，建立必要的常规，也要针对幼儿身心发展水平对幼儿游戏给予恰当的指导，以实现其教育作用。

三、对幼儿结构游戏的评价

对幼儿结构游戏进行观察并作出评价，可以为教师指导结构游戏提供依据。对幼儿结构游戏的评价，主要是对幼儿运用定型材料（如积木、积塑）的结构游戏进行评价。可以从幼儿对材料的选择、运用、建构方式的运用技巧、主题的目的性、建构过程中的专注程度、社会性行为水平等方面进行评价。

第三节　幼儿表演游戏指南

表演游戏是幼儿根据故事、童话内容进行表演的游戏，即幼儿表演作品中的角色，用对话、动作、表情等富有创造性的表演，再现文学作品。由于表演游戏是通过表演来创造性地再现文学作品，所以也是一种创造性游戏。①

一、表演游戏的特点、类型及教育作用

（一）表演游戏的特点

表演游戏的特点可以从它与角色游戏和文艺表演的比较来说明。

1. 表演游戏是幼儿根据文艺作品的内容来表演的游戏

表演游戏和角色游戏都是通过模仿和想象扮演角色的活动，并以扮演

① 林静．表演游戏：巧用低结构材料 提升幼儿合作能力［J］．福建教育学院学报，2021，22（05）：116-118.

角色的活动为满足。但二者的区别在于：表演游戏中，幼儿按照童话或故事中的情节扮演一定的角色，按作品规定的内容进行创造性表演，而角色游戏是幼儿根据自己的生活经验来创造性地反映周围生活。

2. 表演游戏是以文艺作品为依据的创造性自娱活动

表演游戏和文艺表演都以童话故事表演为依据。但不同的是，表演游戏是幼儿自主自发的创造性活动；而文艺表演是在教师组织下，严格按照故事、情节、语言进行表演。如果说文艺表演是演给别人看的，那么表演游戏则是幼儿的一种自娱活动，不以演给别人看为目的，具有更大的主动性和随意性。

（二）表演游戏的类型

表演游戏主要是幼儿根据文学作品的内容来进行表演，包括故事表演、童话剧、歌舞剧等，是幼儿园主要的表演游戏形式。随着年龄的增长，表演游戏呈现不同的特点。3~4 岁的幼儿只能表演自己看到的、听到的作品中印象最深的情节，表演简单而缺乏内在联系，只能是作品中片段的反映。5~6 岁的幼儿则具有计划性、组织性，表演前能先理解故事内容、情节发展、角色的动作与对话，按作品中的人物分配角色、准备道具，并能自编自演，把带有部分创作性的故事加以戏剧化地表演。

幼儿园还有一种幼儿利用各种材料辅助表演的形式，其具体分类如下。

1. 桌面表演

幼儿在桌面上运用各种玩具或游戏材料，以玩具或材料来代替文艺作品中的角色，用幼儿的口头语言（独白、对白）和对玩具的操纵来再现文艺作品内容的一种表演游戏形式。这种游戏以个人游戏为主。

2. 木偶表演

木偶本意是用木头制作的玩偶。在幼儿园中，用各种材料（木、布、纸等）制成的人物、动物及植物造型的玩偶，都称作木偶。用木偶来进行表演的就称作木偶戏。

木偶戏的木偶可分为布袋木偶、提线木偶、棍杖木偶和手指木偶等几种形式。目前，广大幼儿园又出现了借助于各种小瓶制作的简易木偶。棍棒木偶和提线木偶制作、操作都比较复杂，适合成人表演，让幼儿观看。布袋木偶主要是通过幼儿的手指、手掌活动来进行操作表演，可以由一个或几个幼儿表演。手指木偶是在幼儿的手指上套上一个简单头饰或直接画一个头饰在手指上进行表演。

3. 影子戏表演

影子戏表演是根据光学原理，通过光的作用，利用物体的阴影来进行表演，一般有人影和手影，即以人身体的侧身造型和手的动作造型所形成的影子进行表演；头饰和手饰影子戏，也就是将影人造型戴在头上或手上，以头和手的动作操纵影人进行表演；纸影和皮影戏，即以纸盒、皮革为材料，制成侧身造型的影人，用杆子或绳子进行操纵表演。

4. 小舞台区表演

“小舞台”属于游戏里常见的一个游戏区域。幼儿园里很多班级的游戏区域里都会含有一块表演区，它通常是 4 米左右的场地，配合一定的辅助材料（如纱巾、头饰等），幼儿在音乐的伴随下进行各种表演。当然，也有少数幼儿园的“小舞台”以幼儿自己创编的或来自文学作品的故事为线索进行故事表演、木偶戏表演等。

（三）表演游戏的教育作用

表演游戏和角色游戏一样，是创造性游戏。通过创造性的表演，不仅促进了幼儿创造性和主动性的发展，而且童话故事以文艺形式生动、形象地反映典型生活，对幼儿更具感染力。

通过表演加深幼儿对文学作品的理解，更深刻地体会人物的思想感情，并受到熏陶和感染，更易于培养幼儿良好的品德。例如，表演《萝卜回来了》，小动物之间互助、互爱、关心他人的行为，会给幼儿提供积极的学习榜样。

表演游戏对幼儿口语发展有特殊的作用。幼儿通过表演再现故事或童话中优美、生动的语言，提高了他们的言语表现力，学会使用语调的变化，生动形象地、创造性地表达情感和对人对事的态度，这也是其他游戏所缺乏的。

进行表演游戏需要足够的勇气和自信心，因此对于幼儿特别是对于那些胆小、怯懦的幼儿来说，让他们担任角色可以促使他们克服性格上的弱点。

二、表演游戏的组织与指导

（一）表演游戏环境的创设

1. 舞台和布景

（1）幼儿表演的小舞台和布景

幼儿表演的小舞台可以是专门设计制作的舞台，有幕布、灯光、音响设备；也可以是简易的，只要用两把椅子将一块场地划分为台上台下即可。布景可以是专门制作的大布景，也可以是由教师、幼儿自己搭建绘制的简易布景。

小舞台的环境布置可以激发幼儿的表演欲望。这种环境布局有两种：一是按作品主题创设的小舞台环境，如按童话故事《灰姑娘》所设计的皇宫环境，有王子的城堡布景和皇宫舞厅的场景等，幼儿进入这样的环境就会自动地参与表演。这类环境要根据表演内容的不同定期更换。二是只向幼儿提供表演的道具、服装、录音带等材料，给幼儿以角色扮演的启示。这类环境布置能给幼儿的表演提供更广阔的创作空间。

（2）木偶游戏的舞台和布景

木偶游戏的舞台要有一块幕布把木偶操纵者遮住，台口高度以小观众站起来看不到后台的演员为准。舞台可以利用幼儿园课桌椅做成（在桌子后面表演木偶戏），也可以利用幼儿园的黑板架、毛巾架装饰而成，有条件的幼儿园可以专为幼儿制做木偶小舞台。

木偶游戏的布景设计应根据表演内容做到少而精，力求简单概括，夸张鲜明。可用硬纸板布景，也可用布料制成正式布景。布景应安放在一个立式的木架上，用夹子固定。布景有远景、中景、近景之分。可将远景放在小演员演出位置的背后，中景布置在舞台的演出位置处，近景则摆在舞台口。

（3）影子游戏的舞台与布景

皮影架、皮影箱就是影子游戏的舞台。它的结构包括：银幕架框，可用白色透明的布做幕布（布须拉紧），在架框上方装上日光灯（灯源必须在演员之前）；侧幕（左右各一），可用板或纸制成，侧幕上均装有道具袋。

可用纸、皮、涤纶片做成布景片，并将其紧贴在皮影架的幕布上，这样就形成了影子游戏的布景。

2. 道具、服饰

幼儿表演用的道具和服装应是象征性的，不必追求真实性，只要能反映角色的显著特征就行了。幼儿表演用的道具和服饰主要包括各种头饰、花卉、椅子、彩带和各式服饰。

（二）表演游戏的指导

不同年龄班幼儿表演游戏的水平不同，教师要根据表演游戏的特点，结合幼儿表演游戏的水平进行恰当的指导。

1. 教师示范表演

教师把故事、童话、诗歌等文艺作品，以戏剧、歌舞、木偶、皮影等形式，在小舞台上向幼儿做示范性演出，不仅能激发幼儿的表演欲望，而且能对各种表演技巧进行示范，供幼儿模仿，同时也为幼儿选择和积累表演游戏的素材提供了帮助。这是指导幼儿表演游戏的重要形式。

2. 帮助幼儿选择和熟悉表演内容

表演内容的选择与幼儿表演游戏的成败关系极大。幼儿的表演内容一般是以文艺作品的内容为依据，因此选择易于为幼儿理解又便于表演的作品，是开展表演游戏的前提，也是教师指导游戏的首要职责。

选择文艺作品要符合两个基本要求：一是要有便于幼儿理解、富有教育意义的内容。为此，教师要根据本班的教育任务，选择内容健康活泼、富有教育意义，同时符合幼儿的生活经验、便于幼儿理解的童话故事。二是作品要有表演性，即作品易于为幼儿掌握和表演。首先，作品要有一定的场面和适当的表演动作。但场面和动作要适合幼儿年龄水平，小班幼儿以一个场面和简单重复的动作为宜；中大班则可相应地增加场面和动作。其次，角色的对话易于用动作表演，对话与动作相配合，可使幼儿边说边做，增加表演的吸引力和生动性，如故事《萝卜回来了》中拔的动作就是和角色的语言表述同时进行的。静态对话、静态描述过多的作品不适于幼儿表演。最后，故事情节起伏较大，情节发展的节奏快，按一条主线发展，重点突出，这样既便于理解，对幼儿的吸引力也大。

适合幼儿用来表演的文艺作品，应有特定的场景、性格明显的角色、生动有趣的情节、简明形象的语言和动作等。这些作品是短小精悍的，其内容是在说明一个极其简单的道理。教师对这些作品的中心事件、矛盾冲突、主题思想等应有全面了解，并应利用讲故事、看图书、谈话等方式指导幼儿熟悉作品中的人物、剧情，帮助幼儿理解作品内容。

3. 通过编制练习性游戏使幼儿掌握表演技能

幼儿的表演技能一方面是在他们玩表演游戏的过程中逐渐积累的，另一方面是通过一系列练习性游戏的训练而获得的。教师为了让幼儿掌握某一方面的表演技能，常常把某一类表演技能集中起来，编成练习性游戏。幼儿通过这些练习性游戏的反复训练，就能较为熟练地掌握表演技能。

4. 通过参与幼儿的表演对游戏进行指导

教师参与幼儿的表演，即教师和幼儿同台演出，是教师对表演游戏进行指导的重要形式。

教师在表演游戏中所扮演的角色应当是能把整个表演组织起来的角色，或者是幼儿尚不熟悉、扮演有困难的角色。在游戏中，教师以角色身份出现，通过和幼儿一起商讨演出程序、选择和使用道具、布置环境等一系列活动给幼儿以一定的启示，使他们进一步理解作品内容，塑造出各种生动活泼的艺术形象。同时，对于游戏中幼儿自己创编的各种形体动作和表演语言，教师应及时地加以收集和整理，并在以后的游戏中介绍推广。

5. 以观众身份在表演外指导

幼儿喜欢教师看他们演戏，他们会以最大的热情和最好的表演来向教师汇报。因此，观众的身份给教师的指导提供了极有利的条件。作为观众，教师的指导必须符合观众的身份。

第一，教师必须认真、全身心地欣赏幼儿演出。教师的这种态度不仅是对幼儿演出的支持、鼓励，更是为幼儿示范如何以正确态度对待别人。

第二，教师可以观众身份，用提问、建议等方式指导幼儿顺利演出，并对幼儿的演出加以评价，提出改进的建议。例如，教师观看两个孩子玩木偶，他们在同一木偶台上，但各自玩着自己手中不同的木偶。这时，教师可以说："你们是在演木偶戏吗？你们能先报一下幕，告诉观众戏的名字吗？"于是这两个孩子看看自己手中的山羊木偶，商量后说："好吧，就演《小山羊的角真厉害》吧。"这是幼儿即兴想出的题目，教师加以鼓励并以极大兴趣看完了演出。教师感谢孩子们的表演，并建议："这个小山羊长了个犄角就这么骄傲，你们能帮它改掉缺点吗？"孩子们又商量了一下，把剧名改为《肯改缺点的小山羊》，并再一次要求教师当观众。这样，教师的提问和评价就使幼儿的表演获得了成功，并起到了激励幼儿创作和表演的作用。但应指出的是，教师的这种提问、评价应尽量不影响幼儿的主动演出，不要把教师的观众身份改为导演身份。

总之，表演游戏虽然以作品为依据，但又是创造性游戏，不同于文艺表演。在游戏中，幼儿可以自导自演，以表演为乐趣，而不必十分注重表演的效果，这也是表演游戏的特点，即以表演过程为满足。因此，在对表演游戏的指导中，既要求幼儿反映作品内容，更要尊重幼儿的创造性和主动性，鼓励幼儿主动、自然、创造性地表演，不应强调严格按作品来刻板地表演。

第四节　幼儿规则游戏指南

规则游戏是由成人选编的以规则为中心的游戏。规则游戏是幼儿园教学的有效手段和形式，在幼儿园有组织的教学实践中被广泛运用。

一、规则游戏的结构及分类

（一）规则游戏的基本结构

规则游戏包括四个基本因素：游戏的任务和目的、玩法、规则、结果。其中规则是核心，是游戏顺利进行的前提，也是评价规则游戏是否有效的依据。

1. 游戏的任务和目的

规则游戏有明确的任务，指游戏时对幼儿所提出的要求，要便于幼儿理解和实现，直接指向游戏的过程。不同的游戏，其任务也不同，可以促进幼儿智力（如观察力、记忆力）的发展，也可发展幼儿动作或提高音乐感受力等。游戏的目的是成人通过游戏想要达到某些教育方面的要求，直接指向游戏的结果，是教师在选编游戏时，根据教育要求和游戏的类型而确定的。

2. 游戏的玩法

游戏的玩法就是对游戏的计划和构思，包括游戏的全过程，即游戏的开始、过程和结束。游戏的玩法虽各不相同，但应能激发幼儿游戏的兴趣和积极性，愿意主动地去完成游戏中提出的任务。游戏的玩法也包括游戏中利用什么材料、做什么动作等，充分体现游戏性的特征。例如，“奇妙的口袋”就是要求幼儿在封闭的口袋或箱子里摸各种事物，运用触觉在已有经验的基础上判断是什么东西，以促进幼儿的感知、记忆、思维的发展。

3. 游戏的规则

游戏的规则是防御动作顺序以及在游戏中被允许的或被禁止的活动的规定，是由成人事先规定好的。游戏的规则必须被遵守，才能完成游戏任务，并提高游戏的趣味性。

4. 游戏的结果

游戏的结果是幼儿在游戏中所追求的目的，是判断幼儿是否完成游戏任务的标志。游戏达到满意的结果，不仅能使幼儿获得快乐和满足，还能激发幼儿游戏的积极性。规则游戏的构成要素是互相联系、密不可分的，缺少了某一因素，则会失去游戏的性质和教育作用，变成利用玩具或直观材料的学习或练习活动。

（二）规则游戏的分类

幼儿园的规则游戏比成人世界中的规则游戏简单，大多运用事物或带有情节。常见的规则游戏如下。

智力游戏：成人根据一定的智育任务而设计的规则游戏，它也是一种教学形式，将教学因素和游戏形式紧密结合起来，使幼儿在活泼、愉快的情绪中，轻松、自然、有兴趣地进行学习。其形式多种多样，按游戏材料，可分为图片游戏、棋类游戏、操作类游戏；按游戏的作用，可分为感官游戏、记忆游戏、分类游戏、推理游戏、语言游戏和数学游戏等。

体育游戏：指以促进身体正常发育和机能协调发展为主要目的的游戏。它作为体育活动的一种有趣的形式，具有锻炼身体、促进生长发育、富有娱乐性和竞赛性的特点，对培养幼儿对体育活动的兴趣有重要作用。

音乐游戏：是在音乐伴奏或歌曲伴唱下进行的游戏，具有音乐和动作相配合的特点。游戏动作要符合音乐的内容、性质、节奏、节拍和力度、速度的变化，能按照音乐的节奏开始、改变及停止动作等。游戏分为主题及无主题两类。前者有主题、情节、角色，要求幼儿根据音乐表演角色形象，用动作、表情来表现音乐。后者无主题情节和角色，常有追逐或竞赛因素。

规则游戏最大的特点是把学习的任务和游戏的形式结合起来，它符合幼儿学习兴趣性强，目的性、坚持性较差的特点，使幼儿以愉快的情绪，在轻松、有趣的气氛中积极、主动地学习，同时培养幼儿集中注意力、爱动脑筋的良好学习习惯。规则游戏也能培养幼儿遵守规则和具体要求以及与同伴协调一致、互相合作的良好品质。由于许多规则游戏带有竞赛的性质，对培养幼儿勇敢、上进等个性品质有积极作用。

教师在组织幼儿活动时，不仅要给予幼儿充分的自由游戏时间，鼓励幼儿积极开展自选的创造性游戏，也要把规则游戏作为重要而有效的教育手段，广泛地运用到幼儿的各科教学之中（特别是年龄越小，用得越多），顺利而愉快地完成教育任务，从而促进幼儿的全面发展

二、规则游戏的指导

（一）选择和编制适合幼儿年龄特点的规则游戏

为幼儿选择和编制规则游戏要顺应他们的身心发展水平，循序渐进，既要考虑幼儿的生活经验，智力、动作的发展水平，也要适合幼儿接受能力，又要有一定的难度。首先，要根据教育任务和幼儿发展水平确定游戏

的任务，其次选择合适的玩法和规则。形象玩具和与动作相联系的游戏较适合小班幼儿，而根据已有的经验或以语言进行的游戏则适合中大班幼儿。对小班幼儿来说，游戏的规则要简单，易于操作；而中大班幼儿游戏规则难度应提高。

（二）教会幼儿游戏的玩法，教育幼儿遵守游戏规则

规则游戏有一定的玩法和规则，幼儿只有学会了玩法、明确了规则，才能顺利地开展游戏。因此，在开始一个新的游戏之前，教师要以简明生动的语言、适当的示范，帮助幼儿学会游戏的玩法，掌握游戏的规则。教师讲解的方法有很多，可以借助多媒体课件展示、教师示范展示，也可以在和幼儿玩游戏的实践过程中边玩边教。在幼儿学会后，要鼓励幼儿独立地、积极地开展规则游戏。在游戏中，教师要注意督促幼儿遵守规则，以保证游戏的顺利开展和游戏任务的完成。

（三）保证幼儿充足的游戏时间，确保场地和材料

教师要保证幼儿有充足的时间、场地来开展自由的、自选的创造性游戏。教师还要根据游戏的性质和内容，确定合适的游戏场地。体育游戏和音乐游戏一般需要相对宽敞的场地，以保证幼儿获得足够的活动空间，保证游戏取得预期的效果。同时，教师还要根据幼儿的特点尽可能选取丰富、合适的游戏材料，激发幼儿游戏的兴趣，减少幼儿消极等待的时间。

（四）根据不同年龄班的特点，进行有针对性的指导

教师在指导幼儿游戏时，要针对各年龄班幼儿的具体特点，有侧重地进行指导。

小班：教师讲解时要注重语言讲解和动作示范相结合，语言要形象、生动、简洁，在幼儿游戏过程中逐步提出游戏规则。

中班：教师进行语言讲解时仍需结合动作示范，在游戏实践中提醒幼儿注意遵守游戏规则，关注游戏结果，可根据情况适当开展竞赛游戏。

大班：随着幼儿语言的发展，教师可以多用语言讲解，尽可能减少对幼儿游戏的参与，要求幼儿独立游戏，严格遵守游戏规则，争取最好的游戏结果；简单评价游戏的过程和结果，可开展稍复杂的游戏竞赛。

在游戏结束后，要引导幼儿收拾游戏材料和场地，根据幼儿游戏情况做出必要的评价，保持幼儿继续游戏的兴趣。

总之，教师既要创造条件保证幼儿有充足的时间、场地来开展自由的、自选的创造性游戏，同时也要有计划、有组织地进行规则游戏，为系统的集体教学活动服务。

第五章　幼儿游戏化教学活动环节的计划与组织

第一节　游戏时间与安排

游戏时间的把握和安排关系到幼儿游戏开展的质量和完成的情况，合理的游戏时间安排能够促进游戏的发展，要根据不同类型的游戏来计划与安排游戏的时间。①

一、游戏时间

所谓游戏时间，指的是幼儿在游戏活动中所花费的时间。游戏时间是幼儿游戏活动顺利开展的基本保障，适度合理的时间安排在幼儿游戏的开展过程中发挥着重要的作用，为幼儿的身心健康发展打下基础。

（一）游戏时间的长度

有研究表明：游戏时间的长短会影响幼儿游戏的质量。因此，幼儿需要多长时间完成游戏？幼儿在游戏中停留多长时间才能为幼儿游戏的发展提供质量和数量上的保障？幼儿在规定的时间内能尽兴地玩游戏吗？这些问题引发我们探讨游戏时间与游戏质量的关系。在较长的游戏时段（约30分钟）中，幼儿才有时间逐渐发展出社会和认知层次较高的游戏形式，其中包括完整的游戏活动、团体游戏、建构游戏等；而在较短的游戏时段

① 洪秋芸．中国、新加坡幼儿园儿童游戏权研究［D］．南京师范大学，2017.

（约 15 分钟）中，幼儿没有足够的时间结伴游戏，不能相互协商、讨论或做进一步的探索和建构材料，往往只是从事一些社会和认知层次较低的游戏形式，包括平行游戏、旁观无所事事、转换行为等。游戏时间的长短对幼儿在游戏中的合作存在一定的影响。无论哪一种游戏，幼儿都需要充分的时间去探索、去反思，有充分时间的保证，幼儿才能尽情地投入其中，快乐地完成，充分地探索。如果时间过短，幼儿还没有完整地掌握玩具或材料的特点，对玩具和材料的探索还没有完成，游戏就戛然而止，幼儿不仅感觉不到游戏的乐趣，而且很难将注意力从游戏材料中转移出来。当游戏结束后，幼儿注意力仍然停留在游戏之中，影响幼儿的发展，也很难发挥游戏的价值。另外，太长的时间也不利于幼儿游戏的发展。如果幼儿长时间地停留在一个游戏上，而且每天反复玩一个游戏，很容易转移注意力或产生疲劳，不利于游戏的开展。例如：今天是区域活动，李老师把四筐雪花片拿出来，分别放在四组幼儿的桌子旁边。“又玩雪花片，已经连续玩了很久了。”一个孩子嘀咕道。真正开始玩的时候，很多孩子拿着雪花片发呆，有的根本不拿雪花片。李老师发现这个情况后，把新买的建构玩具拿出来，发给“表现好，认真玩”的孩子，拿到新玩具的孩子高兴极了，不断地和同伴探讨新玩具如何与雪花片一起玩。孩子们探讨得正起劲时，李老师宣布收回玩具，游戏时间结束。孩子们恋恋不舍地看着新玩具，只好等到下次再玩。因此，适度的游戏时间能够促进幼儿身心健康的发展，也能够帮助幼儿体会到游戏的乐趣。

（二）游戏时间的特点

1. 游戏时间的固定性

幼儿园外的幼儿游戏一般不受游戏时间的支配。而幼儿园中的游戏作为幼儿一日活动的组成部分，一般是有目的、有计划地被安排在一日活动之中的固定的时间段，由此来体现游戏的计划性、时间性和稳定性。游戏时间的安排提醒幼儿注意在游戏时要有时间的稳定性，帮助幼儿意识到什么时间做什么样的事情，养成守时的好习惯和良好有序的生活规律。

2. 游戏时间的随机性

《纲要》要求幼儿园要以游戏活动为主。因此，幼儿一日活动之中处处穿插着游戏，基本上每个环节都涵盖游戏，只是游戏时间的长短不同而已。教师根据幼儿一日活动开展的情况，可以自行安排游戏的时间和内容，因此幼儿游戏时间具有一定的随机性，教师有可能根据游戏具体开展的时间与幼儿身心发展的状况，调整游戏的安排与进度。

3. 游戏时间的被动性

由于成人主导游戏的开展与进行，在幼儿开展游戏时，教师对游戏进行指导，同时根据游戏开展的情况或者一日活动各环节开展的状况把握游戏开展的时间。由于成人把握游戏时间的长度，幼儿只能在教师安排的时间内进行游戏，导致幼儿游戏时间存在一定的被动性，被成人控制和支配。合理的时间安排对幼儿游戏的发展、探索能力的发展有一定的促进作用。

（三）游戏时间的规划

游戏时间一般根据两种情况进行规划：根据小中大班不同的年龄班进行规划；根据幼儿游戏类型的不同进行规划。过长或过短的游戏时间都不利于幼儿游戏的发展。

1. 根据年龄班规划游戏时间

幼儿注意的特点是以无意注意为主，有意注意正在形成。这一注意的特点是与幼儿心理活动和行动的不随意性占优势，调节和控制自己的心理活动和行为的能力较差相联系的。幼儿对事物十分好奇，喜欢东摸摸、西碰碰，哪个地方有异样的响声，他们就赶紧跑过去看。如果从积极方面理解，幼儿注意不稳定是他们积极探索世界的表现。小班幼儿注意力保持时间较短，容易被外界有趣的事物干扰，游戏保持的时间也较短。中班幼儿注意力有所发展，注意的稳定性和持续性以及注意的范围也有所发展，所以游戏时间保持较小班有所提高。大班幼儿注意力保持时间较小班与中班幼儿更长。有人曾经在幼儿园观察记录，发现小班幼儿单独完成某项活动注意力保持的时间大概在 3~4 分钟，中班幼儿单独完成某项活动注意力保持的时间大概在 5~6 分钟，大班幼儿单独完成某项活动注意力保持的时间大概 7 分钟。教师可以根据本班幼儿注意力保持的时间开展游戏。

2. 根据游戏类型规划游戏时间

游戏类型不同，需要的时间也不同，教师应根据幼儿的不同游戏类型规划游戏的时间和游戏开展的进度。根据游戏的分类，分别从角色游戏、表演游戏、结构游戏以及规则游戏来规划游戏的时间。

（1）角色游戏

角色游戏能够促进幼儿社会性的发展，在开展游戏的时候需要的时间也较长。一般而言，角色游戏往往在区域中展开，展开时需要分配角色，并有完整的故事情节，所以完整的角色游戏开展需30~40分钟的时间。

（2）表演游戏

幼儿的表演游戏需要一个有趣、温馨、安全的游戏环境，教师在进行表演游戏时需要为幼儿准备一个封闭或者半封闭的空间，而且这个表演的空间要设置在同一个地方，这样能够使幼儿感觉到表演的环境熟悉、安全，促使幼儿愿意参加游戏。另外，表演游戏需要花费的时间较长，教师要保证幼儿开展表演游戏的时间不少于30分钟。

（3）结构游戏

结构游戏不同于角色游戏和表演游戏，会受到游戏材料的影响，如果游戏材料能够引起幼儿的兴趣，一般而言，年龄较小的幼儿注意力保持5~10分钟，年龄较大的幼儿注意力保持20~30分钟。所以，开展结构游戏时，教师要尽可能让幼儿探索，并根据幼儿探索的程度结束该游戏或把该游戏延伸到下一次活动。

（4）规则游戏

规则游戏包括体育游戏、音乐游戏和智力游戏。幼儿在进行规则游戏时需要明确游戏的规则，破坏规则或者不遵守规则时游戏结束。教师可根据幼儿自身的表现设定游戏的时间和游戏的进度。另外，户外活动规定不少于2小时，每天户外游戏（户外游戏可能涵盖各种游戏类型）的时间也不少于1小时。

二、游戏安排

游戏在一日活动中占据着非常重要的地位，但并不是所有的幼儿园在开展活动时都能合理规划游戏的时间。

（一）集体教学中的游戏安排

集体教学中的游戏要根据教师的教学目标和教学内容以及幼儿的经验等进行安排。在安排游戏活动时，教师要遵守一定的教学原则和教学方法，设计与幼儿发展相适应的教学内容和教学过程，并针对全体幼儿的学习适宜性，实施教学活动。但是幼儿园集体教学中游戏活动的目的和结果具有隐蔽性，不同的年龄班在进行游戏时有着不同的要求。对于小班幼儿，需要尽可能地延长游戏过程（提高教学过程中的游戏程度），淡化游戏的要求以及游戏结果，增加游戏的时间。对于大班幼儿，随着其年龄的增长，对游戏的体验要求降低，教学活动中的目的性鲜明，可以缩短游戏时间，追求游戏效果。

在集体教学中安排游戏活动需要明确以下要求：①淡化游戏目标。②增加游戏时间。③通过游戏的方式完成教学内容。④设计合适的游戏达成教学目标。⑤根据游戏的目标，设定游戏的时间。所以，只有符合以上要求，教师才能通过游戏达成教育目标。

（二）区域活动中的游戏安排

区域活动中可以开展很多类型的游戏，如角色游戏、表演游戏、结构游戏等等。教师在安排游戏时，一般需要考虑以下问题。

1. 设置合适的活动区角

幼儿游戏需要通过活动区角来完成，区角的安排、区角中玩具和材料的投放，与幼儿游戏的时间和游戏的质量有很大的关系。一般而言，为了幼儿更好地游戏，教师需要安排以下区角：娃娃家、自然角、阅读区、音乐区、建构区、益智区等，方便幼儿开展各种游戏。

2. 为不同类型的游戏安排不同的材料

一般而言，角色游戏中，幼儿需要榜样或模仿机能性角色、互补性角色、想象性角色。为了方便幼儿对角色的选择，教师需要为幼儿提供同类角色的游戏材料和不同角色的游戏材料。结构游戏中，教师需要为幼儿提供积木、积塑、胶粒、花片等专门的结构材料，还需要为幼儿提供瓶子、挂历、纸盒等废旧物品或半成品的结构材料。表演游戏中，教师需要为幼儿准备服饰以及固定的场地，并为不同年龄段的幼儿安排合适的故事情节。例如，为3~4岁的幼儿安排作品的片段，为5~6岁的幼儿安排完整的故事情节，并帮助幼儿提前熟悉故事情节。开展规则游戏，教师要根据游戏的要求为幼儿准备合适的材料，并随时更换材料。

（三）户外活动中的游戏安排

户外游戏活动可以促进幼儿身体各器官的发育，并能够促进幼儿骨骼肌肉的成熟与发展。教师在安排幼儿户外游戏时，一方面要保证每天户外活动的时间不少于2小时，充足的时间保障游戏充分地开展；另一方面，教师要为幼儿的户外游戏提供合适的材料，如攀爬玩具、跳绳、沙水等材料，并为幼儿提供玩游戏所必需的场地。

（四）生活活动中的游戏安排

生活活动中的游戏贯穿在各个环节，有时候游戏作为环节之间的过渡，有时候游戏作为生活活动的内容，有时候游戏作为教育的手段与方式。在生活活动中安排游戏时，需要注意游戏的灵活性与针对性，并关注幼儿的兴趣与表现，根据幼儿的需求组织和设计游戏，通过游戏帮助幼儿养成良好的行为习惯，顺利地完成环节之间的过渡。

第二节　游戏目标与预设

游戏是一日活动中的基本组成部分，幼儿可以自由选择游戏，教师也可以根据幼儿的发展状况预设游戏。但无论是幼儿自选的游戏还是教师预设的游戏，都不是杂乱无章的，而是有一定的教育目的——通过游戏潜移默化地促进幼儿智力、社会性、言语、思维等方面的发展。当然，因游戏活动过程中幼儿参与的高度自主与自由，任何对于游戏活动发展目标的规划与预设，都仅仅是作为教师观察、支持和引导幼儿游戏活动的一种依据和参照，并非实际游戏活动必须实现的全部结果。幼儿在游戏活动中的学习与发展往往是在具体活动过程中生成，隐性地实现的。游戏目标的预设重在为教师组织与指导幼儿的游戏活动时提供一种大的、原则性的方向。

一般而言，不同的游戏类型和不同的年龄班，游戏目标会有各自不同的侧重。[①]

一、不同类型游戏的目标

不同类型的游戏，目标不同，对幼儿的发展也存在差异。不同年龄班的幼儿在进行同类型游戏时，游戏目标也存在差异。根据不同年龄班分别从情感目标、能力技能目标、知识经验目标的角度来制定或预设游戏目标。

（一）结构游戏目标

结构游戏是幼儿自选的游戏活动，一般在区域活动中开展，受到幼儿的喜爱。幼儿在操作结构材料时能够促进其智力、言语和思维能力的发展。

1. 小班

能够认识不同的建构材料，并感知材料的形状，熟悉材料的操作方式。在观察模仿的基础之上，学会延伸、搭高、拼插等简单的建构方法；能够使用建构材料简单地构建出物体的造型。学会收拾各种材料，并懂得爱护自己或他人的构建物。

2. 中班

能与同伴合作建构；能围绕主题进行建构，并完成自己的建构内容。学会用悬空搭高、平衡对称、接插等技能进行建构；建构具有一定的创造性。

3. 大班

能够与同伴协商主题，并分工合作；能够布局合理，有计划和目的地进行构建。学会用围建、悬空搭建等方法进行建构；能够向他人介绍建构物，有成就感。

（二）角色游戏目标

角色游戏同结构游戏相同，均为自选且有创造性的游戏。幼儿进行角

① 张俊．关于共享游戏区的创设和指导的行动研究［D］．首都师范大学，2014.

色游戏时，能够促进幼儿的社会性、认知以及情绪情感的发展。同样，不同年龄班的幼儿，游戏的目标不同。

1. 小班

喜欢参加角色游戏；能够围绕角色主题开展游戏活动；能够扮演熟悉的角色；能够与同伴一起游戏，并爱护玩具材料。

2. 中班

能够围绕主题开展游戏，并逐渐丰富游戏的情节，学会扮演不同的角色；能够模仿角色的语言，反映角色的职责；能够按自己的意愿提出游戏的主题，并商量分配角色；能够遵守游戏规则，并参与评价游戏。

3. 大班

能够丰富并扩大游戏的主题；能够按自己的意愿提出游戏的主题，并形成初步的游戏目的和计划；能够创设简单的游戏情境，并大胆地扮演和模仿相关角色，与同伴一起协商角色分配。

（三）表演游戏的目标

表演游戏的开展能够促进幼儿合作能力的发展，与角色游戏相比，表演游戏需要按照情节进行，在游戏时需要注意游戏的完整性，小、中、大班游戏目标不同。

1. 小班

对游戏活动感兴趣，喜欢参加表演游戏。通过游戏活动能够了解相关作品的内容；能够倾听别人的谈话，并与同伴友好相处；能够在教师的帮助下完成游戏。

2. 中班

能够积极参加表演游戏；能够了解相关作品的内容、情节，以及角色特征；能够与同伴协商，共同完成游戏；能够参与评价游戏。

3. 大班

能够按照自己的兴趣和实际情况选择角色；能够通过游戏了解作品的内容、角色特征以及角色的背景与职责；能够顺畅地与同伴一起完成游戏；能够遵守规则，并客观地评价游戏中自己的表现。

（四）规则游戏目标

由于具体的情景不同，幼儿的规则游戏，即体育游戏、智力游戏与音乐游戏目标的预设，需要根据具体的课程或者情景设定，在此不做一一介绍。根据《纲要》以及《指南》的要求，对体育游戏、音乐游戏与智力游戏的目标设定如下。

1. 体育游戏目标

喜欢参与体育游戏，动作协调、灵活；能够积极地参与户外游戏与体育活动；能够完成基本运动动作并掌握动作要领；能够体验到运动带来的乐趣，并养成运动的习惯；能够独立完成体育游戏并遵守规则等。

2. 音乐游戏目标

能够感受音乐，并喜欢参加音乐游戏活动；理解游戏情景并懂得游戏的规则；能够在游戏中控制自己的身体姿势；能够创编游戏情景与游戏动作，探索游戏规则；能够理解音乐的性质并跟随音乐的乐段、节奏和速度变化做出动作；能够积极创编相关的游戏情景并协调自己的动作；能够积极参与音乐游戏并体验到游戏的快乐。

3. 智力游戏目标

喜欢参与游戏，并在游戏中提高自己的观察力、注意力；能够按照要求完成游戏；能够在游戏时掌握一定的规则；能够通过游戏获得智力、言语、思维、认知等方面的发展；能够与同伴合作完成游戏，并愿意参与游戏，体验游戏带来的乐趣。

二、游戏目标的预设

布鲁姆认为，目标就是预期的结果。所以目标的预设就是对结果的预设。在进行游戏活动时，教师需要对游戏目标进行预设，以达成预期的游戏效果。预设游戏目标时，需要注意以下几个方面的内容。

（一）预设游戏目标的定位

游戏目标的预设与游戏过程、游戏结果息息相关，换言之，游戏开展得是否有效主要在于教师对游戏目标的定位是否准确。在进行游戏目标预设时，需要对游戏目标进行定位——是发展幼儿的经验、能力还是关注游戏的趣味性与科学性。

1. 明晰本班幼儿的游戏经验

在进行游戏目标预设之前，需要了解本班幼儿的游戏经验。在设置游戏目标时，需要考虑目标的立足点是否合适，目标设置是否考虑到目标的层次。在设置有层次的目标时，需要根据本班幼儿的经验，将目标分层。例如，第一层次的目标适合所有幼儿，第二层次的目标适合操作能力或其他能力较强的幼儿，第三层次的目标适合某方面能力特别突出的幼儿，根据这三个层次的目标以及幼儿的具体表现指导幼儿游戏。因此，在设计目标时，教师需要了解每位幼儿的游戏经验与水平。

2. 明晰幼儿教育的整体目标

《纲要》规定："幼儿园教育应尊重幼儿的人格和权利，尊重幼儿身心发展的规律与学习重点，以游戏为基本活动，保教并重，关注个别差异，促进每个幼儿富有个性的发展。"在预设游戏目标时，需要根据幼儿教育的整体目标并兼顾每个领域的目标进行设计，需要考虑到游戏目标设计的总体要求与对幼儿个别发展的促进，使游戏促进幼儿的身心发展。

3. 明晰各领域教育对游戏的要求

幼儿园五大领域中有着各自不同的教育目标和年龄目标的规定，每个领域的目标存在差异，因此游戏的目标也存在差异。在进行游戏目标预设时，需要考虑不同领域的教育目标，结合教育目标设计游戏目标。除此之外，在进行不同类型游戏目标设计时，也需要考虑《纲要》以及《指南》对幼儿发展的规定，根据幼儿发展的速度，预设游戏目标。

（二）预设游戏目标的内容

幼儿园游戏目标依据不同的分类标准有着不同的层次和类型，例如，可以根据操作层次，分为具体的游戏目标和主题的游戏目标；可以根据五大领域，分为健康游戏目标、社会游戏目标、语言游戏目标、科学游戏目标、艺术游戏目标；从年龄班的角度而言，可以分为小班游戏目标、中班游戏目标和大班游戏目标等。在进行游戏目标预设时，还需要考虑以下几个方面的目标。

1. 情感目标

能够帮助幼儿获得快乐、自信，培养幼儿的合作性、同情心、责任心，学会分享和尊重；能够帮助幼儿积极参与到游戏之中，并在游戏中获得身心各方面的发展。在进行游戏目标预设时，教师需要将情感目标融入游戏目标之中，促进幼儿的主动性、合作性、积极性等方面的发展。

2. 知识目标

帮助幼儿通过游戏更好地适应生活和社会，获取直接经验和间接经验，掌握各领域的基本要求。在进行游戏目标预设时，依据幼儿的身心发展特点，体现游戏促进幼儿的直接知识或间接知识的掌握。

3. 能力目标

幼儿能力的发展可以通过游戏来完成，游戏可以促进幼儿的运动能力、语言能力、社会交往能力、自理能力、创造力等各方面的发展，学会各种技能。在进行游戏目标预设时，教师需要根据发展幼儿各方面能力的要求设置相关的目标，促进幼儿技能的发展。

（三）预设游戏目标的要求

在进行游戏目标预设时，有很多问题需要思考，例如，目标是否符合要求？游戏结束后，游戏目标是否能够达成？游戏评估时，游戏目标是否合理？所以，在进行游戏目标预设时需要细致周密地思考，避免因这些问题的出现影响游戏的开展。

1. 游戏目标的合理性

预设游戏目标时不仅需要考虑到教育的目标，还要考虑到游戏的类型以及幼儿身心发展的状况和自身经验。另外，还需要考虑到游戏目标的合理性，不能将游戏目标设计成教育目标，也不能将游戏当作实现教育目标的工具。因此，预设游戏目标时还需要考虑到游戏自身的特征，结合幼儿的身心发展及自身经验，设置合理的、全面的游戏目标。

2. 游戏目标的层次性

预设游戏目标时需要考虑到游戏目标的难易程度，以及幼儿自身的水平、兴趣和爱好，要考虑到不同幼儿的需要和能力，调动幼儿发展的积极性和主动性。教师在设计游戏目标时需要考虑其难易程度是否适合本年龄班所有幼儿。

3. 游戏目标的可操作性

在进行游戏目标预设时，可操作性是考量目标是否合适的重要标准。例如，游戏目标设置得非常合理，也符合幼儿的身心发展特点，可是幼儿园却不能提供适合的场地以及相应的材料，那么不管目标怎样，最终都无法实现。所以，需要考虑到幼儿园的情况以及教师自身的能力，设置可操作性的游戏目标。

（四）需要注意的问题

预设的游戏目标具有预成性（所谓预成性指的是在进入游戏活动之前，目标具有一定的假设性，是对结果的一种预期，是教师对游戏的一种主观评估），无论预设什么样的目标，都可能由于各种因素的制约无法达成，所以在预设和实现游戏目标时需要注意以下问题。

1. 为了达成目标完成活动

预设游戏目标的同时，教师需要考虑到在具体活动开展时，可能存在着一些外在的、不可控的因素，影响着游戏的开展与进行，这些外在的因素可能导致游戏目标的重组，即目标的生成性（在活动中，根据实际的活动，生成新的活动目标），这些生成性的目标可能比预设的目标更有价值。但是在开展具体活动时，很多教师为了达成预设目标而忽略生成性的目标，忽略幼儿在游戏中的表现与出现的状况等。所以，在预设游戏目标时，我们需要预留出一些空间，并思考可能出现和发生的状况，根据状况判断是否生成新的目标。

2. 教师“控制”游戏

在游戏过程中，教师由于担心目标无法达成，影响游戏的效果，于是把控游戏的进度和游戏的时间，因此忽略了目标的真正价值。所以，在预设游戏目标时，教师需要考虑到目标的真正价值和难易程度，根据目标设计相对应的游戏过程，并在游戏过程中“放手”，把游戏还给孩子。

3. 对目标的把握存在偏差

教师根据幼儿的经验以及幼儿身心发展特征设置游戏的目标，可是教师在设置游戏目标时，可能存在偏差，过分重视目标的形成，而忽略目标的更新，忽略目标的连续性和可持续性等问题。因此，预设游戏目标时，需要把握游戏目标的整体性、层次性和可操作性。

第三节　游戏常规与执行

游戏常规是指为确保游戏活动的顺利开展或进行，对幼儿不适宜行为和适宜行为的禁止和允许的经常性规定，是幼儿在游戏活动前或游戏过程中根据游戏情节的需要，共同约定并共同遵守的某种要求。游戏常规既可以指向具体操作动作的要求，也可以指向人际交往行为的要求，主要包括使用玩具的常规及对其他游戏行为的规定。游戏常规的建立不是对幼儿游戏的限制和约束，相反，建立合理的游戏常规，能够培养幼儿良好的游戏行为习惯，能够保证游戏活动的顺利进行，保证幼儿安全健康地发展，并能够帮助幼儿理解社会规则，促进幼儿社会性发展。合理的游戏常规还能促进幼儿道德、意志力的发展。在制定常规时要把握幼儿游戏的本质与特点，制定科学、合理的游戏常规，同时不要忽略了幼儿的主体性和创造性。①

一、游戏常规制定的意义

(一) 游戏常规可以保障游戏活动的有序开展

凡是游戏都是有规则的，游戏常规是幼儿游戏能够顺利进行的前提。在幼儿游戏中，如果没有遵守游戏常规的行为，就没有游戏可言。

所以说，游戏活动不能仅仅靠个人主观意识左右，每个游戏者都是一个独特的个体，思维、行为方式不尽相同，如若没有统一的游戏常规，游戏参与者在游戏中就会出现分歧、产生冲突，最终造成“我玩我的，你玩你的”。因此，游戏活动的顺利展开，需要游戏者达成共识，这个“共识”便是指所谓的游戏常规。在游戏常规的约束下，每个游戏者的待遇都是相同的，游戏一旦开始，游戏规则不能随意更改，进而保证了游戏的公平、

① 刘世云．贵州省幼儿园游戏存在的问题及改进对策［D］．贵州师范大学，2017.

有效，确保游戏活动顺利有效地开展。

另外，游戏常规的制定有助于增强幼儿的自我保护能力。一方面，幼儿身体各方面比较脆弱且极易受到伤害，认知水平较低且危险意识淡薄，有针对性地制定合理的游戏规则，能够提高幼儿身体的协调性、灵活性，锻炼幼儿对肌肉的控制能力、动作的协调能力及身体的平衡能力，从而提高幼儿的应变能力、适应能力，进而提高幼儿的自我保护能力。另一方面，在日常生活中要引导幼儿掌握安全常识，树立危险意识并懂得如何保护自己，而对幼儿进行安全教育最有效的方式就是通过游戏，将生活中的安全常识贯穿于游戏规则中，使幼儿在遵守游戏规则的同时，掌握生活中的安全常识，增强幼儿的自我保护意识及能力。总之，合理的游戏常规将托幼机构及生活中的危险信息、安全常识转化为游戏情境，引导幼儿在游戏中增强自身体验，内化为自身安全意识，促进幼儿身体健康发展。

（二）游戏常规与幼儿社会性发展

游戏常规的制定对幼儿社会性发展具有独特的价值。幼儿对游戏常规的遵守能够促进幼儿去“自我中心化”，初步理解社会规则的意义，培养幼儿良好的社会交往能力。

1. 游戏常规的制定促进幼儿去“自我中心化”

幼儿的思维核心是以自我为中心，他们喜欢以自己的立场和观点来思考问题，总是把注意力集中在自己的观点和动作上，表现为幼儿的言语、思维带有强烈的主观主义色彩，幼儿的外部行为也表现出强烈的“自我中心化”。

游戏活动是帮助幼儿摆脱自我中心的有效手段。在游戏活动中，游戏规则是从集体利益出发来制定的，幼儿想要游戏就必须遵守规则，幼儿对游戏规则的遵守促使幼儿与他人协商、合作，并学会站在别人的角度来分析解决问题，有效排除幼儿思维的个人化倾向，促进幼儿去“自我中心化”。

2. 游戏常规的制定促进幼儿初步理解社会规则的意义。

社会规则是人们在社会生活、学习和工作中必须遵守的科学的、合理的、合法的行为规范和准则，它是人与人之间、组织与人之间、组织与组织之间彼此的约定。遵守社会规则是一个人立足于社会必须具备的基本素质，然而个体的社会化并不是一蹴而就的，它贯穿于人们生命的始终。幼儿阶段是社会化的初始阶段，幼儿对社会规则的认知是在其社会交往中建构出来的。游戏活动为幼儿社会交往提供了良好的平台，幼儿通过在游戏中对游戏规则的认识和遵守，初步体验规则的意义，树立潜在的社会规则意识，增强社会认知。

3. 游戏常规的制定有助于培养幼儿良好的社会交往能力。

游戏中，同伴之间的合作、协商，使幼儿能考虑和接纳他人的观点，协调彼此的行为，促进同伴之间的合作交往，在一种公平积极的氛围中解决相互之间发生的冲突，并通过处理他们之间的分歧与冲突，学会与人协调、适应并合作，从而产生积极的人际关系。例如，在角色游戏中，幼儿通过模仿社会生活，再现社会中的人际交往，练习社会中的交往技能，人际交往能力在潜移默化中得到提升；在合作游戏中，幼儿学会与同伴协商、友好合作、和睦相处。

（三）游戏常规与幼儿道德发展

规则是对人们行为的规范，是协调人与人之间关系和行为冲突的社会性标准，在游戏常规的约束下，幼儿逐渐懂得什么该做、什么不该做。游戏规则通常贯穿着道德观念，幼儿通过游戏逐渐懂得关心别人、尊敬长辈、团结同学等文明行为规范，逐渐形成礼貌、遵纪守法、公正、公平等道德规范。在游戏活动中，遵守规则就意味着要约束自己的行为，当个体意识与游戏规则相冲突时，个体必须放弃自己的方法，以保证游戏顺利进行。例如，游戏规则中的“不能大声说话”“不能乱动”等要求，幼儿只有通过不断地调整自己的行为来适应规则，并逐步领会到团结、忍耐、公正等优良的道德品质。因此，幼儿对游戏常规的遵守有助于提升幼儿的道德认识，强化幼儿的道德行为。例如，在“娃娃家”游戏中，幼儿模仿“妈妈”下班回家，“宝宝”给“妈妈”提包，问“妈妈”累不累，要不要休息等，使幼儿潜移默化地养成关心他人、尊重长辈的良好道德行为。

（四）游戏常规与幼儿意志力发展

幼儿意志力的发展主要表现在行为的自制力、坚持性的发展，游戏常规的制定有利于幼儿意志力的发展。

1. 游戏常规的制定促进幼儿自制力的发展

自制力是一种能够抗拒诱惑、延迟满足的能力，表现为一种自我约束力。自制力差，是幼儿意志力发展的特点之一。但在游戏活动中，幼儿却能够很好地控制自己的行为，表现出较高的自制力水平。例如，在一些游戏活动的规则中，要求幼儿只有听到指令或信号才能做出相应的动作，这时幼儿只能控制住自己内心的欲望，按照集体的意志去行动，否则他将被游戏集体淘汰。又如，小班自选游戏的常规中，要求幼儿不能敲打玩具，不能拿着玩具到处走动，否则就要将玩具收回。这时幼儿为了能够游戏，只能通过遵守游戏规则来控制自己的行为。这有助于发展幼儿的自觉性和自制力，锻炼幼儿的意志力。

2. 游戏常规的制定促进幼儿坚持性的发展

行为坚持性是一种能够在较长时间内连续地按照一定的目的行动的能力。行为坚持性弱，是幼儿意志力发展的另一个特点。因此，幼儿不能长时间把注意力保持在一件事情上，让幼儿站立半小时是件难以实现的事情。但是如果采用游戏的形式，幼儿的坚持性便可以得到扩展。例如，以角色游戏的形式要求“士兵”站岗半小时，相对来说比较容易。虽然在游戏中，坚持依然有困难，但是游戏的魅力往往使幼儿主动地去克服困难，并沉浸在游戏情境中。又如，游戏活动“123 木头人”中，捉者喊“123 木头人”，被捉者必须停下来，如果有人依旧在动，则变成“木头人”，直到别的被捉者来解救才能动。“木头人”看似很痛苦，但幼儿却享受其中，甘愿长时间站在原地等待同伴解救。由此可见，游戏常规的制定，使得幼儿在遵守游戏规则的过程中，行为的坚持性也获得发展，从而提高幼儿的意志力水平。

二、游戏常规制定的基本要求

游戏常规是为了游戏活动的顺利进行、满足幼儿游戏需要、达到预期的游戏效果而拟定的，只有遵守游戏常规，才能开展游戏，体验游戏的情境和秩序，实现幼儿自身的发展。常规的制定需要计划，需要经验，需要智慧，需要统观全局。幼儿游戏的具体活动因游戏类型不同、特点不同、场地和材料不同以及不同年龄幼儿身心发展水平不同等，对其具体的常规要求也不同，因此，在建立游戏常规的实际过程中，既要考虑不同的游戏活动的性质，也要考虑不同年龄幼儿的发展水平。

（一）把握幼儿游戏的本质与特点

如果说游戏常规是游戏活动顺利开展的保证，那么，理解和把握幼儿游戏本质是游戏常规制定的前提。幼儿游戏的灵魂是使幼儿在游戏中产生自由感、支配感、胜任感、兴趣感等游戏性体验，正是由于这种积极的体验，幼儿才能在游戏中感到快乐、满足，所以，游戏常规要“支持”游戏，而非“限定”游戏。高质量的游戏活动是幼儿发现问题、解决问题并获得发展的过程，快乐、满足只是伴随在游戏过程中，幼儿游戏的宗旨是使其在游戏中获得发展，所以，游戏常规要“引导”游戏，而非“放纵”游戏。

另外，游戏常规的建立，还要考虑游戏的类型。角色游戏要求幼儿行为有序；结构游戏要求幼儿爱护玩具，能收放整理，动作迅速；规则游戏则更加注重幼儿选择合适的玩法并与同伴友好交往等。

（二）充分考虑幼儿年龄段经验

幼儿对规则的认识主要经历从萌发规则意识到实践规则行为的过程，从起初的“动即快乐”阶段，到规则“神圣不可侵犯”阶段，再到规则“可变、可协调”阶段。游戏常规的制定要充分考虑幼儿的年龄段经验，针对不同年龄班的幼儿制定不同的游戏常规。一般来说，小班幼儿参与的游戏活动的常规要简单，易于遵守，中大班幼儿的游戏常规难度应有所提高。例如，积木区的游戏规则，要求小班幼儿“不干扰别人，注意不碰坏别人的作品，不敲打等”，中大班幼儿则“学习协调关系和自己想办法解决交往中的问题”，要求幼儿“出现问题自己想办法解决，不告状，不依靠教师”。

（三）正确处理游戏常规与幼儿主体性、创造性的关系

游戏常规的建立，是为了服从共同游戏活动的需要。幼儿是游戏的主

体，游戏常规的制定不能由成人包办，而应该充分发挥幼儿的自主性，培养他们发现问题和解决问题的能力，引导幼儿逐步从参与制定规则到自己制定规则。另外，由幼儿自己制定、理解的游戏规则往往更容易使幼儿接受、理解、超越，更加具有灵活性。只有当幼儿真正体会到游戏规则带来的方便与乐趣时，才能认识到它的重要性，才能将游戏规则内化为内心的需求。教师要有意识地为幼儿提供规则自定的机会，提高幼儿规则自定的兴趣，采用多种方法助推幼儿进行规则的制定。

规则和创造性并不是两个相互对立的成分，常规的制定要着眼于幼儿的发展，而不能仅仅为了更好地管理。幼儿对游戏规则的认识是幼儿创造性发展的前提，幼儿游戏的规则不同，决定了游戏的玩法不同，多样的游戏使幼儿的创造性得以发挥。游戏规则并非一成不变，幼儿在游戏中偶然变通游戏规则，会获得意外的收获和发展。

三、游戏常规的内容

游戏常规的建立为幼儿提供了安全、和谐的游戏氛围，有助于培养幼儿的社会性、意志力及良好的道德品质，是有效开展幼儿游戏活动的制度保证。合理的游戏常规一般主要包含以下几个方面的内容。

（一）爱护玩具，不随便毁坏玩具

幼儿园中的玩具是全体幼儿共同拥有和使用的，每个幼儿都要爱护玩具，不能随意损坏、摔打、踩踏，更不能拿来投掷或击打别的同伴。

（二）玩具共享，不能独占或抢夺

幼儿在游戏中，需要什么玩具，就取什么玩具。防止幼儿一个人独占一堆玩具，不让其他孩子使用。当自己需要玩某种玩具时，不能任意去抢夺别人正在使用的玩具，要学会等待或用语言协商，征得他人的同意后才能拿去使用。在玩具数量有限不够用时，要学会轮流和等待，不要让幼儿私自将自己喜欢的玩具带回家。

（三）整理玩具，不随处乱丢或乱放

游戏结束时，要让幼儿逐步学会收拾玩具，做到用毕送还原处或分类

放入玩具筐，便于他人取用或下次再玩。不要让幼儿玩完后，随便乱丢、乱放或散落一地了事。一般而言，对于小班，教师要请幼儿帮助教师一起收拾整理；对于中班，应以幼儿为主收拾整理；对于大班，要让幼儿养成独立、自觉收拾整理的习惯。

（四）友好合作和共处，不干扰或捣乱

在孩子们共同的游戏活动中，特别是合作性较强的有角色扮演的游戏中，幼儿要学会协商地设计主题和分配角色，而不是只考虑个人的愿望，懂得主要角色轮流担任，能够相互谦让，使每个幼儿都有锻炼和表现自己的机会。在各自相对独立的小组游戏和个人游戏之间，幼儿可以相互建议、协商，但不强行干涉别人的设想，不捣乱别人正在进行的游戏。对别人的游戏成果，如搭建的作品要珍惜，不要肆意毁坏。在幼儿园里时常有孩子满不在乎地在别人的建构物上跨进跨出，碰撞桌子晃倒或直接动手推倒别人的建构作品，教师要予以合理有效的制止。

（五）活动时认真积极，不三心二意

幼儿在游戏过程中，需全身心地投入活动，能够积极主动的参与，不随便中断活动，以增强游戏的持续性、目的性。这既是幼儿游戏中的一般常规，也是幼儿游戏发展水平的反映。

上述五个方面只是游戏常规的一般性内容，在实际中，幼儿游戏常规的建立要注意把握幼儿游戏的本质与特点，针对不同性质的游戏活动，考虑幼儿的年龄段经验，并正确处理游戏常规与幼儿主体性、创造性的关系。合理的游戏常规，并不是在组织和开展游戏的过程中建立的，它需要教师在长期的教育中逐步地、循序渐进地去形成和巩固。

第四节　游戏的组织形式

一、自选游戏的组织形式

（一）自选游戏的含义

自选游戏是幼儿自由选择、自主决定的活动，它注重游戏活动本身，注重让幼儿自由地开展活动，充分发挥游戏的自主性特点，激发幼儿这一发展主体的内在活动动机，产生积极体验，通过轻松愉快的活动过程，促进其身心发展，实现游戏本身的价值。所以，这种组织形式的游戏活动也称作目的性游戏或本体性游戏。①

自选、自由的游戏，注重主题的确定、玩具材料的选择、玩伴的选择、语言的运用、动作的展示等游戏过程的各个环节的自然进行。虽然自选游戏也有规则限制，但这种限制主要来自物质环境（如空间和材料）和时间规定等。自选游戏是一种人为创设的自然情景下的幼儿游戏，一方面可以为幼儿自发自觉的活动提供条件，另一方面又可以渗透教育的目的与要求。所以，这种游戏的组织形式，往往被认为是幼儿真正严格意义上的游戏活动的实施。幼儿的一切活动均具有游戏性，游戏同时也是幼儿的学习和工作，把自选游戏作为幼儿园一日生活的基本类型无疑是将游戏转化成幼儿园教学内容的基本体现。在幼儿教育中开展自选、自由的游戏，通过促进幼儿积极性、主动性、创造性的发挥，来实现教育的全面发展目标，这种形式是内隐的、不明显的，它使幼儿在不自觉的游戏状态下，接受教育者意图的影响。

（二）自选游戏的组织

自选游戏的组织强调幼儿在游戏中的自由自主，在活动组织方式上主要以个别形式、小组形式来进行。以自选游戏的组织形式实施的游戏，在类型上主要是创造性游戏，包括角色游戏、建构游戏等等。自选游戏可以发生在任何可以自由支配的时间和空间里。在时间上，幼儿入离园的等待时间、常规教学活动之间的间隙、生活活动时间、班级专门安排的自由活动时间等都可以用来组织自选游戏；在空间上，幼儿园户外、楼道、走廊、班级里，特别是区域环境中，都是自选游戏发生的地点，其中区角是自选游戏发生的依托，区域活动常常就是自选游戏的活动。对于幼儿来说，自选游戏是一种自由活动，活动类型是他们感兴趣的，活动内容是丰富的，活动形式是多样化的，更重要的是，幼儿可以自己决定玩什么和怎

① 周草．幼儿园游戏活动质量的调查研究［D］．浙江师范大学，2015.

么玩。幼儿在自选游戏中更适合也更倾向于玩一些能充分发挥自主性、创造性的游戏。

不同类型的自选游戏能够促进幼儿不同方面的发展。对于教师来说，自选游戏应体现一定的教育目的和要求。教师应提前确定游戏目标并制订计划；应创设适宜的游戏环境，为自选游戏的开展设置活动区，并了解各个活动区的特点；要因地制宜地提供材料、场地，考虑各种材料的玩法，依幼儿年龄特点，考虑各活动区游戏规则的建立；应有针对性地在游戏活动过程中观察指导。自选游戏的开展，有益于真正落实“幼儿园应以游戏为基本活动”这一要求。幼儿园应将自选游戏作为一日活动的重要组成部分，为幼儿提供充分的自主活动机会，准备良好的物质条件，给予幼儿自主活动的权利，鼓励与支持幼儿自发的游戏活动，使游戏成为幼儿一日生活之必需，并在积极实践、操作、探索和学习过程中，达到促进幼儿全面和谐发展之目的。

二、教学游戏的组织形式

（一）教学游戏的含义

教学是教师对幼儿学习活动有目的、有计划的组织与指导，教学游戏的组织形式是教师以教学的方式来组织幼儿游戏，借助游戏这种幼儿喜爱的形式来展开教学，完成特定的教育教学目标，即教学的游戏化。在教学游戏的组织中，游戏通常结合一定的主题活动而进行，游戏为教学所用，服务于教学，成为教学的一种手段，因此，教学游戏也称手段性游戏。

教学游戏是幼儿园游戏的主要形式，是幼儿园非游戏活动游戏化的重要手段，它的目的在于调动幼儿的学习兴趣，吸引幼儿的注意力，使幼儿在非游戏活动中产生一定程度的游戏性体验，更加积极地参与教学活动，以达到更高的教育效果。正是借助于游戏活动的组织形式，幼儿的集体教学活动才表现出不同于成人教学的形式特征。然而在这类游戏组织过程中，由于教学目标、计划等的预设，教师的控制程度较大，幼儿的游戏表面看起来自然而积极，但都是在教师的操控下进行的。所以，教学游戏并非纯粹意义上的游戏。但这种组织形式把游戏作为常规教学开展的手段，让幼儿园的课程实施具有了形式上的游戏化特征，是避免幼儿园教学小学化、成人化的重要途径，并且能够直接、有效地促进教学目标和任务高效率的完成。如果说自选游戏更多体现为情境暗示和氛围熏陶等隐性课程形式，那么教学游戏则可以更多地被视为幼儿教育显性课程的重要组成部分。

（二）教学游戏的组织

教学游戏通常是以集体的形式展开的，教学游戏的组织在游戏类型上往往表现为成人编定的、有一定规则的规则游戏，如智力游戏、体育游戏、音乐游戏、美术游戏等等，这些游戏通常出现在集体教学的活动过程中，为集体教学活动服务。在空间上，要为幼儿提供游戏化教学环境，创设出既蕴含教学意图，又符合幼儿学习特点的游戏性的教学环境；在活动内容上，虽为教师预设，但要根据幼儿的游戏兴趣与要求作出相应的调整；在活动开展过程中，不要强制规定幼儿的具体做法，应营造自由、民主的积极氛围，鼓励幼儿自由交谈、分享。

游戏的乐趣在于游戏充满了体验性，幼儿在游戏中无论是兴奋、激动还是恐惧、愤怒，他们最终都毫无例外地感受到愉悦，这种愉悦性体验正是幼儿沉迷于游戏的根本原因。教学游戏顺利进行的关键在于幼儿能否在游戏中产生积极的游戏性体验，使被动的教学要求转变为幼儿自身的学习需要，这就意味着幼儿园教学应努力达到一种游戏的境界。

教学的游戏化的根本宗旨是使幼儿园教学始终体现着游戏精神，让幼儿的游戏精神成为贯穿和融入整个幼儿课程实施的灵魂或主线。这就要求在教学游戏中，要注意教学时间和教学空间的灵活性，给予幼儿表达上的自由和思想上的自由，同时也要给予教师相应的教学自主权和充足的教学自由，让教师和幼儿都体验到愉悦的情感，使他们都沉浸其中，享受教学过程中的自由、轻松、和谐、融洽。

通过以上对自选游戏和教学游戏这两种组织形式的分析，我们就能够对这两种形式的游戏活动做出区分。例如，同样是跳绳这一体育游戏，幼儿完全是自发选择、自主开展，不受任何外在目的的控制，按自己的需要和经验去活动，那它就是本体性游戏。

总之，自选游戏和教学游戏作为幼儿游戏活动的两种组织形式，在本质上是不同的两类活动。自选游戏强调的是过程、表现和幼儿的自主活动，它能够在最大程度上顺应幼儿的自然发展；教学游戏主要是一种有目的、有计划的由教师对幼儿施加影响的活动，它更多强调的是教师的作用。然而，幼儿自选的游戏与教师有目的、有计划的教学游戏，是能够同一的，或者是平行的。在教育实践中，二者紧密相关，融为一体，既不可相互代替，又不可各自独立。科学的幼儿游戏活动的组织，必须合理分配这两种游戏形式的运用比例，并在具体的教育情境中灵活转换，实现自选游戏和教学游戏的有机结合。不论是设计自选游戏活动，还是创设教学游戏环境，都要注意教师的设计是为了幼儿的发展，要注重幼儿自身的需要。既不能只重视自选游戏的组织，而导致游戏实施的放任自流，不利于幼儿的全面发展，又不能只注重教学形式的游戏，影响幼儿主体性的发挥，更不能使教学活动过分采取游戏的外在形式，忽视游戏的内在精神品格，而导致游戏失去了它原本的价值。

第五节　游戏的现场指导

一、游戏现场指导的意义与原则

在一定的环境和条件下，在教师对游戏活动的有效组织下，伴随着幼儿游戏兴趣和愿望的产生，幼儿游戏活动就成为幼儿教育实践中现实的活动行为。在幼儿园的游戏活动过程中，教师要在理解幼儿游戏活动的基础上合理地对幼儿施加一定的影响，即对幼儿游戏活动进行现场指导，以保证幼儿教育以游戏为基本活动的原则得到落实，保证游戏活动对儿童发展的价值得到实现。如果说，为幼儿创设游戏的环境条件和对游戏活动进行时间安排是对幼儿游戏活动的场外指导，那么教师对幼儿游戏过程的介入就是对游戏活动本身的现场指导。[①]

① 张鹏．幼儿园建构区幼儿自主游戏的教师支持研究［D］．广西师范大学，2017.

（一）教师对幼儿游戏活动进行现场指导的意义

游戏作为幼儿的基本活动，被纳入现代幼儿教育活动中，成为教育幼儿、发展幼儿的手段或形式。幼儿进行游戏的过程，就是教师给幼儿施加教育影响的过程。只有当教师与幼儿在游戏中相互作用，游戏促进幼儿学习与发展的功能才能充分发挥出来。而且幼儿个性特征在游戏中充分而自由的展现，也为教师提供了观察、了解和有针对性地教育幼儿的最佳机会。

1. 在态度上起到支持幼儿游戏的作用

教师在日常工作中的态度可以影响到幼儿游戏的态度，如果教师工作态度非常认真，那么幼儿在玩游戏的时候态度也会非常认真。如果教师直接参与到幼儿游戏过程中，那么这个行为本身就是在向幼儿传递一种非言语信息，即游戏是有价值的、重要的活动，它可以影响幼儿对于自己游戏活动的看法，影响幼儿游戏的兴趣、游戏持续的时间以及游戏的水平与质量。反之，如果教师对幼儿游戏采取漠然或忽视的态度，则会让幼儿感到“那件事情没有意思，不重要”或“玩就是瞎玩”。

2. 具有密切师幼关系的情感功能

教师参与或指导幼儿的游戏，如同教师蹲下来与幼儿说话一样，具有密切师幼情感，建立民主平等的师幼关系的功能，它可以让幼儿体验到教师的亲切与关爱，把教师看作一个可以亲近的而非“高高在上”的人。

在与儿童，尤其是与年幼的儿童交往的时候，我们常常会呼吁，要蹲下来和他们说话。某公益广告片就播放了成人停下脚步，蹲下身子，和孩子交流的温馨画面。在幼儿教育领域，整天和幼儿打交道的教师会自觉或不自觉地蹲下身子和幼儿进行交流，这样，教师和幼儿能够在身体的高度上达到一致，使幼儿和教师交流的时候能够以一种更加平等的姿态对话，并从中感到自然和舒适。教师蹲下身子和幼儿交流的时候，也使得他们能够更加仔细和耐心地倾听幼儿的话语，通过深入的交谈走进幼儿的内心世界，与幼儿在情感上融为一体。

教师蹲下来和幼儿进行交流的时候，也更容易抚摸幼儿的头，拍幼儿的肩膀，和幼儿拥抱。在这个时候，教师自己仿佛就是孩子，他们放下了成人的权威，降低了自己的高度，把幼儿看成有着独特的表达方式和情感世界的伙伴，自己则成为平等伙伴中的“首领”。因此，他们蹲下来的不仅仅是身体，而是与身体一起把整个心都“蹲”了下来。

这需要教师具有进入幼儿内心精神世界的能力与愿望，意味着教师作为平等中的“首席”而不是高高在上的“指挥者”来观察和理解幼儿，要做到满足幼儿的游戏需要，体谅和宽容幼儿的所作所为，甚至是童言无忌的过失行为，从而与幼儿分享童年的成长与快乐。教师需要以民主的态度与幼儿沟通，在幼儿面前隐去权威形象，用自己的人格赢得威信，从而使幼儿接纳自己。

3. 具有促进幼儿发展的教育价值

教师参与游戏，是教师与幼儿互动的过程，也是教师有意识地向幼儿施加影响的过程。教师与幼儿的互动或相互影响具有幼儿与伙伴互动无法替代的发展功能。教师作为成人具有丰富的知识经验，作为教育者的教育意图在游戏中可以潜移默化地传递给幼儿，幼儿也在游戏的轻松氛围中接受成人的教育和影响。

需要注意的是，教师在幼儿游戏活动中的指导，不仅可以促进游戏活动本身的发展，而且也有助于幼儿教育全面发展目标的实现，但是这种指导的时机必须是合适的，方式方法等必须是恰当的，否则教师的指导将会成为游戏的一种干扰，指导的效果可能与幼儿教育的初衷背道而驰，达不到预期的教育效果。因此在幼儿游戏的活动过程中，既要反对对幼儿游戏的自由放任和消极的不作为态度，也要反对对幼儿游戏的不恰当的干预。

4. 具有促进幼儿教师专业发展的作用

起初，教师获得的关于幼儿发展的知识往往是模糊的，只有将这些知识运用起来，他们才能够真正理解这些知识。教师指导游戏的水平往往反映了其在幼儿教育领域的专业化程度。教师能够把身心“蹲”下来和孩子进行交流，恰恰反映了他们对于幼儿心理学、幼儿教育学等诸多学科知识的掌握和领悟，这是一种智力活动，而在实际活动中将其运用到自己的工作中则表现出一种实践智慧。有时候，了解一个知识并不难，难的是将这些知识运用到实际中去。在幼儿面前蹲下来，体现出教师这个群体较高的知识管理能力和知识运用能力。

只有当教师对幼儿爱得至诚、爱得深刻的时候，他们才能够彻底地放下自己的姿态和脱掉成人的种种伪装，以赤子之心面对幼儿。教师与幼儿一起玩游戏时，把自己当成“大灰狼”“兔妈妈”，一言一行中，仿佛自己就是“大灰狼”和“兔妈妈”。教师在观察和指导幼儿游戏的过程中，能不断增强自己对幼儿的理解，在反思中促进自己的专业化水平。

（二）幼儿游戏过程中教师现场指导的基本原则

教师对于游戏的现场指导是一个连续的观察、决策和反思的过程，它并不是无章可循的，而是要求教师在这个过程中遵循一定的原则，掌握一定的要领。这是对教师进行游戏的现场指导的基本要求。

1. 现场指导要建立在科学的儿童观和游戏观的基础上

在幼儿园游戏活动的现场指导的实践中，有很多教师无法给幼儿进行有效的指导，其指导行为甚至给幼儿的正常游戏活动带来了不必要的干扰，这恰恰是因为这些教师没有系统地学习和掌握科学的儿童观和游戏理论。教师工作很忙，整天被烦琐和细致的保教活动所围绕，他们接受的培训是碎片化的，这就导致教师缺少对于幼儿内心精神世界和游戏的深入思考。因此，为了提高教师游戏现场指导的有效性，他们必须深入、系统地学习游戏理论。这些游戏理论看似不能直接运用到游戏活动的现场指导中，但是它却是教师准确理解幼儿游戏活动的前提。

2. 以观察为依据，确定指导的必要性

对于幼儿游戏现场的任何指导都要建立在对幼儿游戏真实状况和心理状态的充分了解的基础上。只有通过观察，教师才能够充分了解幼儿对于当前活动的兴趣、已有的经验或问题，方能够准确地做出是否介入以及选择哪种策略与方法、如何指导幼儿游戏的判断。幼儿的游戏有诸多可以从外部观察的指标，如动作、表情、言语等，这种观察既可以通过站在旁边看、听或与幼儿交谈来进行，也可以通过与幼儿共同游戏来进行。通过这种观察，教师可以判断幼儿行为的意义，确定指导的必要性和针对性。

教师针对幼儿游戏活动的观察，不仅仅是为了对当前游戏活动的开展进行有针对性的指导，也是为了了解游戏中充分表现自我的幼儿，了解其个性特点和能力水平，从而有助于游戏活动的组织与指导以及其他教育活动的开展。游戏是了解幼儿的窗口，观察是游戏指导的前提和依据。

3. 确定游戏指导的时机

教师在观察幼儿的游戏活动之后，还要思考什么时候介入幼儿的游戏实施干预才是合适的，这就是游戏指导的时机问题。良好的干预效果的取得，往往依赖于恰当的干预时机的选择。对于教师来说，确定什么时候是干预幼儿游戏的恰当时机，常常是一件困难的事情。选择最适宜的干预方式，是教师教育智慧的一种体现，其中蕴含着教师游戏指导的实践智慧。

幼儿游戏开始时兴趣和愿望的激发，游戏活动中情节的拓展，游戏结束时的总结性评论，都是教师进行游戏指导的重要环节。在游戏活动的进行过程中，教师对幼儿进行干预和指导，同样也有一个最佳时机选择的问题。有时候，在幼儿欲做而不能，经过自己的种种努力与尝试之后，教师的一个“动作”就使幼儿“豁然开朗”。如果教师在幼儿第一次不会做的时候就手把手地去教，幼儿没有经过尝试，教师的指导可能不会发生作用，幼儿可能也不领情。正如我国古代教育家孔子所言：“不愤不启，不悱不发，举一隅不以三隅反，则不复也。”在游戏活动过程中的指导，也要注意启发原则的运用。

（1）根据游戏的过程，确定恰当的介入时机

游戏开始阶段。一般在游戏开始时，幼儿自由选择游戏，但有时会出现幼儿扎堆一种游戏的情况，此时介入主要是教师帮助幼儿协调矛盾，解决问题；当幼儿进入游戏时，有的幼儿却无所事事，没有明确的游戏意愿，徘徊在游戏之外无所适从，此时介入主要是教师为幼儿提供顺利进入游戏的时机；幼儿在构思游戏玩法时出现困难，只是随便摆弄游戏材料，此时介入主要是教师引导幼儿展开想象，构思游戏玩法。

游戏高潮阶段。这时候大部分的幼儿都已经积极投入自己的游戏中，教师介入的时机大大减少。当幼儿在游戏过程中与同伴产生冲突，自己却又不能解决时，教师主要是帮助幼儿解决同伴之间的矛盾；当幼儿的游戏内容出现不合理的消极内容时，教师主要是帮助幼儿转换游戏内容，使幼

儿朝着积极的发展方向进行游戏。

游戏结束阶段。这时候教师的介入一般是提醒幼儿游戏时间的结束。

（2）按照幼儿对游戏的熟悉程度，确定恰当的介入时机

进入新游戏的介入。新游戏对幼儿来说是新颖的，可以是教师发起的，也可以是幼儿自己发起的。游戏因为各种原因不能顺利开展，此时介入主要是教师帮助幼儿解决新游戏中的困惑，如教师发现幼儿游戏不能有效进行是因为缺乏适合的材料，那教师就需要介入游戏中为幼儿提供材料；在新游戏中，幼儿可能还不能很好地遵守游戏规则，此时介入主要是教师提醒幼儿遵守游戏规则。

游戏成熟期的介入。这时幼儿对游戏的规则已熟悉，也能顺利开展游戏，在这个阶段，教师不要急于盲目介入，通常是幼儿在熟悉游戏的基础上进行新的尝试，教师才介入，此时介入主要是教师对幼儿游戏行为的鼓励和肯定。

游戏疲乏期的介入。当幼儿对游戏失去兴趣时，就会无所事事，或破坏纪律，或滥用材料。此时介入主要是帮助幼儿转换游戏或更换游戏材料。

4. 确定指导对象的范围

教师对幼儿游戏过程的指导往往是以个别教育的方式来进行。教师须立足于对全体幼儿的游戏活动全面掌握和关注的基础之上，做到个别指导和对全体幼儿游戏的一般性影响相结合。教师应注意避免单一性集体指导和整齐统一的要求，同时又须注意指导范围不能局限于某个幼儿身上，做到对指导对象范围的科学、合理的把握。例如，教师依据上次“积木区”游戏和“娃娃家”游戏存在的问题，确定这两个区域为指导的重点。在游戏进行过程中，教师就应既关注各区游戏的全面开展，又同时深入这两个活动区，给予具体的和更有针对性的指导。

教师对幼儿游戏过程的指导范围应是重点与一般、个别与集体、局部与整体相结合，这就需要教师针对具体情境去灵活把握。在具体的指导过程中，教师既是班级中全体幼儿的指导者，又可以成为个别幼儿游戏中的伙伴。例如，在两人一组的游戏中，其他幼儿已经两两结成一组，最后剩

下一个幼儿，教师就可以和这个剩下的幼儿一组进行游戏。

幼儿到达一个陌生的环境学习和生活，总会有难以适应的地方，而对于一些腼腆的幼儿来说，要快速适应一个新的班级和幼儿园生活就更加困难。所以，教师在关注全班幼儿的同时，找机会给新来的幼儿参加活动的机会，对新来的幼儿进行特殊关照，从而使他们能很快地融入班级的集体生活。

5. 把握好与幼儿互动的节奏

自然界或人文艺术界因变化而丰富，在包括高度、宽度、深度、时间等多维空间内的有规律或无规律的阶段性变化简称节奏。节奏是关于速度变化的问题，教师在与幼儿进行互动的过程中也存在节奏的问题。俗话说："孩子是脚，教育是鞋。"这个俗语要求教师根据幼儿的成长节奏进行指导。就像成人和孩子在一起走路一样，成人走一步顶孩子两步。如果成人不刻意地放慢自己的脚步等待孩子，孩子会在后面跑得气喘吁吁。所以，成人应该在孩子的后面，跟随孩子的脚步。

教育的节奏要求教育者有对生命成长节奏的敏感。正如蒙台梭利所说的："当某种特殊的敏感性在儿童身上被激起时，它就像一道光线照射到某处而不是其他什么地方，使得那个被光线笼罩的地方成了他的整个世界。""如果儿童不能根据他的敏感期所发出的一些指令行事，那么，一种自然征服的机会就永远地丧失了。"因此，教育需要观察和发现，教育不能忽略，不能错过。教育必须耐心等待生命的生长，静守花开。维果茨基从生命的节奏中发现了智力的最近发展区。他用心理学的实验告诉人们，只有当孩子在自己的发展中达到一定的成熟程度时，一定的教育才有可能进行。当我们与孩子说话、一起走路的时候，我们都会自觉不自觉地放慢自己的速度。但是在幼儿教育过程中，家长和教师常常犯忽视婴幼儿发展速度的错误，往往急于用自己的想法去代替幼儿的想法，不给他们探索、思考的时间，不给他们与伙伴一起活动、"磨合"的时间，往往要求幼儿给出"正确"答案，马上看到结果，因而造成了幼儿教育中的肤浅化、表面化、形式化，甚至小学化和成人化的问题，往往使婴幼儿的学习停留在对于教师语言的机械重复，这种问题也存在于游戏活动的组织与指导中。

幼儿因为快乐才喜欢游戏活动。当教师把幼儿带到户外去玩扔沙包的游戏的时候，幼儿最初的兴趣是扔沙包这个活动本身。在扔沙包的过程中，幼儿也许会产生“谁扔得远”的问题，这时，教师可以因势利导地提出“怎样才能知道扔得有多远”的问题。由于场地上方块的暗示，幼儿自然首先会想到利用地面上的砖块来测量。由于大班幼儿已有较强的“竞赛心理”，教师还可以提供纸笔等，让幼儿把他们的比赛结果记录下来，这样在活动过程中就自然产生了“统计”的问题。在经过一段时间后（可以是一周或两周），教师可以更换游戏地点，如到平坦的土地上扔沙包。这时，由于地面上缺少了原来可以利用的自然测量标准——方砖，幼儿必然会面对寻找测量工具和测量标准的新问题，而且可能会产生非标准测量工具不一致或不具可比性的问题。这时，教师可以很自然地把标准测量工具介绍给幼儿。

所以，这个游戏活动如果以渐进的、生成性的方法来组织与指导会有很好的效果，应当有不断深入的延伸活动，不宜以一次活动解决所有问题、实现所有教学目标的思路和方式来组织。这里的关键是要把握好与幼儿互动的节奏。

（三）两种性质的现场指导：正向指导和负向指导

幼儿园游戏指导是指教师在游戏中对幼儿施加影响。从指导者的意图和对幼儿的影响上来看，可以分为两种：一种是正向指导，即通过指导促进或肯定幼儿的某种行为；另一种是负向指导，即通过指导抑制或否定幼儿的某种行为。这两种性质不同的指导相比较而言，前者比较常见，而为了保障游戏的有序进行，后者也是必不可少的。

在幼儿游戏正常、顺利进行的过程中，教师的介入本身就应该成为对幼儿游戏的支持和鼓励。如果在一个适合幼儿发展的环境中，教师在仔细观察的基础上，帮助幼儿推进游戏向纵深处发展，那么教师的指导是正向的。

然而，在幼儿游戏行为中出现下列现象时，教师应对幼儿进行负向的指导：①当游戏中出现不安全因素的时候，如幼儿口含铅笔追逐嬉戏，用真的注射器玩打针游戏，用带有发射功能的枪向同伴射击等；②当幼儿游戏出现消极内容的时候；③当幼儿为争抢游戏角色或玩具用语言或身体攻击其他幼儿的时候；④当游戏行为出现违反游戏常规等现象的时候，如推倒别人的搭建物、搞破坏等；⑤游戏中出现不利于游戏开展的过激行为的时候。出现以上情况时，教师必须及时、有效地阻止和引导。这需要教师对幼儿游戏给予全面的关注和观察。

教师对幼儿游戏进行负向指导的方式应视具体的情境来决定，一般来说最好运用委婉的、间接的方式来进行，即便使用批评的方式也不一定非用严肃的语言不可。总之，教师对幼儿游戏进行负向指导的时候，应尽量以不压抑或不破坏幼儿的游戏气氛为原则。

二、游戏现场指导的策略与方法

在对幼儿游戏进行现场指导的过程中，教师需要以一种在场的方式存在于幼儿游戏活动的情境之中，要在观察的基础上充分而准确地了解幼儿游戏活动的意义，同时要把握好介入的原则。否则，教师的游戏指导行为非但起不到支持幼儿游戏的作用，反而会适得其反。另外，在教师支持和指导幼儿游戏活动的具体行为中，指导策略和方法的选择也会影响到游戏指导的效果。

（一）游戏现场指导的基本策略

在《辞海》中，“策略”一词指的是“计谋策略”，而在较为普遍性的意义上，策略涉及的是为达到某一目的而采用的手段和方法。游戏活动的指导策略，就是教师在幼儿游戏活动中为了达到一定的教育目标，而对幼儿的游戏活动采取的一系列相对系统的指导行为。每一个策略都应具有可操作性的特点，它的使用是为了达到一定的教育目标。游戏活动指导策略的灵活运用，能够充分体现教师教育工作的科学性与艺术性。

根据游戏指导中发挥作用的媒介不同，指导策略可以分为四大类：以教师自身为媒介的游戏指导策略、以材料为媒介的游戏指导策略、以幼儿为媒介的游戏指导策略和以规则为媒介的游戏指导策略。教师的指导不是直接指挥或生硬干涉式的导演游戏，更不是包办代替，安排游戏的全过程，介入游戏的过程既要充分发挥教师的专业知识，又要调动和尊重幼儿的积极性、主动性、独立性和创造性。

1. 以教师自身为媒介的游戏指导策略

这是指教师作为具有主观能动性的主体利用自身作为媒介，在幼儿的游戏活动中对其进行指导的策略或方式。这种指导策略可以分为三种。

（1）平行游戏的指导策略

在平行游戏中，幼儿往往通过模仿其他小伙伴的游戏方式来进行游戏。平行游戏的指导策略，就是教师利用幼儿善于模仿别人这一特点来指导幼儿游戏。它是指教师接近幼儿，使用相同的材料玩同一种游戏活动。但是教师不与幼儿交往，不参与幼儿游戏活动。这种游戏指导的策略，表面上是教师模仿幼儿玩游戏，实际上是使幼儿在出现困难时能够模仿教师的游戏方式。在指导过程中，教师似乎是和在幼儿玩“平行游戏”。

这种游戏指导策略往往运用于结构游戏和表演游戏之中，在这些游戏活动中，指导的效果会比较明显。例如，幼儿坐在地板上玩结构游戏的时候，教师可以坐在幼儿旁边，也用同样的玩具玩同样的游戏。教师可以偶尔发表一些关于这个结构游戏的看法，但是这种看法并没有特指的对象，教师也不与幼儿进行对话和交谈，甚至在自己边说话边操作游戏材料的时候都刻意地不看幼儿一眼。实际上，教师对结构游戏发表看法是为了吸引幼儿的注意，给予幼儿一定的言语暗示，以期达到预期的指导目的，达到“无心插柳柳成荫”的效果。

暗示教育是用含蓄、间接的方式来影响幼儿的行为和做法，使他按照一定的观念或方式行动。榜样暗示可以给予幼儿一个可以模仿的对象，产生认知上的震动和情感上的共鸣。平行游戏的指导策略就是充分利用暗示教育的原理，使幼儿在无意识中接受教师的指导。实际上，教师的平行游戏指导对于幼儿来说具有示范作用。只不过这种示范作用是以一种含蓄、隐蔽的方式进行的。对于幼儿来说，他偶尔观察到了另外的游戏玩法或方式，并没有意识到这是教师有意识设置的“诱惑”，这种游戏的指导方式起到的效果是润物无声的。幼儿可谓“人于其中而不知其故”。

例如，一个小班的男孩在用积木搭“大高楼”，但是在操作的过程中，他总是把小块积木放在下面，把大块积木放在上面，因此“大高楼”总是搭不高、站不稳。在这种情况下，教师可以坐到他身旁，也拿起一堆积木来搭“大高楼”，一边搭一边说：“我把大积木放在下面，小积木放在上面，这样我的大高楼就搭高了。”教师与幼儿一起玩游戏，本身就是一种教育暗示，暗示幼儿这种游戏是有趣的，教师也愿意参与这种游戏。采用平行游戏的指导方式，可以传递教师对幼儿的关注态度，诱感幼儿快速地进入游戏情境，使用新的游戏方式，而且能使游戏活动保持更长的时间。如果幼儿不想注意教师的指导，他可以忽略教师在旁边的这种示范。这种游戏指导策略，既可以实现教师的指导意图，也最大限度地避免了教师指导对于幼儿游戏活动的干扰。

（2）合作游戏的指导策略

合作游戏的指导策略，也可以称为交叉式的游戏指导策略，是教师在幼儿游戏指导中常见的一种策略，它是指当幼儿专注于游戏活动的时候，教师以游戏的合作者的身份参与到游戏过程中去，但是仍然由幼儿掌握游戏的主动权和游戏的进程。教师可以根据游戏情节发展的需要对幼儿的语言和动作做出应答性的反馈，也可以通过角色推动游戏活动情节的深入开展，还可以偶尔地提出一些问题。在这里，教师扮演的角色可以是一种互补的关系（如妈妈与孩子、教师与学生、医生与病人、营业员与顾客等），教师可以根据幼儿在游戏中的兴趣与需要，以角色的身份参与到幼儿的游戏中去，并通过参与游戏的方式加以指导，使幼儿得到暗示和启发。

例如，教师扮演成“邻居”的角色到娃娃家，假装发现娃娃发烧了，并劝“爸爸和妈妈”带娃娃到“医院”看医生，这就使原来平淡无奇的游戏情节得以扩展。又如，在“邮局”游戏中，教师扮演成“寄信人”的角色，假装不知道要写地址或贴邮票等，吸引邮局“工作人员”前来介绍，这就丰富了游戏中幼儿的角色对话。再如，在以“菜市场”为主题的游戏中，教师扮演成顾客，专买“市场”上没有的东西，如“海带”“鱼”等，引发幼儿自己去寻找代替物，用纸条代替海带，用瓶子代替“鱼”，发挥幼儿的想象力与创造性。

教师运用合作游戏的指导策略的关键是要把握好介入游戏活动的时机。如果教师没有受到邀请而贸然加入游戏，可能会引起幼儿的反感和警觉。所以，在没有受到直接邀请的情况下，介入游戏的比较安全的方法是以一个与游戏情节相关的角色自然地参与游戏。一旦教师以角色的身份参与到游戏中，那么就应该按照角色约定俗成的规范采取行动，但是教师可以利用角色之间的关系采用隐蔽的方式对游戏进行指导。

（3）领导游戏的策略

领导游戏的策略，也可称为垂直游戏的指导策略，是由教师提议怎么玩或事先设计一个游戏，并在游戏活动开展的过程中扮演一个关键性的角色。在游戏中，教师至少可以部分地控制游戏的进程。这种游戏指导策略，教师的控制程度比较高，常常用于传授一些新的游戏规则和玩法，一般用于角色游戏、表演游戏和规则游戏。

平行游戏的指导策略、合作游戏的指导策略，甚至领导游戏的指导策略大都是教师以游戏者或玩伴的身份介入游戏或对游戏进行指导，这些都可以看成游戏活动的内部指导。游戏活动内部指导的方式可以反映和体现出一个教师进行游戏活动指导的实践智慧和教育机智，同时也反映了教师民主的教育风格与蹲下来和幼儿交流的童心。但是，当教师向幼儿演示他们从来没有玩过的游戏或不熟练的游戏技巧的时候，需要以一个成人的身份来讲解和演示，这时就需要教师以外部指导的方式对幼儿的游戏活动进行干预。

领导游戏的指导策略适用于尚未进入游戏角色的幼儿，这时幼儿缺少游戏的技能技巧或者没有继续玩下去的动机，平行游戏的指导策略与合作游戏的指导策略在这种情况下无法奏效。尤其是在规则游戏的组织过程中，教师采用领导游戏的指导策略可以方便把握游戏活动的进程，教会幼儿游戏的技巧和规则。

总体来看，平行游戏的指导策略、合作游戏的指导策略和领导游戏的指导策略都是教师在游戏现场对幼儿进行指导时常用的策略。平行游戏的指导策略和合作游戏的指导策略是教师充分利用暗示的教育原理，在不破坏游戏氛围的前提下，以一种间接的方式对幼儿进行的干预，常常用于幼儿发起并主导的自由游戏。而领导游戏的指导策略，则要更加发挥教师的主导作用，常用于规则游戏的讲解和示范。总之，这三种游戏的指导策略没有谁优谁劣的问题，要求教师在一定的情境中选择适当的策略对幼儿的游戏进行指导。

2. 以游戏材料为媒介的指导策略

教师除了以自身为媒介对幼儿游戏进行指导以外，还可以通过提供、增加或改变游戏设备与材料的方式来影响幼儿，通过对材料的改变来潜移默化地影响和改变幼儿的游戏行为，从而支持和鼓励幼儿在游戏中进行学习与发展。游戏中呈现的不同职业的帽子，如护士帽、警帽等，能够帮助幼儿明确不同社会角色的分工；不同角色需要使用的工具，如大厨的炊具、收银员的收银机等也暗示了这些岗位的具体职责。材料的作用在于帮助幼儿明确分工，让幼儿明确自己在游戏时可以做什么。同一个区域的工作人员，不一样的工种设置不一样的标识，这样一来，幼儿对自己担任的角色应该做什么就了然于心了，这也方便其他幼儿提醒同伴该做什么。

当游戏材料缺失时，幼儿对于分工不明确，往往会出现抢着干或者谁都不干的情况，出现游离、争抢的现象。而材料及时和适量地出现，能帮助幼儿更有序、更好地投入角色。例如，在手工区，幼儿在玩橡皮泥的时候出了问题，不知道用什么方式才能把橡皮泥连接起来，这时候教师适时地提供一些牙签，幼儿就可以用牙签来连接橡皮泥了。餐厅里食材的搭配、售票员的报站服务、护士自制药丸，都能帮助幼儿在他们的角色里进行更好的学习与训练，有了这些材料，幼儿可以更好地为他人服务。同时，教师可以将健康搭配、数量颜色分类等知识性的内容隐含在游戏中，让幼儿在游戏中有更多收获。

例如，在小班游戏中，动作交往往往多于语言交往，因此材料的提供尤其要考虑是否利于幼儿的交往。材料的呈现如果只是让幼儿摆弄，而不能引发幼儿间的交往的话，那么材料提供的有效性就值得反思。娃娃家的电话、游戏区域的小公园等，都为幼儿的交往提供了机会，这些材料无法一个人玩，如果幼儿想玩的话必须找一些玩伴，这就帮助他们更主动地去和别人交流。通过这些材料的使用，幼儿能更主动地去和同伴进行社会交往。游戏材料作为幼儿的操作材料，牵引着幼儿活动的方向，有时候对于幼儿的发展价值远胜过教师的直接介入，材料能让幼儿通过自身的体验来理解社会生活，这实际上是一种不言之教。

3. 以幼儿同伴为媒介的游戏指导策略

教师或家长对幼儿的指导固然重要，但是成人与幼儿在游戏中的互动无法代替幼儿之间的相互交往。随着婴幼儿社会化程度的提高，他们开始意识到其他同伴的存在，并逐渐学会和其他幼儿一起游戏。幼儿的玩伴是幼儿学习和游戏的一种重要的学习资源，幼儿之间的相互作用和学习是一种不可忽略的学习方式。幼儿在玩游戏的时候，熟悉的好朋友在场能够增强他们的自信心，很多游戏技能技巧也是幼儿之间相互传授的。有时候，幼儿之间的相互学习可以起到意想不到的效果。

4. 以规则为媒介的游戏指导策略

自由永远都不意味着任意而为、不受约束，真正的自由是规则下的自由。没有成人参与和指导的、放任的游戏活动往往会流于混乱的吵闹，而无法起到促进幼儿成长的教育目的。在优质的幼儿园中，游戏并不意味着什么都可以做，更不意味着教师袖手旁观、无所事事。无论是某个具体游戏的游戏规则还是幼儿园的游戏常规，都是为了让游戏活动有序地开展下去，以规则的形式限制和约束幼儿，但是这些规则也可以渗透一定的教育目的，教师通过改变规则从而指导幼儿的游戏行为。

例如，某个游戏区域特别受幼儿的欢迎，每次选择区域的时候幼儿都会发生争抢，强势的幼儿即使晚来了也要霸占这个区域，那么教师就要和幼儿商量怎样才能避免这种争抢的现象。经过师幼之间的讨论和协商，大家一致觉得应该限定进入这个区域的人数，每次最多只能有四名幼儿入区，并且先到的幼儿在这里玩，晚到的幼儿必须离开到其他区域去玩。商量好规则后，在区域门口贴上四对小脚丫代表最多四个人。这样，以后这个区域就不会再发生争抢现象了。

（二）游戏现场指导的方法

教师在对幼儿游戏进行现场指导的过程中，最常用的方式就是言语，有时候是教师直接告诉幼儿该怎么做，表现为直接传授、指挥；而有时候则是通过语言暗示幼儿该怎么做，其着重点在于启发、诱导。另外，非言语的方式，如眼神、动作的示范等，也能给幼儿的游戏提供支持与鼓励的信息。

1. 言语的游戏指导方法

（1）建议

建议是在幼儿游戏需要解决问题的时候，或是需要开拓新的思路的时候，教师以民主平等的态度，用语言试探性地进行协商。幼儿可以采纳这种建议，也可以在教师的启发下想出新的办法。这种方式在幼儿提出游戏主题、进行角色分配和拓展游戏内容的时候最为常见，如：“瑶瑶想出了一个办法，我看是可行的，你们不妨试一试?”“我以前见到其他小朋友是这么玩的……你们要不要也试一下?”“天天一直站在旁边观看你们的游戏，如果他愿意的话，你们可以多加一个人轮流玩。”

（2）评论

教师通过言语，自己或和幼儿一起评价幼儿的游戏成果、游戏过程以及幼儿在游戏过程中的表现。教师可以在评论中表扬表现出色的幼儿，也可以提出一些有待改善的细节。评论以积极肯定为主，批评否定为辅。如果时间有限可以点到为止，如果时间充裕可以让幼儿畅所欲言。

（3）描述

教师将幼儿在游戏活动中的行为、情绪或反应用语言生动地叙述出来，使幼儿对自己的行为或情绪有明确的认识，同时也能向幼儿传递教师的关切与理解。例如，一个幼儿在用纸盒子做“书包”。他先用纸把盒子整个地包起来，然后再对它进行装饰。他从图片上剪了一只卡通狗，把它贴在盒子上，但是贴的位置偏向了左边。他把卡通狗小心翼翼地揭了下来，对准中间位置贴好。教师关注到了这个小男孩的整个活动过程，然后描述道：“哦，你发现歪了，偏向了左边，所以又揭了下来，重新贴，把卡通狗放在正中间，这样左右两边就对称了、更好看了，对吧?”

幼儿的抽象逻辑思维正在发展，并具有明显的感知运动的特点，他们经常是边活动边思考，教师对幼儿行为的描述可以让幼儿思考自己的行为及其意义。

（4）询问

询问是指教师问幼儿游戏中的活动或所发生的事情，鼓励幼儿用自己的语言把自己做的事情或看到的情况表达出来。教师的问题具有了解情况的性质，同时教师也可以通过与幼儿的对话了解幼儿的游戏。当然询问也是建立在教师观察的基础上，它不是随便提问，而是为了让幼儿超越自身视角的局限性，让幼儿从多角度看问题，如："这是怎么回事?""你是如何做的?"

（5）提问

提问是指教师以问题的方式，鼓励和引导幼儿思考、探索与表达。教师所提的问题应该尽量以开放性的问题为宜，这样就会使幼儿有话可说，如："怎样才能知道这里有多少积木呢?" "为什么红车比蓝车跑得更快呢?"

（6）重述

重述是指教师在与幼儿交谈的过程中，用变换了结构的句子重新表述幼儿说过的话，这样可以使幼儿知道能用不同的句子表述同一件事情。当幼儿说的话不合语法的时候，教师的重述还能够起到纠正、示范的作用。例如，一个男孩在娃娃家玩，教师走过去问他："你在做什么呢?"男孩回答说："我煮它吃过了。"教师重述："哦，你把饭煮好了，还喂娃娃吃过了。"用重述的方式给幼儿作示范，可以避免教师一本正经地纠正语法时，幼儿由于紧张或自尊心强产生的负面效果。

（7）讨论

当幼儿在游戏活动中遇到问题的时候，教师提出问题然后把问题抛给幼儿，引导幼儿进行以小组或以集体为单位的讨论。一个幼儿的发言能够引发其他幼儿的新想法，这是幼儿之间的"头脑风暴"。当幼儿相互讨论的时候，可以碰撞出新的观点，同时讨论也是幼儿理解问题的过程，幼儿能够从中得到教育。讨论达成的意见更能够深入人心，更容易贯彻执行。

2. 非言语的游戏指导方法

教师在指导幼儿游戏活动的时候，目光、眼神、手势、身体姿态和运动方向等身体语言，是向幼儿传递信息的重要方式，而细心的幼儿也是察言观色的高手，因此教师要善于利用身体语言与幼儿进行沟通，达到鼓励与支持幼儿游戏的目的。例如，当幼儿用积木搭建的房子非常整齐、颜色搭配也很和谐的时候，教师走过去竖起一个大拇指就足以表达对幼儿的肯定与鼓励。

第六章　幼儿游戏化教学活动的设计与实施

第一节　幼儿游戏化教学活动的准备

在幼儿园的课程体系中，灵活有效地开展“活游戏”，是让幼儿开心玩耍的关键手段，也是体现教育思想的显著载体，游戏教育将渗透到幼儿日常教学活动的各个方面。在这些过程中，游戏和教育是相互转化、相互促进、相得益彰的。教育始终贯穿于丰富多彩的游戏活动之中，而游戏中又蕴含着深刻的教育思想，让教育思想得以落地生根。在教育的实施过程中，教师可以通过主动引导幼儿的自发性游戏活动，进而关注幼儿的成长特点、个人潜能，不但可以为幼儿的自发性游戏创造充足的保障条件，也可以为其营造一个温馨自由、舒适自在的良好氛围。其中，“活游戏”的实施准备，是整个游戏教育活动的首要环节。

一、游戏前的外在条件准备

游戏前的相关准备是否充分，决定了幼儿园“活游戏”的开展是否成功。这些准备的根本目的是让幼儿能够主动参与、认真体验、快乐回味、安全玩耍。其中，主要的外在条件准备内容包括时间准备和物质环境准备两个方面。

（一）时间准备

完整的游戏时间、充裕的游玩时光、科学的时间规划，是幼儿可以尽情参与游戏、沉浸游戏过程的重要前提。游戏是幼儿园教学体系的核心内容，如果幼儿园教师能够逐渐地把游戏任务交给幼儿，将充足的时间用于组织幼儿的游戏活动，那么就能让幼儿真正感受到宽松舒适的游玩氛围。

《指南》中指出，教师要关注幼儿的生活方式，通过游戏活动来分析其对幼儿的内在帮助和实际价值，要保证幼儿的户外活动时间，提高幼儿适应季节变化的能力。幼儿每天的户外活动时间一般不少于 2 小时，其中体育活动时间不少于 1 小时，季节交替时要坚持。气温过热或过冷的季节或地区应因地制宜，选择温度适当的时间段开展户外活动，也可根据气温的变化和幼儿的个体差异，适当减少活动的时间。

所以，在游玩时段的设置上，教师应严格践行《指南》的宗旨，每日必须保障幼儿一个课时以上的室外自由游玩时段，可以进行 1 小时以内的室外游玩，还可以根据实际状况组织在室内进行游戏活动。教师需要让游戏时间尽量充裕，且让游戏贯穿于整个教学活动之中，集中且丰富的游玩时段可以让幼儿全身心地投入游玩当中，不至于由于游玩时间不够而被仓促中断。

（二）物质环境准备

基本的物质保障是确保幼儿游戏活动顺利开展的重要基础，教师可以通过设计一些道具，充分准备游戏器材，营造轻松愉悦的游戏环境，从而让幼儿在参与游戏活动时有更多的选择。

幼儿园存在一些属于幼儿的户外游戏活动，这些游戏活动是“活游戏”的重要组成部分。在此，以户外游戏活动为例，对室外的物质环境准备展开探究，主要从游戏区域和游戏材料两个方面进行分析。

1. 游戏区域

对户外游戏活动来说，最为显著的特征是开放。总体来说，幼儿园的室外游戏区域应该非常开阔，户外空间资源应加以充分合理的应用。尽管室外游戏场地并不能像室内一样进行严格细致的划分，但是为了活动的便利性以及组织的科学性，可以进行大致的范围划分，一般可以分为体育运动区、积木区、沙水区、玩泥区等等。

具体来说，幼儿园的游戏区域设计可以具备以下要点：一是丰富室外游戏区域的数量，科学规划场地配套设施，合理分配游戏道具，严格抓好区域制度，这样就可以让每个区域合理充分地被利用起来，使每一个班级在每个场地都能顺利开展各种游戏活动；二是充分利用区域的开放性，打破相互之间的界限。有的室外游戏活动，并不一定非要严格按照场地划分，“井水不犯河水”，而是在保证安全的基础上，让幼儿适当地自由组合，打破班级的严格限制，从而让游戏更加自在；三是营造游戏区域的自然氛围，让其充满大自然的气息。幼儿生就是喜欢亲近大自然的，所以在场地设置上，可以让器材道具贴近自然的色彩、符合大自然的特点，如可以设置“绿意盎然”的小山坡，让幼儿在爬上爬下之间体验亲近自然的感觉；四是加大区域轮换力度，让每个区域得到充分的利用。可以根据实际情况对各区域进行调整，并将各游戏区域中材料的颜色、配置等予以更换，这样可以让幼儿保持一种新鲜感和好奇心。

2. 游戏材料

物质材料资源是幼儿“活游戏”开展的基础资源，只有充足的物质材料准备，才能让幼儿在游戏时可以自由充分地选择道具，让每一件材料真正发挥作用与价值。实际上，每一件游戏材料都会反映出游戏的本质特征，应适合幼儿的游玩需要。具体来说，它通常具备如下一些显著特征。

（1）游戏材料的简易性

游戏场所的一些素材，如不同造型的积木块、车轮、滚筒等等，可以不用经过精细的加工处理，尽量保持简易，这样幼儿就可以通过对游戏材料的不断摸索，快速上手。同时，幼儿可以灵活运用这些游戏道具，挖掘其不一样的功能。例如，幼儿既可以利用木板完成小木屋的搭建，还可将其作为跷跷板，经过这样不断地尝试，从而培养发散性思维，并体验不一样的趣味性。

（2）游戏材料的自然性

游戏材料只有保持自然真实，才能让幼儿在游玩过程中感受到真正的乐趣。因此，教师可以在材料的选择与设置上充分地利用自然资源，选用幼儿日常生活中司空见惯的物质材料。其实，对于幼儿来说，越贴近日常生活、越天然的材料，越能让其感到熟悉，越容易上手操作，越能引起共鸣、体验乐趣。例如，可以在游玩区铺放一些鹅卵石，让幼儿可以在上面任意涂鸦。

（3）游戏材料的挑战性

探险项目是幼儿园“活游戏”的一个重要内容，伴随的是对陌生游戏的大胆尝试、对疑难问题的勇于解答、对未知领域的好奇探索，这些内容是需要进行耐心的教学研究的，也需要教师深入理解探险的实质——让游戏带有一定的挑战性，从而激发幼儿的潜能。而这种挑战性，正是由游戏材料的选择所决定的。例如，教师可以在游戏区设置有安全保障且符合幼儿年龄特点的小迷宫，为幼儿的探险提供便利条件。幼儿通过大胆尝试，在迷宫中穿梭，最终克服困难走出迷宫，便会逐渐养成主动尝试未知事物、敢于挑战困难的自信和勇气。

（4）游戏材料的共享性

在游戏中，不同区域的部分材料可以是共享的，这样可以充分利用各种材料。例如，沙水区和玩泥区或许都会放置一些小铲子，这些小铲子在清洗后，可以实现共享，让两个区域的小朋友进行交换使用或者根据人数多少进行调配使用。这样可以让每一件游戏材料都被充分地利用起来，并增强幼儿的共享意识和团结协作意识。

（5）游戏材料的充足性

只有保证各种游戏材料品种多样、数量充足，才能让幼儿尽情投入游戏当中，不用为游戏的材料而担心。如果材料缺乏，往往会导致幼儿相互之间争抢、互不相让，甚至出现为了玩具而互相争吵的不和谐现象。在这种情况出现后，哪怕教师前来安慰与补救，也会在幼儿之间留下一点隔阂和摩擦。所以，教师需要做好相应的游戏材料准备工作，确保其充足好用，满足幼儿需要。

（6）游戏材料的安全性

安全是所有游戏活动的前提条件，教师应当从材质结构、坚固程度、耐用周期、环保标准等方面入手，严格选用相关游戏材料，并落实定期检查、不定期抽查、经常性维护保养、排查安全隐患等制度，确保游戏材料的安全可靠，让幼儿玩得开心、玩得放心。

同时，幼儿园户外游戏区域的规划布置与游戏材料的准备，应该是为了实现教育宗旨与目标，并根据幼儿园所处的自然、社会、人文环境特点，由幼儿园广泛收集教师的建议并共同商讨后，力求最大程度地满足幼儿们游玩、学习和发展的需求。这些准备工作，应充分体现对幼儿的细节关怀与真诚关爱，为幼儿尽情游戏打下良好的基础条件。

二、游戏前的内在条件准备

从内在条件准备来说，主要包括经验准备和心理准备两个方面。

（一）经验准备

游戏经验是幼儿活动顺利开展的关键条件。如果幼儿在活动前经过一定的引导，能够提前掌握游戏活动相应的技巧和注意事项，那么在游戏过程中，幼儿会更加顺利且迅速地进入状态，进而让游戏活动开展得更加顺畅，幼儿在游戏正式开始时也能更加得心应手。同时，为了做好充分的经验准备，教师需要在平时的生活细节中仔细观察幼儿的行为举止，从而分析其性格特点与主要需求，帮助幼儿提前了解一些游戏相关的基础内容。

1. 主动了解幼儿已有的游戏经验

为了进行更有针对性的游戏教学，主动了解幼儿过往的游戏经验，是教师的重要职责之一。通过在平时与幼儿坦诚地交流与沟通，教师可以从多个角度了解幼儿的游戏经历与特殊体验，探寻其对游戏的主要偏好，从而在后续开展游戏时确保自己心中有数，同时让游戏设置也更加贴合幼儿需要。除了交流沟通外，教师还可以通过讲游戏故事、观察幼儿举止行为等方法，全方位掌握幼儿的现有游戏经验，并有针对性地进行游戏设计，从而从细微之处想方设法提高幼儿的经验水平。

2. 帮助幼儿预习游戏经验

教师可以引导幼儿预习游戏活动经验，这样可以促进幼儿活动的开展。预习游戏经验，并不等同于平常大家所说的预习功课，而是指在开始游玩之前，教师协助幼儿做一些相关经验准备，大致可以分为：游玩之前的认识环境与分享经历两个方面。

游戏前的认识环境是在开始使用一个新的游戏区域以前，教师需要组织并指导幼儿对新的游戏区域与材料进行初步了解、认识和感受，主要表现为幼儿的直观感受。由于通常情况下，幼儿园在游戏区域布置上采用轮换制，所以在每次幼儿要进入一个新的游戏区域以前，教师都会组织指导班级幼儿熟悉新的游戏环境。如此一来，幼儿就能够利用自己的思维方式对新材料展开各种认识和探究，通过摸一摸、捏一捏等方法，去认识和探究新材料的材质、特性、应用和玩法等。为幼儿创造直接认识游戏区域的机会，幼儿会充分发挥自己的主观能动性，去探索其中的信息和奥秘，从而为今后积累一些游戏经验。

除了给幼儿直观的感受以外，预习游戏经验还表现为在游戏之前幼儿的自由分享交流，如在游玩中，教师组织班级幼儿对游玩工具以及玩法等展开广泛讨论。幼儿可以自由探讨在新的游戏场地能够用到什么物品和材料，会让游戏更加生动有趣；用什么玩法来组织，会让游戏更有刺激性；如何进行分工、区分角色，才能让游戏更活泼；等等。这样，在开始进入游戏场地之前，幼儿已有的经验被率先激活，从而在游玩过程中能够更好地运用经验，并逐步累积新的游戏体验，为以后更好地游玩做准备。由于幼儿的自发性游戏往往有着高度随意性的特征，所以在游玩前，教师需要进行正确的引导，只有这样才能提升幼儿自发性游戏的教育价值和幼儿的自主游戏能力。

案例 1：想想如何把作品变大（幼儿园大班）

幼儿园大班的小朋友们在进入室外游戏场地中的玩泥区游玩之前，由教师组织他们进行了短暂（5 分钟左右）的集中讨论，主要是讨论前一天在玩泥区开展游戏时所存在的问题——最后的作品普遍过小。讨论时，教师问道：“家想一想，看看有什么方法能够让自己的泥巴作品变得更大呢?”孩子们听到后，瞬间有了兴趣，立刻七嘴八舌地展开讨论。有的小朋友说多加一点泥就好了；有的说应该在上边加几个装饰物品；还有的说应该把几个泥巴作品糅合在一起，做成一个泥巴大套装。教师对每位小朋友的答案都予以称赞，并鼓励孩子们根据自己想到的方案，在这次游戏开展后加以调整和改进，从而实现让作品更大的目标。

这是在玩泥区活动前，教师专门组织的一场集中讨论会，研讨的重点是教师对之前游戏中观察到的情况进行归纳、梳理和总结分析，而幼儿在玩耍中并没有察觉到这种问题，所以需要教师的引导。但应注意的是，在教学过程中，教师也应注重循循善诱，激发幼儿的主动性，如引导幼儿独立探究和思考，让幼儿学会自己分析问题、寻找答案，并将其应用于实践当中。

（二）心理准备

在开展游戏前，教师应做好充分的心理准备，尤其是做好放手让幼儿尽情玩耍的心理准备，在确保安全的前提下，不过多干预，让孩子能够真正沉浸其中。

例如，天气晴朗时，在上午九点左右，幼儿园开始响起清脆的铃声，这是幼儿开始室外自由游玩活动的信号。听到信号后，小朋友们立马收拾晨间使用的室内玩具材料，拎着自己的小桶，三五成群地往室外游玩区走去。原本操场上安静的环境立刻变得热闹起来，小朋友们摆好手里的小桶，快速地选好游戏材料，随即开始自己的游玩活动，整个室外都是小朋友们小蜜蜂一般忙碌的身影。

这是幼儿园里常见的场景，在游玩过程中，既无需教师的提前预设和精准规划，也不需要教师的盲目干预。之所以这种自由游玩活动能够组织起来，除了在玩之前的相关物质准备和经验准备以外，在游戏开始前教师敢于放手的心理准备也不可或缺，这样就可以为幼儿自发性游戏活动的开展营造一种轻松自由的氛围。这种敢于放手的心理准备主要体现在对幼儿游戏的不强迫选择、不轻易插手与绝对信任。

1．不强制决定幼儿的游戏活动

幼儿是游戏活动中当之无愧的主角，有权选择自己游戏活动所需要的合作伙伴、游戏材料、游戏规则与游戏内容，而教师扮演着引导者、保障人、安全员、牵线人的角色，是某种意义上的幕后人员。所以，教师不能根据自己的喜好而对游戏的主角——幼儿，设置过多的限制与约束，不应对游玩的具体内容和方法进行规范和统一，更不应牢牢把游戏主动权抓在手里不放，而应懂得在保证安全的前提下，放下固有的惯性思维和控制意识。我们应清醒地认识到，当幼儿走进游戏活动区域，很多时候就如脱缰的野马，任意按照自己的想法来开展游戏，面对丰富的玩具和身边的伙伴，即便教师没有明确游戏的玩法，幼儿自己也会产生各种各样有意思的玩法。

案例2：我们开始游戏啦（幼儿园大班）

在大操场的综合运动区内，小朋友们一到游戏场地，就自发地灵活组队，开始玩耍。大家纷纷挑选自己最喜爱的游戏道具，有的拿着木箱、板子、木梯与垫子，开始搭建闯关游戏；有的拿着小木凳、板子等玩跷跷板。

这些看起来没有什么规则的游戏活动，却进行得井然有序。事实上，教师们对游戏活动的选择往往会成为对幼儿的束缚。游戏应该挣脱传统的束缚与限制，不要强行确定幼儿的活动，而是相信由幼儿自己选择的活动，会有更多的趣味和可能性。对教师们来说，给予幼儿的每一个自由活动的机会，都为教学活动的生成与活力创造了契机。

2. 不轻易介入幼儿的游戏

在游戏现场，部分教师经常站在幼儿身后、举着手机，记录幼儿的游戏，幼儿则专注于自己的游戏，并不时和教师进行简单的交谈，这样的情景属于一种常态。教师的介入是通过对幼儿游戏的观察和等待后所做出的判断。所谓不轻易介入，就是在游戏中，在没有安全隐患或者问题发生的前提下，教师通过减少干预、中断幼儿游戏的频率，从而尽可能给予幼儿充分探索和自由玩耍的时间。对一些幼儿游戏来说，教师的参与并非必不可少，过多地参与是对幼儿游戏的一种干扰，会导致幼儿游戏的不连贯，在一定程度上还会剥夺幼儿探究和解决问题、体验快乐的机会。

3. 完全相信幼儿的游戏

放手游戏源自对幼儿的充分信任。从一定程度来讲，若要使幼儿远离危险，只有为其提供更多的历险体验，幼儿才能在遭遇突发状况时逐步学会沉着应对、准确判断以及妥善处理。而这些宝贵的经验，在许多时候是能够借助游戏活动来积累的。其前提在于教师必须懂得完全信任幼儿，放心地让他们去尽情玩耍和大胆探险。

案例3：操场垒高（幼儿园大班）

幼儿园大班的几位小朋友，在操场上用蜂窝煤玩垒高的游戏。他们很愉快地把三块蜂窝煤都垒到了一块，正打算垒第四个的时候，却因为高度限制，怎么都垒不上去，但小朋友们仍然不愿放弃。教师在一旁目睹了整个过程。因为蜂窝煤都是空心的，并不十分稳固，所以教师有点担心幼儿的安全问题，便叫保育阿姨上前为幼儿提供保护，并增强了已经搭建好的第三块蜂窝煤的稳固程度，从其边缘往上慢慢垒起第四块蜂窝煤。终于，在保育阿姨的支持和小朋友们的努力下，第四块蜂窝煤终于顺利地垒了上去。

在这个案例中，幼儿开展的游戏活动是有一定难度和挑战的垒高游戏。当教师通过观察预见幼儿在建造过程中出现了问题和困难时，不会立马去帮助幼儿，而是选择信任幼儿，先让其进行一定的尝试，为幼儿愉快自由的游戏感受提供必要条件，当确实超出幼儿的能力范围时，再给予一定的帮助，并且让幼儿共同参与。这个过程充分锻炼了幼儿群策群力、齐心协力的团结意识。所以在幼儿园，尤其是在幼儿自由游玩的时期，教师不应时刻把管住嘴、管住手作为自己所有工作的“紧箍咒”，而是应该给幼儿的玩耍营造一种自由而放松的游戏环境，对幼儿的游玩真正地做到放手。事实上，愈是放松的游玩环境，幼儿的主观能动性和自在创造性就越会发挥得淋漓尽致，在一定程度上会给幼儿创造更多成长和发展的机会。

第二节　幼儿游戏化教学活动的过程

游戏和教学是相互融合而并非相互割裂的。基于幼儿的“活游戏”生成教学是个持续、复杂、系统的过程，从课程契机的捕捉到游戏教学主题的选取和确立，再到教学的形成和实施，都是必不可少的重要环节，这要求教师们有意识地培养自己的专业能力。

一、教学契机的捕捉

幼儿园的“活游戏”有着不可预见的不确定性、即时性与随机性等共同特征。而针对班上幼儿丰富多彩、变化多端的“活游戏”，教师们对教学契机的捕捉既是关键问题，也是难题。教学契机的捕捉主要取决于教师对幼儿游戏活动的细致观察，以及对游戏问题的敏感度。具体来说，游戏中教学契机的捕获主要源自教师的观察力，要在多个游戏事件中聚焦于核心的游戏问题，最终形成教学模式。

(一) 教学契机的捕捉源于游戏观察

教师们对游戏内容的看法是影响游戏活动问题解决的主要因素。通常，幼儿园的各个班都配有两位教师。在幼儿开展户外独立游玩时，两位教师都会在幼儿的身后观看和记录幼儿的游戏过程，他们合理分工，相互配合，秉持着“闭上嘴、睁大眼、竖起耳”的教育理念，在观察的方法、方式及对内容的选择上，都要做到严谨细致。

其一，观察途径。一般来说，教师在观察时会灵活运用三个重要的途径，即扫描法、定时法和追踪法，其观察路线一般是：扫描观察—定时观察—追踪观察，在具体使用时也会灵活变化。在具体的教学实践中，由于教师专业敏感度较强，所以以追踪观察为主，在整个游戏时段内，教师通常只观察到一两个游戏问题是常态，因此教师往往只能采取定时观察才会捕捉有着巨大教学价值的游戏问题；而配课教师则配合主班教师，以扫描检查为主，重点掌握班上幼儿在游玩时的总体状况，当然，教师视实际情况也会定时检查，以防错过幼儿在游玩中的精彩瞬间。

其二，观摩方法。教师大多采用手机拍图片和录视频的方法来记下班上每个幼儿的游玩过程和瞬间，而手机也是教师游玩观摩的主要工具。在室外游戏场地上，教师总是站在幼儿身后，举着手机拍照片、录视频，是学校一道亮丽的风景线。每一张照片、每一段录像都是幼儿游戏的印记，都是幼儿成长的印记。其中图片和录像还具有两大用途：第一，教师通过不断浏览游戏录像和图片，还原游戏情景，从而确定教学内容；第二，在进行教学时，教师通过回放图片和录像，以直观的形象唤起幼儿的游戏记忆。

其三，观察内容。针对幼儿有机会进行的各种自发性游戏，游戏观察并非依靠一个既定的模型才能有效实施。教师要利用自己的学科敏感性，带着问题意识去观察，并学会抓住游戏中的关键要点，而教师也恰好怀有这样的睿智和自信。

总的来说，考察对象是所有幼儿的每个游戏。一方面，考察的内容是全面的，可总结为六个字：玩什么、怎么玩；而另一方面，由于幼儿的游戏内容是具体的，所以游戏考察不应是聚焦于某一点的，而是要扎根到幼儿真正的游戏中。教师认为，幼儿的每次游戏都是精彩而有价值的，所以到处都有精彩的游戏，到处都是教育的好契机。例如，看到游戏中幼儿的对话与交互，教师发现的是幼儿的社会性发展；看到游戏中幼儿的投入与专心，教师可以读懂幼儿的兴趣点与需求所在；捕捉到游戏中幼儿的不断尝试与调整，教师可以看见背后蕴藏的学习质量的提高。

所以，对于游戏的研究也并不存在一种固定可循的教学模式，关键还是在于教师的授课机制和专业水准。教师通过对幼儿的了解，以及后续的观察，以一种比较宽广的视角去捕捉幼儿的游戏瞬间，为教学活动的形成提供了灵感和基础。

（二）游戏事件的捕捉

游戏事件的捕捉，会影响活动的题材和重点。针对幼儿多姿多彩的自发性游玩活动，在分析幼儿的游玩情况时，教师对游戏事件的选择常常带有倾向性，主要受两种因素的影响：幼儿的游玩状况和学校园所的教学策略。

一方面，幼儿的游戏活动状况也是影响教师对游戏活动关注程度的主要因素。教师基本上每天都以一个放空的精神状态去观看幼儿的游戏活动，所有游戏活动对于教师而言都是精彩而重要的。教师一天关注一两个游戏活动，天天关注各个幼儿的游戏活动，长此以往，切实做到关注各个幼儿的各个游戏活动。在游戏活动场景中，教师捕捉的游戏活动一般具有如下特征：首先，专心的游戏活动。专心表现为游戏活动时间长，幼儿沉浸于游戏活动的趣味，沉浸于游戏活动中对事物的思考，表现出幼儿的好奇心。其次，新奇的游戏活动。新奇指的是以前从没玩过的游戏活动，而这种游戏活动又常常充满了未知与新奇，会产生一些新奇的游戏活动感受与各种游戏疑问。最后，重复的游戏活动。重复表现的是幼儿在游戏活动中的不断探索尝试与改变，蕴含着问题与难题的解答，如幼儿在玩泥时的注意力与重复改变就会吸引教师的注意力。

由此可见，游戏活动中的趣味、新奇、尝试与改变都包含着宝贵的教育价值，为新教学活动的生成创造了机会。

游戏化教学活动契机的捕捉，源于对幼儿游戏活动流程的观察。教师怀有活动观察意识，带着探索的目光与问题意识去看待幼儿的游戏内容，对活动中出现的焦点进行锁定，并通过幼儿对游戏内容的理解来确定如何开展教学，这是教师根据幼儿自发性活动形成教学的基础。

二、教学主题的确定

教学的生成过程并非完全随机，因为教学活动都有一定的教育目标，既源自幼儿的游戏活动也促进了幼儿的发展。因此教师必须对幼儿的游戏内容有深刻的理解，对游戏活动中所捕捉的问题进行价值评估，对游戏活动问题的教学价值进行判断，才能确立教学主旨。教学主体成为教学目标和教学内容的导向、教学组织和实践活动的焦点，起着导向性的重要作用，所以这就是幼儿园教师根据幼儿自发性游戏生成教学实践活动中最关键的步骤。

（一）以《指南》与《纲要》为引领

《指南》与《纲要》是中国在幼教应用领域的两部重要纲领性文件，有着巨大的指导意义。幼儿园对游戏教育的成功探索，离不开《指南》与《纲要》在教学理论方面的指导。

在游戏活动提问的抓取和评估上，《指南》与《纲要》等指导性文件是不可舍弃、不可脱离的。一方面，在研究幼儿游戏活动时，以《指南》与《纲要》中的教育目标为方向，从五个应用领域的视角去剖析游戏活动提问。通过观察，明确幼儿的游戏活动提问侧重于五个应用领域中的哪一个，又有哪个应用领域的具体内容融入其中，反映了哪一应用领域中的教学与发展情况。另一方面，在制定课程与目标时，以《指南》与《纲要》中的教育内容为依据。当幼儿在玩耍时因为争夺游戏材料而产生矛盾时，教师以争抢物料而形成矛盾这一游戏事件作为教学的具体内容，首先说明争抢物料这一行为是社会领域的具体内容，再结合《指南》，提出以争抢行动为契机来展开一个有关人际交往的分享活动，最终在设定课程与目标时依据《指南》的课程目标来进行。

（二）结合班级幼儿的具体情况

幼儿是教学的主体，所以教学的内容和目标要适应幼儿的实际状况。《纲要》与《指南》的教学特点作为最普遍化的特点，教师们在教学实践中不会直接照抄或使用，班级幼儿的实际情况也是决定教学的关键因素。

幼儿的兴趣发展水平存在个体差异，所以教师要根据对班级幼儿的了解程度来分析各种游戏活动问题，判断其是否符合幼儿的趣味喜好、是否符合幼儿的年龄段特点或者能力发展水平等。其一，教师说幼儿的兴趣爱好点是最好的教材，通过针对幼儿的趣味活动能够更好地充分调动其参与度和积极性，所以教师也会按照幼儿的兴趣爱好点来制定教材。其二，教师在制定教材时还充分考虑了幼儿的个人差异。在游戏活动课程中，教师专注于每位幼儿的趣味喜好的学习和发挥，并根据每位幼儿的性格特点或者能力水平，给幼儿设计了更合适的教学活动。针对擅长表达的幼儿，教师更多地加入了各种游戏分享活动；而对于擅长画画的幼儿，则更多的是画游戏故事。

（三）判断是否符合幼儿的最近发展区

对幼儿游戏活动的了解应该包括两个方面的内涵：幼儿在游戏中的经验水平的运用和潜能的发展水平，即通过游戏观察明确幼儿在游戏中已有经验的使用情况，并在玩耍后进行适当的拓展活动，来帮助幼儿朝着潜在的水平发展。

判断游戏问题是否契合幼儿的最近发展区，体现的是对幼儿经验水平的考查。按照维果茨基的最近发展区理论，教育的真正价值就是推动幼儿由已有水平向潜在水平发展。而教育机构对幼儿最近发展区的评估基于对幼儿的全面了解，既包含对幼儿现有经验水平的认识，也包含对幼儿潜在水平的判断。

一方面，教师全面、多途径地掌握幼儿的已有经验水平。其一，教师通过对幼儿自发游戏的观察，以及借助游戏活动来分析幼儿在游戏中对已有经验的运用。例如，当幼儿正在搭建积木时，教师通过观察幼儿在游戏中对搭建技巧的运用，判断幼儿已经学会的知识和所面临的问题等。其二，教师通过对幼儿游戏故事的理解，掌握幼儿的游戏经验水平。由于游戏故事是幼儿在游戏完成后采用图画的形式对游戏经验的总结，所以理解幼儿的游戏故事水平也是教师掌握幼儿最近发展区的主要方法之一。其三，教师通过幼儿在日常生活中的活动表达，判断幼儿的最近发展区。幼儿的经历既来自生活，也运用于生活，所以对幼儿生活的考察也是重要途径。

另一方面，教师在放手幼儿教育的过程中也在不断地强化对基础知识的教学，通过《指南》以及其他有关教育学和心理学等基础知识的教学，可以根据班级幼儿的个体差异，确定幼儿在各个年龄应该达到的能力和水平。

根据最近发展区的内涵，课程应该位于幼儿的最近发展区之内，难度适中。如果问题过于简单，降低幼儿的经验水平，对幼儿而言也没有挑战性，那么幼儿对课程就缺乏兴趣。因此，通过选择具有适当难易程度和挑战性的游戏问题开展课堂教学，可以带动幼儿经验水平的提高。所以，幼儿的最近发展区是游戏问题能否成为课堂教学内容的主要评价因素。

由此可见，生成内容的确定有赖于教师对幼儿自发性游戏的细致研究和理解。通过幼儿自发性游戏而形成的教学并非随意选择的，教师以《指南》与《纲要》等文本规定的教学任务为导向，以班级幼儿为基础，进而对游戏问题作出价值评估，选择和确立适合幼儿的教学方式。

三、多样化的教学活动

幼儿在身体发育上存在鲜明的个体差异，不同的幼儿有着不同的特点，教师的指导方式也是多样的。教师通过幼儿自发性游戏进行的教学并非机械和简单的，而是通过对幼儿游戏的观察和理解，实施适应不同幼儿的教学策略，最大程度地促进幼儿的个性成长。

游戏课程体系中，由幼儿活动所产生的集体课堂教学往往是生动且灵活的，并不是特指专门的集体教学：一方面体现在游戏中随机教学的生成，如教师在幼儿游玩时的指导和帮助；另一方面体现在游戏任务完成后教学活动的生成，以及玩家分享与游戏故事。

（一）游戏中随机教学活动的生成

随机教学活动的生成是指教师在幼儿游玩时的即时参与，即教师通过对幼儿游玩的观察和分析，进而确定生成的时机，采用及时介入和指导的方法来带动幼儿游玩水平和经验的提高。在此要抓住两个重点：一是在游戏中教师的介入，二是教师介入后能够带动幼儿游戏经验的增加。其中教师对幼儿游戏情况的分析至关重要，避免教师盲目介入而破坏幼儿的游戏。

案例4：做饭（幼儿园中班）

小则与一些小朋友在小山坡的角落处玩“煮饭”的游戏时，H教师就站在他们的身后，驻足观察了几分钟以后，发现小则在不停地往一个盛满了水的瓶子里加小石子。H教师先是看了几分钟，随后就和小则产生了互动。

H教师问道：“你刚才放了什么进去呀？”小则回答：“我放了石头啊！”H教师接着问道：“那为什么石头会在下面呢？”小则说：“因为石头太重了。”他一边讲一边往水里投入青草，青草漂浮在水面上。H教师立马捕捉到了小则向水中投入青草的瞬间，于是问道：“那为什么青草没有在下面呢？”小则回答道：“因为青草太轻了啊。”

案例5：垒高（幼儿园大班）

操场上，C教师注意到小远等人正在用蜂窝煤玩垒高的游戏，小远先是把一个蜂窝煤球叠放到另一个蜂窝煤球上面，随后在叠放第三个的时候，因为高度限制，怎么也放不上去。C教师继续在一旁看着，而小远等人围绕蜂窝煤转了几圈以后试着解决这个问题。他先是走开，然后搬来了个软软的坐垫，不过小远并不是搬来坐垫解决问题，而是将坐垫放到蜂窝煤旁，并说道：“我要睡了！”

C教师见小远躺下就走开去观察其他幼儿的游戏了。

上述为两则在游戏活动场景真实发生的游戏活动情况。在“煮饭”的游戏活动中，教师准确地把握了小石子沉到水底和青草飘浮于水面这一教育活动契机，看似只是与幼儿几句简单的沟通，却在幼儿操作的过程中利用幼儿直观感受的时机，恰到好处地渗入了有关轻重与沉浮这一内容，并随时参与，甚至随机出现；但在垒高的游戏活动中，教师在幼儿面临障碍以及需要试着去克服困难的阶段，仅仅停留在观察层面而不做出帮助幼儿游戏的动作。因为幼儿的游戏活动经验有限，加上投入程度不高，最终导致退出游戏活动的情况。

由此可见，教师对幼儿活动适当地参与和鼓励，非常有助于游戏技术水平的提高。在幼儿进行自发性游戏活动时，参与也是至关重要的，而参与的时机更为关键。盲目的参与会干扰幼儿在活动中的探索，而过晚的参与则或许会错失富有教育价值的活动瞬间，导致幼儿对活动的舍弃，就如同小远垒高蜂窝煤的比赛那样，如果教师能适时给予小远等人的活动一些引导和帮助，他在垒高比赛中也许就能获得成功，而活动经验也会有所增加。关于引导和帮助幼儿活动的时机，可以大致反映在以下这样一些情况中。

第一是幼儿即将发生安全事故之时。安全问题是发展和引导幼儿游戏必须考量的问题之一，教育允许幼儿冒险，并把冒险视为教学理念的五大内容之一。在活动场地，可以时常看到幼儿在操场上玩大型搭建与建构、在小山坡上打滑板等，针对幼儿这种非常富有挑战性的活动，教师秉持着非常支持的态度，相信幼儿控制风险和克服困难的能力，认为幼儿经由历险和冒险可以得到不一般的活动感受。所以，对于幼儿在游戏中难以避免的重大安全事故，幼儿因为年纪尚小且注意控制能力受限，在进行自发性游戏时会沉浸在游戏中而无法注意到可能出现的重大安全事故，所以要求教师必须具备高度的敏感和觉察意识。但值得注意的是，教师面对游戏中可能发生的重大安全隐患，并不是一味制止，而是利用社会资源的提供和使用以及在游戏中的积极引导来降低重大安全事故的发生概率，以保证幼儿游戏顺利完成。

第二是当幼儿准备退出比赛之时。由于幼儿的年龄特征，决定了其在比赛中的注意力和投入度都很大，幼儿可能会在比赛中因为各种因素而退出比赛，这就需要教师保持着高度的敏感度，并通过活动观察来确定幼儿是否有放弃比赛的倾向。例如，幼儿在比赛中遇到困难而寻找不到解决问题的方式时，或者觉得比赛不好玩时，抑或在比赛中形成了矛盾等负面活动感受时，都有可能退出比赛。因此教师要基于仔细观察寻找介入的机会，因为自发性游戏活动中的幼儿是非常独立而自主的，所以往往会发生幼儿在不同的游戏活动之间来回转换的情况。例如，有的幼儿一开始是玩垒高的游戏，但在玩了几下以后就去骑自行车，类似的情况比比皆是，教师通过正确的语言引导能够帮助幼儿集中于某个游戏活动，从而促进幼儿专注能力的锻炼和注意力的提升。

第三是当幼儿的游戏活动需要关键帮助之时。当幼儿在游戏活动中面临不同的问题与障碍，或者因为时间和力量的限制而无法克服时，游戏活动就会停滞不前，从而严重影响游戏活动感受甚至退出游戏活动。幼儿处在特殊的心理发展阶段中，在调动知识和经验时出现了问题，这时就要求教师做出正确的引导和帮助，以调动幼儿已有经验，并协助幼儿处理各种游戏问题，从而促进游戏活动的进行。

案例 6：沙池借铲子（幼儿园中班）

乐乐独自一人站在沙池岸边（因为没有铲子），而 C 教师在远远注视着他，乐乐非常沮丧。C 教师并没有上前，只是远远看着他是不是会想办法去借铲子，但是乐乐似乎完全没有行动，并且心情也逐渐地由沮丧到崩溃。

过了一会子，X 教师正好路过乐乐的身旁。乐乐向 X 教师求助，说道：“老师，我没有铲子。”“那你应该自己想想办法呀！”乐乐见向老师求助未果，心情更是难过，眼泪也涌了过来。

C 教师看见乐乐的心态即将崩溃甚至退出游戏，立刻上前和乐乐沟通并引导：“想想有哪些方法啊？是不是还可以找其他的小朋友啊？”

乐乐心情有所平复，犹豫片刻，然后慢慢走进沙池，一边走一边张望，终于看到小怡。他问小怡：“我能够借一下你的铲子吗？”随后乐乐顺利地借到了铲子。

这是中班小朋友在沙水区游玩的情景，教师敏锐地捕捉到了乐乐没有铲子这一活动问题。他并不是盲目介入去干扰乐乐，而是等待着乐乐自行尝试去解决。这对于幼儿而言正是一个可以练习和发展的好时机。乐乐的情感状态从沮丧逐渐趋于崩溃，教师也意识到乐乐很可能由于挫折而放弃游戏活动，因此，教师积极介入并给予了语言上的引导，既在无形之中引导了幼儿的社会性发展，又保证了幼儿游戏活动的顺利开展。在这种情形下，如若教师能够找准介入时机，选择合适的游戏活动问题作为教学内容，是形成随机教学非常重要的机会。

四是幼儿主动求助之时。幼儿在游戏中会由于不同的因素而求助于教师，主要是在游戏中出现问题和困惑自己无法克服的时候。针对幼儿的主动请求，教师选择性地给予幼儿回答并恰当地进行支持。在一般情况下，针对幼儿的主动请求，教师都会予以回答，但在回答方法上并没有给幼儿提出现成的问题处理方法。

案例 7：挖水道（幼儿园中班）

君君在沙水区开挖河道时遇到了麻烦，便找 C 教师帮忙："老师，我挖不开这条水道！"C 教师说："你能不能再想想办法？你一定可以的！"君君试了好几种办法，都没有成功，只好再次向 C 教师求助，C 教师说："要不，我们去找别的小朋友？大家一起想办法。"

这是沙水区发生的一件事，C 教师并没有直接告诉君君该怎么做，而是给了君君一个建议。教师应孩子的要求，依据孩子的理解和问题的难度，判断他能否自己解决问题，如果超出他的理解范围，教师会给予他一定的帮助。在回答问题时，教师往往会用鼓励的话语让孩子自己去解答，例如："你先试试！""你认为该怎么办？"鼓励幼儿用鼓励的语言，以促进幼儿勇于探索、敢于思考的学习品质；如果幼儿在尝试之后还不能解决这个问题，可以提供合适的帮助，但是要避免给出已有的回答。

五是幼儿发生冲突之时。幼儿在游戏活动中会产生各种矛盾，当他们产生冲突时，教师也会参与并协助他们。一般而言，幼儿拥有解决冲突、解决问题的能力，教师在了解冲突发生的原因后，适时地介入，并将冲突的解决视为幼儿社会化发展的一个重要机会。

幼儿需要参加自发的游戏，特别是在他们面对无法解决的问题并影响玩耍的时候。活动的时间是根据幼儿的想象力来决定的，如果幼儿喜欢，他们可以在规定的时间内进行交流，如果他们不想被打扰，教师也不会插手。

幼儿参与活动是教师利用游戏进行随机教育的首要环节，而教师对游戏内容的选择，也就是对幼儿游戏问题的心理捕捉。在幼儿游戏中，教师所做的随机教育往往是很简单、很浅显的。然而，教师在“随机教育”的时候，往往要考虑两个方面的因素：第一，是否可以帮助幼儿获得更多的游戏体验和技能。例如，将孩子抛入水中的石头作为教学的重点，以促进他们对浮沉、重量等方面的认识，使其获得更多的知识。第二，要考察内容是否与幼儿最近发展区相适应，重点在于教学的难度。如果是随机教育，幼儿的游戏时间就会受到限制，教师也会尽可能地减少他们的游戏时间。因此，更倾向于简单的游戏，更多是在游戏结束之后，通过分享的方式来讨论。

总之，幼儿在玩耍的时候，他们的精神状态是专注的，而在这个过程中，也会得到很多的教育契机。教师可以通过观察和营造合适的环境来丰富幼儿的认知，从而提高他们的游戏能力。所以，在幼儿自主玩耍的基础上，准确把握教学时机，适时地进行生成式教学，是一种以幼儿自主玩耍为基础的教学活动。

（二）游戏后不同教学活动的生成

幼儿在游戏活动中获得和积累的经验是零散的、隐蔽的，其主要体现在活动结束后的课堂上。每个独立的游戏结束后，教师会组织班上的孩子开展教学，他们会在教室里进行各种互动，而其他的孩子，则会在不同的地方进行不同的游戏。游戏共享是孩子们共同参与的一项活动，可以将其引入集体教学中。游戏故事是一种针对孩子的、个体化的教学内容，因此，游戏与故事是基于孩子的兴趣而自发进行的，进而形成了两种不同的教育形式。

1. 集体教学活动：游戏分享

在游戏教学系统中，“游戏分享”与传统的“游戏评教”有所不同，它是在“玩”结束后，由学生参与的一种群体行为。教师通过对活动的观察，发现了许多具有研究价值的活动和问题，这些活动和问题可以帮助幼儿获得丰富的学习体验。

从“游戏分享”的概念来看，“游戏分享”是幼儿在游戏中的主要活动，而“分享”是一种由幼儿自发的游戏形式开展的群体活动。

此处主要从分享时间、分享表现形式、分享内涵三个层次来分析不同类型的幼儿园游戏分享活动。

首先，掌握分享的时间。根据国家有关文件关于幼儿园集中授课的要求，小班的授课时长为15—20分钟，中班为20—25分钟，大班为25—30钟。不过一般来说，分享游戏的时长都在15—35分钟之间，这就为幼儿提供了充分的交流和讨论的机会。从教学的角度来看，游戏分享更适合集中式学习。但是，由于不同年龄段幼儿的注意力水平不同，每个年级的幼儿都会选择不同的时间来进行游戏，而且幼儿的注意力则会随着时间的推移而减少。一般来说，小班的游戏分享活动时间一般不超过15分钟，而大班和中班分享活动的时间则是20—30分钟。必须指出，分享游戏并没有规定的时限，根据班级的实际情况而定。

其次，考虑分享的方式。游戏分享是在教师的带领下进行的一系列的互动与讨论。在活动的形式上，教师提问、幼儿反馈和讨论是游戏分享的主要方式。教师的提问往往是基于对幼儿的游戏观察和积极参与的互动，然后幼儿就教师提出的问题发表自己的看法，教师也会积极地解答幼儿的提问。在这些问题中，教师提问是最重要的，常常会直接影响到交流活动的主题。教师在提问时，尤其要注重层次，也就是以回溯式的方式，从幼儿的思维能力开始，逐渐加深。教师在与幼儿交流前，经常会提出一些反思性的问题，例如：你如何玩游戏、你有什么发明、你做了什么调整等等。在分享计划的实施过程中，大家开始对问题进行反思：为什么会出现这种现象，为什么要做这样的调整，有什么办法，如何引导更多的幼儿去参与、去思考，使问题得到升华。

最后，确定分享的内容。游戏分享的内容常常非常丰富，源自幼儿多彩的自主活动。而游戏分享的内容主要有四个方面：第一，幼儿的游戏体验。在游戏分享一开始，教师会向幼儿询问他们当天的玩耍经历，例如：今天你玩了什么？今天发生了什么？还有什么好玩的？第二，幼儿在比赛中的表现。游戏的结果往往取决于幼儿的操作和努力，幼儿也很乐意分享他们的游戏成果。同时，对比赛结果的分享以及操作过程的探讨，也是非常有教育意义的。第三，幼儿在游戏过程中遇到的困难。游戏中常见的问题和难题也是大家分享得最多的内容，如在沙子里没有铲子，在玩泥巴时常常掉落。而教师会引导幼儿去思考为什么和该做什么，从而激发和提升幼儿的认知体验。第四，游戏中常见的一些问题。目前，游戏中的常规问题主要是通过分享来解决，因为小班幼儿缺乏游戏体验，所以除了在游戏中学习规则之外，还需要通过分享游戏的内容，来加深对游戏的理解。

与普通的游戏相比，分享游戏具有如下四大特点：一是分享游戏是以自发的游戏为媒介，在分享之前，没有预先设定或教导，只根据幼儿的体验来决定分享的内容；二是在分享的过程中，幼儿可以自由地分享自己的经验与问题，在内容与形式上充分体现了幼儿的主体性；三是一个完整的游戏分享活动，最多可以分享两个游戏事件或者问题，并且紧密围绕这一到两个问题进行深入的讨论，而不是只停留在表面；四是幼儿游戏分享并非以寻求单一的解答为目标，其价值在于通过与他人的交流与探究，为其成长奠定基础。

游戏的核心是幼儿。幼儿在前，教师在后。游戏先行，分享次之，游戏分享不以成果为目标，而以幼儿积极的思维与探索为目标。

游戏分享是非常开放的，比如在分享即将结束的时候，大家会说："我们已经有了很多的理由和方法，等下一局游戏再来吧。"不能简单地指出，某些回答是正确的，某些回答是最好的。

游戏分享是以关心幼儿为基础，为幼儿创造一个积极的展示、分享各种游戏经验、游戏提问的机会；教师在分享教学中充当引导者，通过提问与沟通，让幼儿思考问题，帮助幼儿总结经验，最终达到持续发展的目的。

2. 个体教学活动：游戏故事

游戏故事是一种教育形式，在每次游戏中都会存在，和其他游戏一样，都是面向幼儿的。游戏叙述指的是幼儿的绘画创作，是幼儿依据自身的体验、感受、情境和内容创作的绘画作品，其中蕴含着游戏故事，或者由游戏引发的个人教学实践。游戏叙述与游戏写作是两个关键的环节。

一是创作故事。首先，就游戏故事创作主体来说，创作者是幼儿。在幼儿园里，每个孩子都会拥有一本故事书，从封面到细节，均由孩子们自主完成。而每本书里的每个游戏故事，都承载着孩子们的游戏感受。孩子们通过绘画来展现自己的游戏体验与感觉。其次，从游戏的开始到结束，幼儿园通常是先玩，之后讲故事，每次游戏结束后，教师都会给幼儿一张白纸，让他们画出自己的故事。从内容方面看，游戏故事大多源自幼儿的游戏活动，每个游戏故事都记录了一个完整的游戏过程。幼儿运用线条、形状和图形来表达自己的游玩体验、感受和结果。除了游戏体验外，幼儿还会记录下在游戏中碰到的问题、障碍、调整步骤以及应对办法，这些都是学习的体验，也是自我提升的体验。

每个孩子在进入幼儿园前就会接触到游戏故事，随着年龄增长和经验积累，游戏的内容会日益丰富。游戏故事的内容通常由线条、简单图案、色彩等构成，以游戏体验为主。例如，小班的孩子们，会用很多线条描绘自己的故事；而中班的孩子们，除了会用线和圈来表达自己的游戏体验外，还会简单描述自己在游戏中遇到的问题；大班孩子们的游戏故事更加丰富，除了记录整个游戏过程、问题和解决办法，还会有详尽的叙述。

二是对游戏故事的记录和阐释。游戏故事的记录和阐释基本上是同步进行的。幼儿的图画是用来倾听的，意思是他们要把自己的游戏故事讲给教师听，然后由教师记录并解释。从讲解的内容来说，要通过对图像、文字和幼儿的语言进行分析，从幼儿的游戏活动中了解幼儿的成长。其解释依据是《指南》和《纲要》，即通过对图片和文字的解读，能够看出幼儿在某个特定的游戏活动中所关注的领域、在这方面的发展程度、在其他方面的进步情况以及各方面的渗透程度。教师的理解是全面且具体的，并针对每个幼儿。因此，对于每个幼儿，教师都给予了充分的支持和理解，并将重点置于每个孩子的成长上。

游戏分享与游戏故事是两种学校教育模式的相互补充。因为游戏分享活动要求幼儿敢于表达，有些幼儿胆小，就可以通过绘画来展现。此外，在教学价值与运用方面，学校也采用轮流的方式开展活动，让每个幼儿都能参与到游戏中进行分享与创造，通过这两项不同的活动，能够实现多方面的发展。幼儿在游戏中学会了倾听、思考，逻辑能力得到提升，进而使他们的表达、社交等能力获得进一步发展。这两种活动相互渗透、相互促进，是幼儿丰富人生体验、树立全新认知的有效途径。

第三节　幼儿游戏化教学活动的延伸

在教师的指导下，幼儿能够将新的经验拓展至下一次游戏里，进而构建出一种良性的游戏教学模式。主要体现为：在后续的游戏中，幼儿会将自己在课堂中获取的经验予以测试和运用。此外，各类活动的有效开展，也为接下来的活动的顺利进行奠定了基础。

一、教学活动后的验证

通过对游戏分享活动的思考与探讨，幼儿能够知晓游戏问题产生的缘由及解决途径，进而在他们的头脑中积累全新的知识与体验。在未来的游戏里，如果出现相同的游戏，或者发生类似的问题，便能够运用已有的经验，将其应用到游戏情境中，去验证其正确性，并不断增添游戏体验。

游戏分享的过程是开放性的，并不强求教师答案的独特性与正确性，其重点在于幼儿在游戏中的探索与思考。教师尊重每一个幼儿的想法，引导他们在交流中思考，在玩耍时用答案来验证，如此方能推动幼儿在游戏和活动中思考能力的发展。游戏经验的验证，主要体现在问题的成因和问题的解答方面，并在未来的游戏中展开进一步的探讨与验证。

案例 8：小车为什么会倒下（幼儿园中班）

在教师开展的各类游戏交流活动中，婷婷提出了一个问题：“在沙水区中玩手推车的时候，为什么会滑倒?”随后，教师开始引导孩子们探究其原因。有人说是因为手推车的惯性；有人说是因为还没有把车推到安全距离；婷婷则认为是因为推车本身的构造。

第二天早上，婷婷在沙水区玩起了手推车。推了一会儿，手推车又倒下了，她扶起了手推车。没过多久，手推车再次出现问题。婷婷走上前去检查。一旁的教师问道："为什么手推车又倒下了？难道是汽车本身的结构有问题？"婷婷回答："是的，手推车下边有点尖。"教师一边后退，一边继续观察，发现其他孩子也有类似的情况，而大宝的车却平稳地开在沙子上。游戏结束后，在分享活动中，教师再次与大家分享了关于手推车会摔倒的问题，并且探讨了一些新的理由和方法。

从手推车的这个案例来看，幼儿在新的游戏中，会验证自己的经验。他们需要教师的协助，教师也会为孩子们讲解问题出现的原因和解决办法，然后再开展新的游戏。此外，幼儿对各种活动的设想与尝试，也能够成为产生有效活动的源头。他们在游戏过程中多次出现相同的游戏现象或游戏问题，表明相关的理论知识尚未完全掌握，教师倘若能够准确把握教学时机，深入探究，能够有效地提升幼儿的认知能力。

二、教学活动后的应用

从教育实践的角度来看，教师认为教学源自游戏，而教育能够对新游戏作出反应，游戏与教育相互关联、相互生成。同时，幼儿在教学中获取的体验还会被运用到新的游戏当中，这是一种持续性的体验。

在新的游戏活动场景中，倘若碰到类似的问题，可以通过分享游戏的形式来加以解决。在新的游戏中，知识体验的运用并非局限于同一类型的游戏。例如，孩子们在玩积木时，遇到了倒塌的问题，教师组织大家共同探讨这个问题，加深他们对积木的认识，剖析倒塌的原因和解决办法。孩子们能够将自己在垒高方面的经验运用到同样材质的纸杯、蜂窝煤等游戏中，在一定程度上达成了对游戏活动经验的运用。

三、为下次游戏作好铺垫

游戏既是每次教学活动的核心内容，也是每一次教学活动的终极目标，为下一次的游戏活动奠定基础。

课程系统中的教学始于游戏，其核心在于幼儿的亲身感受。通过分享、交流游戏体验，教师和幼儿能更清楚地认识到游戏的困难和不足，从而更有效地为下一次的游戏活动做好充足准备。例如，一个孩子制作泥人时，一次只能获取少量泥巴。教师了解到，孩子们都是用手指或者木勺来收集泥土，因而难以收集到大量泥土，这是一件极为耗费时间和精力的事。于是，在后续的游戏中，教师为每个人准备了小木刀、大勺等工具来解决这个问题。由此能够看出，教师与幼儿在游戏过程中逐步认识到问题，找出问题所在，并在下一次游戏开始时及时给出解决问题的办法，有力地推动了下一次游戏的成功。

在幼儿园的教学中，要全面掌握游戏活动与课堂教学的紧密关联。幼儿的认知体验是一个持续的学习过程，而游戏活动的分享、游戏故事等并非其核心要点，在游戏中的实践运用与拓展思考才是关键环节。游戏活动构成了教学，教学推动了游戏活动，并且共同指向幼儿的未来发展。

第七章　幼儿教学活动游戏化的启示

第一节　幼儿教育迈向儿童

“以幼儿为中心”是幼儿教育的核心理念之一，同时也是当下幼儿园教学改革与建设的指向。幼儿园教学将关注点放在幼儿身上，从幼儿的视角重新审视幼儿园教学现存的问题，在课程立场方面摆脱了教师本位的桎梏，全方位落实了幼儿中心的教育核心理念，这为当前中国幼儿园教学的改革和发展带来了启示。

一、确立幼儿是独立个体的教育理念

所有小朋友皆为独一无二的存在，所有小朋友皆是好奇、积极、主动的个体，这是教师眼中的小朋友，亦是游戏课堂所蕴含的幼儿观。面对现实中处于弱势的幼儿，幼儿园的变革与探索促使人们不得不重新审视幼儿的社会地位。

幼儿是自由个人的深层意义通常在社区与校园这两个场合得以体现。幼儿首先作为社会的重要组成部分，是独立的个体，充满兴趣与能力。随着社会发展的推进以及时间的推移，中国大众逐渐产生了幼儿拥有自主权的认知意识，并开始逐步认可幼儿。然而，不可否认的是，成人不信任幼儿、剥夺幼儿动手实践机会的现象屡见不鲜，其背后所潜藏的是对幼儿的不信任与不认可。但实际上，幼儿作为独特的群体，其自身的思维也在不断发展，故而成人更需要以发现的眼光去观察幼儿的活动和行为。其次，

由于幼儿也是幼儿园的主体构成，在园的幼儿必须是独立且自主的。幼儿园的每一位幼儿都是自由的个体，从游戏到活动，以及一日生活中的各种大小细节，幼儿都拥有自主决策的权利，如能够自行选择游玩内容、游玩后的自由分享，还有吃饭时间的自由活动等。而这样的教学经验，与过去部分幼儿园中出现的教师为幼儿设定游戏、限制幼儿自由活动空间等现象，形成了鲜明的对比。在课程和教学改革的进程中，还存在不少教师背离幼儿的做法和现象。身为新时期的幼儿园教师，应当以幼儿是独立个体的教育科学理念作为引导，在教学实践中更加关注幼儿、信任幼儿。

二、构建“幼儿在前，教师在后”的师幼关系

“幼儿在前，教师在后”，这是游戏教学的核心宗旨，也是游戏教学以幼儿为中心的显著体现。与此同时，这更是在中国当代幼儿课程发展和教学改革的大背景下，所追寻的一种全新的师幼关系与师幼交往模式。

所谓“幼儿在前，教师在后”，意思是在课堂活动和教育的施行过程中，教师突出幼儿的主体作用，注重幼儿的自主学习，依据幼儿的特性来开展教育活动。“幼儿在前，教师在后”，这是游戏活动教育的原则，不仅在各类游戏活动中有所体现，在课堂教学里有展现，甚至在幼儿的一日生活中也能看到。一方面，教师是幼儿游戏活动的主要观察者与解读者。另一方面，教师为幼儿的游戏活动营造了轻松自由的游戏情境与氛围，教师仔细观察幼儿在游戏活动中的行为和表达并加以解读，进而发现幼儿在游戏活动中的学习与进步，而不是让幼儿机械或被动地从游戏活动中获取某些方面的学习。幼儿的各类游戏活动和学习在前，教师的探索与解释在后。此外，教师是幼儿教育的支持者和聆听者。幼儿在教学中从接收转变为表达，如幼儿在各种游戏分享和各种游戏故事中的自我展现，教师通过倾听和指导幼儿的各种游戏分享和游戏故事，帮助幼儿梳理各种游戏经验，有力地促进幼儿的积极成长。幼儿的操作和表达在前，教师的聆听和指导在后。

相较于传统那种由教师直接走到幼儿前面的师幼关系，教师蹲下身来，目光始终跟随幼儿，而非通过既定的框架让幼儿被动适应，这样无疑

能够更全面地了解幼儿，并且看到幼儿不同寻常的精彩之处和闪光点。站在幼儿身后，跟随幼儿的发展节奏，无疑能够创作出更契合幼儿兴趣爱好、需求和发展水平的课程。

三、在活动中给予幼儿充分的自由

放手教育，是游戏的思想哲学支点。幼儿园于教育实践中最大限度地赋予了幼儿自主性，以推动幼儿的自主学习与独立发展。不管是在各类游戏活动中，还是在课堂教学里，抑或在一日生活的各个环节，幼儿均被赋予了动手和操作的权利。幼儿园的每一位教师都遵循着这样的教学原则：放手，是给予幼儿最基本的尊重，是对幼儿最大程度的信任，也是对教师自身的负责。

幼儿园的小朋友们在游戏里是极为自由的。然而，教师坚定地相信幼儿教育，深信幼儿在有力地学习，也坚信幼儿具备无限的创造力。即便没有成人的介入和引导，幼儿的学习依然能够进行。所以，幼儿园彻底摒弃了传统的教师主导以及预设幼儿游戏的教学形式，而是运用观察幼儿游戏的方式去探究幼儿的学习过程和发展。并且，幼儿园的小朋友们在教学中具有高度的自主性。在教学的组织以及具体内容的落实方面，幼儿园也舍弃了传统的教师讲解、学生倾听的授课模式，转而采用幼儿自己分享游戏经验和问题的形式来开展教学。从课程到教学的组织以及具体实施，都充分彰显了幼儿的主体性。

尊重幼儿，说起来轻松，做起来却如此艰难！这也是当下中国幼儿园教学改革中的难题。我们一直倡导要在教学实践中凸显幼儿的主体性，重新审视幼儿在教学中的地位。放手与退后，以及自尊与信任，是教师们在课堂改造和建设过程中应当具备的专业素养。

第二节 教学课程走向重生成

幼儿园教学注重以“幼儿为中心”，又以幼儿的兴趣需求为基础，而生成性教育作为幼儿园教学的核心特征，逐渐得到人们关心和重视，从传统上对预设性的着重强调到对生成性的突出强调这一转变，已成为幼儿园教学发展的最新走向。游戏教学的显著特点在于其生成性，其中游戏生成课程的推行是最为显著的表现，游戏课程的实施促使人们重新审视教学实践中预设与生成的关系。

一、生成性是幼儿园教学的核心特质

预设和生成作为课程的两个不同特性，是一个内在的议题，二者既相互关联又相互区别，在教学实践中需要重视生成的运用。

预设的课堂，指的是教师在开展教学活动之前预先设定好工作目标与内容，活动依照教学目标来进行。生成的教材的目标是在教学活动过程中产生的，在内容选择上关注学习者群体的兴趣爱好和实践情况。在幼儿园教学的实践当中，预设的教材和生成的教材相互并存、互补发展，关键在于要注重幼儿的发展。预设的教学在教学目标与教学内容的设定上，也要依据幼儿的需求和社会的需求。所以，教师在进行课堂前设定的目标与教学内容等，在很大程度上也取决于幼儿的兴趣爱好与需求等，因而预设实质上也具有生成的特质，二者相互联系。由于预设是在进行活动之前的规划和构想，而生成是指在进行活动中的空白和开放部分，所以二者也是能够相互区分的。

幼儿是最为独特的学习群体，幼儿教育阶段也是最为独特的教学阶段，生成性的课程内容无疑更加符合幼教的本质和幼儿的学习方式。随着幼儿园教学的不断发展以及一些前沿思想的陆续引入，生成性越来越成为幼儿园教学的主要特性之一。与传统的预设教学相比，幼儿园特别注重课程和教学的生成性，从幼儿的兴趣、需求和经验水平出发，特别强调通过在游戏中形成的教学活动形式和课程内容，为幼儿创造较为适宜的教学活动内容，所以生成性已经成为幼儿园教学的核心特性。

二、幼儿生活是课程发生的根基

在生成性教学理论视角的引导以及游戏实验的推动之下，人们需要重新审视幼儿园教学的本质。其一，就生成性课程的内涵来讲，生成性是一种精神，始终贯穿于教学的全过程，课程目标、教学内容以及具体的执行步骤都是自然而然形成的，并非预先设定好的。其二，关于课堂的起源，正如陈鹤琴教授所说：自然、大社会皆是活课堂。教学源自幼儿，教育产生于幼儿真实且鲜活的生命世界当中，幼儿丰富多彩的生命也是幼儿园教学的根源所在。但需要特别注意的是，幼儿的生命充满活力且生动鲜活，游玩、学习、生活以及每日生命中的各类大小探索，均是幼儿生命的组成部分。对于幼儿而言，丰富的生命世界具有特殊的价值和意义。幼儿的认知方式以直接学习为主，必须依靠相应的教学媒介。教师通过观察幼儿在生活中的各种行为表现和感受，能够直接了解幼儿的兴趣爱好和需求、状况和困惑以及经验能力等，这些都是生成课堂和教学的主要来源。幼儿园课堂教学的发展必须以幼儿的生命世界为基础，幼儿的生命世界蕴含着众多的教育意义和教学契机，这需要教师更加灵活地去发掘和把握。

三、游戏活动是课程重要的生成来源

游戏教学活动是幼儿的基础性教学活动，这在幼儿教育中是一个永恒不变的理论课题。中国的幼儿园教学体系在变革与发展的进程中，愈发重视将游戏活动与教学形式相互融合，让精神融入整个教学体系之中。这里所说的精神，指的是幼儿精神，它渗透于幼儿的整个生命历程；是一种原发性的生活精神；是一种持续发展、趋于完善且平等、自主又创新的教育精髓，具备转化为教学形式的独特价值与可能性。游戏活动已然成为幼儿最为主要的教学活动方式，具有特殊的价值，也蕴藏着丰富的教育契机，是极为关键的教学资源。游戏活动所表达的是幼儿的生活趣味和需求，所反映的是幼儿的经验水平。教师只要走进幼儿的游戏活动，就能够发现更多其中潜藏的教育契机和教学资源。与传统规划好的、预先设定的课程与教学相比较，源自幼儿游戏和生活过程中的教学内容，更适合幼儿的学习与发展。在游戏课程里，教师关心并适当放手指导幼儿的各类游戏教学活动，注重游戏活动的教育价值。其游戏活动生成教学的成功实践，为幼儿园生成性的教育和课堂提供了丰富的经验。

第三节　课程内容走向经验主义

教学源自幼儿的游玩等各类活动，而如何明确教学内容是一个关键要点。在游戏教学的实践里，已经摒弃了过去的教材主义，将关注点转向幼儿的经历，完成了向经验主义的转变。也就是说，以幼儿在活动中的当下经历作为基础，将其潜在的知识水平设定为目标，重视其经历中持续发展与变化的动态过程。这为当前幼儿园教学的变革与发展，在教学内容的选取方面带来了全新的思考方向。

一、以幼儿的已有体验为基础

幼儿在教学活动中，不仅能够通过对材料的认识及运用等方式获取相关的知识经验，而且在持续探究和尝试的进程中，能够调动大脑中已有的经验。由于教学的主体是幼儿，因而教学内容的选择决不能偏离幼儿的实际经验水平与发展状况。教师需要时刻运用学科敏感性和课堂机智，敏锐地洞察幼儿在教学活动中经验的获取及运用情况，紧紧抓住幼儿的经验生长点，以教学活动中的经验水平为依据开展教学。就像在游戏教育实验中的游戏分享活动那样，教师凭借对幼儿游戏内容的敏锐观察力，进而对幼儿的游戏经验和感受进行分析。通过把握幼儿的经验生长点，从游戏分享里选取合适的内容和问题等，从而有力地推动幼儿经验水平的有效提升。

二、以幼儿的经验水平为目标

课程与教学的核心目的在于推动幼儿的发展。因此，教师除了依据幼儿现有的活动经验水平来开展教学之外，还应当引导幼儿朝着潜在的活动经验水平发展，以达到更高层级的活动发展水平，这正是最近发展区理论的内在特质。课程与教学的实施能够帮助幼儿归纳和提升活动经验。鉴于幼儿从游戏中获取的活动经验常常是零碎且杂乱的，所以教师在协助幼儿总结活动经验时，一方面要清晰地了解幼儿已有的活动经验水平；另一方面要将潜在的活动经验水平作为主要的发展方向，有效地激发其内在潜力，为幼儿打造契合其最近发展区的课程内容。同时，依照最近发展区的理念，幼儿的潜在经验水平需要成人给予适度的保障。所谓适度，就是要最大程度地确保幼儿的独立性，并对其进行引导，以此促使幼儿的经验水平能够得到切实有效的提高。

三、关注活动中幼儿经验的持续发展

幼儿的经验发展是一个持续、变化且动态的进程，故而教师应当以发展的眼光去观测幼儿的经验发展状况。经验的掌握与提升并非能瞬间达成，也不是在某一项教学活动中就能实现的，因此课程内容以及教学活动形式的选取应当稳稳地建立在幼儿的经验发展之上，将幼儿的经验发展作为根本，而不能仅仅追求课程目标的达成。所谓在教学活动中注重幼儿经验的持续发展，指的是教师在开展游戏、课程以及一日生活等活动时，全方位地关注幼儿的经历发展情况。例如，在幼儿园中，教师通过创建丰富的游戏活动时间或者四周循环制等制度，来确保幼儿的游戏活动经历得以传承和发挥；另一方面，通过不断地开展各类游戏分享活动来推动幼儿游戏活动经验的增长。只要幼儿的经验仍在延续，就能够不断开展各种游戏分享活动。

由此可见，课堂的设计与活动的开展都指向幼儿知识的动态迅速发展，并非以课本作为依托。教学虽是固定的形式，然而幼儿在教学中的经历就如同一本鲜活的教材。所以，教学内容应当以幼儿的经历为基础，同时又有利于促进幼儿能力的提升，紧紧抓住幼儿经历这一根本，以保障课堂和教育实施及执行的实际效果。

第四节　课程实施做到以学定教

目前，学校在实际中的集体教育倾向比较强烈，而幼儿园教学变革又需要逐步走向教学自主性，因此注重在课程实施中以学定教，并突出幼儿的主体地位。幼儿园的游戏课程打破了传统集体教学的局限性，强调课堂教学的主动性、互动性与灵活性。

一、遵循“玩中学、玩中教”的原则

游戏教育是指幼儿的游戏活动，“玩中学、玩中教”这一理念的深层内涵在于游戏活动中所蕴含的学与教，它体现出游玩与教育二者逐渐走向融合，折射出幼儿园教学模式的变革，更展现了课程改革与发展的趋向。幼儿园在课堂教学中重视游戏活动的重要意义，给予幼儿充分的游戏活动自由，通过仔细观察去探寻幼儿在游戏活动中的收获与成长，并把握好教育的时机，适时导入或事后生成课堂教学内容，这完全彰显了“玩中学、玩中教”的教学要义。然而，审视当下幼儿园游戏教育的实际状况，游玩与教育双方的牵强整合导致了教育实施过程中的表面游戏化现象。但实际上，“玩中学、玩中教”的本质，是在教育进程中传播游戏精神，游戏教育成功实践所带来的启示在于让人们重新审视游戏的社会价值，以及游戏精神与教育过程、课堂内容之间的相互关系，而非机械地照搬套用，其中的关键就在于教育理念的切实运用。

二、尊重并鼓励幼儿的自我表达

长期以来，课堂教学一直是中国幼儿教育的主要形式，像填鸭式教学这类方式屡见不鲜。在这样的教育模式作用下，幼儿往往沦为被动的知识接受者，内心受到压抑。然而，爱与表达本是幼儿的天性，当这种天性被压制而无法释放时，幼儿的健康成长便受到极大影响。正因如此，幼儿园成为游戏教育的实验与示范场所，在课堂教学中注重幼儿的主体地位，并引导幼儿自主展现自我。在游戏课程体系的教学中，幼儿的自主表现并非单纯局限于语言方面，而是包含两个重要意义。其一，指幼儿在游戏分享活动中的自主表现。通过积极分享游戏内容，以及在活动中的探讨和交流，他们在语言、社交等众多领域实现了全方位发展。而且，通过表达和互动，其思维与学习品质也有了意外的提升。其二，指幼儿在创作游戏故事时的表现。幼儿通过绘画描绘出游玩的经历等故事，并讲给教师听，这同样是一种自主表现。同时，在游戏故事的创作过程中，幼儿在语言、社会性等方面也获得了多方位的成长。随着幼儿园教学的不断变革与发展，人们越来越强调以幼儿为中心，更加重视幼儿的社会主体地位。幼儿园在教育实验中的创新举措，无疑为幼儿园的教学改革在教育理念、形式以及教学内容等方面注入了崭新的思维。

三、教学中的游戏共享与动态调整

以幼儿为中心的教学立场要求教师从幼儿的视角来观察问题，在课程实施过程中亦是如此。在生成性教学与教学游戏化的大环境下，幼儿园教师逐渐摒弃了刻板固定的教学计划，转而追求更具弹性的教学模式，以满足不同幼儿的需求。在幼儿园的集体教学实践中，游戏共享活动堪称典范。游戏共享作为幼儿园的主要集体教学形式之一，在这一过程中，教师依据幼儿分享的游戏问题以及他们的表现，提出后续的问题，以推动幼儿游戏经验水平的提升。同时，教师通过倾听幼儿的讲述并加以讲解，来完成下一次的教学准备。尽管这样的课程实施可能只是个别案例，但在幼儿园的具体教学实践中，应当秉持这样的教育理念：幼儿的实际情况是教学中至关重要的关键要素。在教学实施过程中，教师需运用动态的教育思维开展教学，并根据幼儿的实际状况及时调整活动流程，从而提高教学的适宜性。

四、由封闭式控制走向开放式引导

在传统集体教学观念的束缚之下，通常会狭隘地将团体教学定义为集体教学活动，一味地注重教师的施教过程，却忽视了幼儿的学习情况。如此一来，幼儿便成了消极被动的受众，呈现出的是一种封闭性的教育态势。然而，幼儿教育具有独特的性质。幼儿的学习通常是直接且具体的，传统那种封闭式的教育方式与他们的学习特点格格不入，也与幼儿课程的发展诉求背道而驰。教师在教学过程中对幼儿给予的关爱与支持，以及依此设计的创新型活动，为幼儿园教学的变革与创新打开了全新的视角。

幼儿园的教学活动呈现出开放式的引导态势。所谓引导，乃是立足于以幼儿为中心的教育立场，于教学活动中为幼儿营造出良好的交互学习环境。教学以幼儿的主动认知为主导，教师依据幼儿的具体情况给予相应的协助。在课堂模式方面，幼儿园及时对传统的集体教学做出了改变。除了运用传统的课堂集中教学方式之外，还开展了诸如游戏分享、游戏故事等形式多样、丰富多彩的集体教学，以此来拓展课堂教学的内容。同时，通过推行各式各样的教学活动形式来满足每个幼儿的需求，进而促使每一位幼儿的兴趣能够得到最大限度的发挥。

幼儿园还注重在幼儿玩耍过程中的随机教育，在游戏中为幼儿的学习提供支持。另外，在教育进程中，教师也从传统的单纯讲授转变为更加强调在教育过程中对学生的引导，重点指向幼儿的自主学习。例如，在游戏活动中，教师借助幼儿的积极分享，进而指出相关问题，以增进幼儿的经验。幼儿园在课程实施中的探索，引发了人们对于教学的审视与反思，为当下幼儿园教学的变革和建设带来了极具价值的参考与指引。

综上所述，幼儿园的游戏教学与游戏课程实验已然成为一个崭新的典型范例。尽管这只是个例，却代表着中国幼儿课程和教育方法在整体改革进程中所取得的重大进步。它不但为中国的幼儿园提供了实验方面的示范作用，更是在价值层面上对中国的幼教事业进行了引领，使其回归到正确的发展轨道。

参考文献

［1］丁海东．幼儿园游戏组织与指导［M］．长沙：湖南大学出版社，2019.

［2］董小红，山平．学前游戏理论与指导［M］．郑州：河南人民出版社，2020.

［3］刘薇珊，罗海冰，崔清，等．幼儿舞蹈游戏化活动设计与指导［M］．长沙：湖南师范大学出版社，2020.

［4］王时佼．幼儿园教学活动设计与实践［M］．西安：电子科技大学出版社，2020.

［5］肖燕萍，张晔．走进评价，走进教研 幼儿园互动式教研活动实录［M］．上海：华东师范大学出版社，2021.

［6］谢应琴，彭涛，赵丽琼，等．学前儿童游戏活动设计与指导项目化教材［M］．北京：化学工业出版社，2015.

［7］赵洪．幼儿园班级管理实用教程［M］．成都：西南财经大学出版社，2020.

［8］翟姝翠．幼儿园小班生活常规教育的行动研究［D］．天水师范学院，2019.

［9］郭柯然．幼儿生活自理行为特点研究［D］．华中师范大学，2020.

［10］倪海燕．回归大班幼儿生活经验的角色游戏开展行动研究［D］．南京师范大学，2017.

［11］隋洁．小班幼儿进餐主动性与学习主动性的相关研究［D］．南京师范大学，2019.

［12］张超．小班幼儿入园适应与发展的个案研究［D］．大理大学，2020.

［13］张俊．关于共享游戏区的创设和指导的行动研究［D］．首都师范大学，2014.

［14］巴晓玲．幼儿园游戏教学运用存在的问题及优化建议［J］．天津教育，2022，(36)：174-176.

［15］陈慧．游戏在幼儿教育教学中的运用与融合［J］．科幻画报，2022，(11)：72-73.

［16］邓亚萍．论幼儿入园焦虑及对策［J］．攀枝花学院学报，2017，34(S1)：106-110.

［17］耿焱．如何引导幼儿顺利融入幼儿园生活［J］．华夏教师，2017，(21)：32.

［18］顾卫红．小班幼儿离园活动五部曲［J］．科学大众(科学教育)，2019，(09)：98.

［19］马杏英．游戏在幼儿教育教学中的运用与融合［J］．天津教育，2022，(36)：109-111.

［20］王越．游戏在幼儿教育教学中运用与融合的策略探究［J］．考试周刊，2022，(47)：157-162.

［21］徐芳．游戏教学在学前教育中的应用策略分析［J］．新课程研究，2022，(32)：114-116.

图书在版编目（CIP）数据

幼儿游戏化教学活动的设计与实施 / 韩美等主编．
湘潭 ： 湘潭大学出版社， 2024．6．-- ISBN 978-7-5687-1510-2
Ⅰ．G613
中国国家版本馆 CIP 数据核字第 2024EV6102 号

幼儿游戏化教学活动的设计与实施

YOUER YOUXIHUA JIAOXUE HUODONG DE SHEJI YU SHISHI

韩美 逄博 王玉玲 金宏洋 崔玥 主编

责任编辑：渠珊珊
封面设计：夏茜旸
出版发行：湘潭大学出版社
社　　址：湖南省湘潭大学工程训练大楼
电　　话：0731-58298960 0731-58298966（传真）
邮　　编：411105
网　　址：http://press.xtu.edu.cn/
印　　刷：长沙创峰印务有限公司
经　　销：湖南省新华书店
开　　本：710 mm×1000 mm 1/16
印　　张：14.75
字　　数：234 千字
版　　次：2024 年 6 月第 1 版
印　　次：2024 年 6 月第 1 次印刷
书　　号：ISBN 978-7-5687-1510-2
定　　价：74.00 元